はじめて学ぶ
中国思想

思想家たちとの対話

渡邉義浩・井川義次・和久 希 編著

YOSHIHIRO WATANABE
YOSHITSUGU IGAWA
NOZOMI WAKU

ミネルヴァ書房

はじめに

　例えば21世紀に生まれた人たちの眼に，現在「中国」という隣国はどのように映っているのだろうか。

　中国経済の進展や科学技術の発達，国際社会における地位の変動もあって，今世紀における日中両国の関係は，かつてより強固に結ばれているようにも見える。しかし一方では，歴史認識や安全保障などを含めて，様々な難題に直面していることもまた事実である。それでも，これからの東アジア全体の長期的な繁栄・発展を見据えたとき，好むと好まざるとに拘らず，日中両国の友好的な交流や実務面の協力は不可欠であり，そのためにとりわけ重要なことは，持続的な相互理解であるだろう。そしてその理解とは，単に眼前の事態に視線を注ぐことだけではなく，文化的側面に関していえば，やはりその精神的基盤にまで掘り下げることが必要であるように思われる。

　また特に，日中両国の関係の特色は，両者の知的交流が既に長大な歴史を有しているということにある。それゆえ，中国の古典文化を理解することは単なる他文化理解というだけに止まらず，その影響を受けつつも独自の展開を遂げてきたわが国の伝統的な文化環境を再発見することでもある。そういった1つひとつの理解を丁寧に積み重ねていくことこそが，新しい時代の新しい関係を健全に構築することに貢献するだろう。

　ミレニアム・イヤーに生まれた世代がそろそろ大学へ進学しようとする今こそ，古代から現代に及ぶ中国思想の全体像を示し，また様々な思想家の言説（原典）に直接的に触れ，親しんでいただくことを目的として，本書を世に送り出す。本書が特に若い読者にとって，他文化と自分自身とをより深く理解するための一助となれば幸いである。

　本書は，紀元前から20世紀に至るまでの代表的思想家およそ40名を取り上げ，その生涯と思想，そして彼らの実際の言説（原典）を紹介することで，これから初めて中国思想を学ぼうとする人たちのための案内役となることを目指すものである。各項目の選択と記述は，大学における中国思想史・東洋哲学・地域

文化などの講義用テキストとしての使用を念頭においているが，もちろん一般の読者の方々にも楽しんでいただくために，独学で読みこなせるように配慮してある。本書は「第Ⅰ部　先秦」「第Ⅱ部　秦漢〜隋唐」「第Ⅲ部　宋・元・明」「第Ⅳ部　清・近代」の全4部から構成されており，各項目は以下のような体裁を備えている。

　［生涯と思想］各思想家の生涯や思想的特徴について概説する。これにより，各思想家の実人生や基本的視座，主要な学説などの全体像を時代状況との関連も含めて広く学ぶことができる。

　［思想家との対話］各思想家の主要なテーマをめぐって，対話形式で紹介する。まずは主題に関する「質問（Q）」が発せられ，それに対する「回答（A）」として，各思想家による実際の言説（原典）が引用される。「回答」部分は，最初に要旨を示したのちに，訓読（ただし一部の白話・現代中国語資料については割愛したところがある）と現代日本語訳を並べて掲載している。また理解を容易にするために，適宜，簡略な解説文を付している。

　［用語解説］本文中，あるいは本文の記述に関連する重要な人名や事項・概念等について，若干の解説を行っている。

　［より深く学ぶために］各思想家についてさらに理解を深めたい読者への読書案内であり，比較的入手しやすい基本的文献を選び，〈原典・訳〉〈入門・解説書〉に分類して示している。

　なお，各部の冒頭には簡略な「年表」と「時代概説」を設け，各時代背景の全体を理解するための一助とした。

　このほか，各項目に含めきれなかった思想家からさらに40名ほどを取り上げて，その思想の概略を各々1ページ完結の「コラム」として掲載した。加えて，中国思想にとっての最重要古典ともいえる四書（『論語』『孟子』『大学』『中庸』）・五経（易・書・詩・礼・春秋）についても，それぞれ同様の「コラム」を設けている。

　このように，本書はとりたてて分厚い書物というわけではないが，この1冊

はじめに

で2500年に及ぶ中国思想という広大な知的世界の全体を一望できる，いわばワイドエリア・マップ（広域地図）としての役割を果たすものである。もとより紙幅の都合もあって，本書に収載できなかった魅力的な思想家はたくさんいるし，これから各項目において紹介する人々にも，採録できなかった興味深い発言がたくさんある。それは本書があくまでも「広域地図」であって，主要幹線道路をまんべんなく記載することを優先した結果であり，読後にもっと詳細な地図にも興味をもたれた方は，各項目末尾の文献案内をたよりに，ぜひとも本書が記載していない細かな生活道路や畔道を探してみてほしい。本書が読者にとって，中国思想という豊饒な世界へと足を踏み入れるための契機となることを願ってやまない。

　本書の特色は，読者が各思想家の言説（原典）に直接触れ，それらに親しみながら学ぶことができるように，対話形式を採用したことにある。そこでは，思想家各人の肉声や息づかいを身近に感じられるように，あえて訓読を載せて現代日本語訳と併置している。また本書は，多くの若い執筆者を積極的に起用しており，それゆえ読者は，書き手と共に知的世界の清新な周遊を楽しむことができる。まずは目次を開いて，興味のあるところを見つけていただきたい。

　本書の各項目やコラムは時代順に配列され，それぞれが完結したものであるから，読者は時代に沿って通読することもできるし，目次に示された対話（Q&A）からテーマを選択して読むこともできる。特定の分野に焦点をあてて読み進めたり，類似した質問に対する回答を比較しながら考えることもできる。あるいは，本文中に頻出する他項目へのリンクをたどりながら，思想史の多様な奔流に身を委ねることも可能である。いずれにしても，本書が読者の皆様の好意に迎えられ，様々に利用していただけることを願っている。

　最後に，本書の刊行に至る過程でたくさんの方々のご尽力を賜ったことに御礼を申し上げたい。限られた時間で玉稿を届けてくださった執筆者の方々，そして本書の企画に際して執筆者をご紹介いただいた先生方に，まずは厚く謝意を述べたいと思う。それから，研究室や喫茶店で，ときには受話器越しに編者を鼓舞しつつ，懇切な編集・校正作業により本書を完成へと導いてくださった

iii

ミネルヴァ書房編集部・前田有美さんに深甚なる感謝を捧げたい。本書がその御恩に少しでも報いるものになっていることを祈念している。

2018年1月

編者一同

目次【問い一覧】

はじめに

Ⅰ 先 秦

時代概説　*3*

孔 子（こうし）　*5*

- ●問い①　教えの中心に置かれる仁とはどのようなもの？
- ●問い②　学ぶ際に重要なことは何？
- ●問い③　弟子にはどんな人がいる？

コラム　[五経]　易（えき，『周易』『易経』）　*13*
コラム　[五経]　書（しょ，『尚書』『書経』）　*14*
コラム　[五経]　詩（し，『詩経』『毛詩』）　*15*
コラム　[五経]　礼（れい，『礼記』『儀礼』『周礼』）　*16*
コラム　[五経]　春秋（しゅんじゅう）　*17*

墨 子（ぼくし）　*18*

- ●問い①　春秋戦国時代という乱世になぜ「非攻」を説いたの？
- ●問い②　鬼神は実在する？

孟 子（もうし）　*22*

- ●問い①　なぜ人の性は善なの？
- ●問い②　性善説に基づいた政治とはどのようなもの？
- ●問い③　為政者が立つことの根拠はどこにある？

老 子（ろうし）　*30*

- ●問い①　〈道〉とはどのようなもの？
- ●問い②　われわれは〈道〉を知覚することはできる？
- ●問い③　『老子』にとっての理想的な国家像とは？
- ●問い④　〈道〉が顧慮されない場合，世界はどうなるの？

荘 子（そうし）　*38*

- ●問い①　万物の基底には何があるの？
- ●問い②　無秩序な原初的世界にどう向き合えばよい？
- ●問い③　最高度の〈知〉とはどのようなもの？

v

●問い④　夢の中で他者になるとはどのようなこと？

コラム　公孫龍（こうそんりゅう）　*46*
コラム　鄒　衍（すうえん）　*47*

孫　子（そんし）　*48*

●問い①　強い軍隊を作るにはどうしたらよい？
●問い②　兵士を奮起させるにはどうしたらよい？
●問い③　多数の敵とどう当たればよい？

荀　子（じゅんし）　*56*

●問い①　性悪説とはどのような考え方？
●問い②　礼治論とはどのような政治論？
●問い③　「天人の分」とはどのような考え方？
●問い④　他の思想家たちのことをどう思う？

韓非子（かんぴし）　*65*

●問い①　君主を説得するコツは何？
●問い②　「矛楯（矛盾）」の寓話は何を喩えたもの？

Ⅱ　秦漢～隋唐

時代概説　*71*

董仲舒（とうちゅうじょ）　*73*

●問い①　どのような理念に基づき天下を治めればよい？
●問い②　災異はどのような原理で起こる？
●問い③　具体的に災異はどう解釈する？
●問い④　規範から逸脱してしまう場合をどう考える？

コラム　司馬遷・班固（しばせん・はんこ）　*81*
コラム　劉　向（りゅうきょう）　*82*

揚　雄（ようゆう）　*83*

●問い①　『太玄』や『法言』はどのように評価されたの？
●問い②　『易』は一卦に六爻六爻辞と対応しているのに，『太玄』は一首四画に九つの賛辞がつき対応しないのはなぜ？

vi

目次【問い一覧】

- ●問い③　人間の本性は善？　悪？
- ●問い④　なぜ親孝行をしなければならないの？

王　莽（おうもう）　　　　　　　　　　　　　　　　　　　92

- ●問い①　どのような制度を施行すれば民は安定して暮らせるの？
- ●問い②　どのような世界になれば太平は実現する？

王　充（おうじゅう）　　　　　　　　　　　　　　　　　　96

- ●問い①　運命ってあるの？
- ●問い②　人が死ぬと鬼（亡霊）になり生者に悪さをするというのは本当？

コラム　許　慎（きょしん）　101

鄭　玄（じょうげん）　　　　　　　　　　　　　　　　　102

- ●問い①　どのように勉強してきたの？
- ●問い②　なぜあらゆる経典に注釈をつけたの？
- ●問い③　六天説とはどのようなもの？

蔡　邕（さいよう）　　　　　　　　　　　　　　　　　　110

- ●問い①　どうして宗廟と皇后を正さなければいけないの？
- ●問い②　なぜ漢は「天子七廟」制を取らなかったの？

諸葛亮（しょかつりょう）　　　　　　　　　　　　　　　114

- ●問い①　なぜ漢を復興しなければならないの？
- ●問い②　行動規範とした経典は何？
- ●問い③　運命を信じる？
- ●問い④　志はどのようにすれば実現できる？

コラム　阮　籍（げんせき）　122

嵆　康（けいこう）　　　　　　　　　　　　　　　　　　123

- ●問い①　1000年持続する生命はどうしたら獲得できる？
- ●問い②　〈君子〉の理想的な生き方とは？

王　弼（おうひつ）　　　　　　　　　　　　　　　　　　127

- ●問い①　玄学とは何を目指す学問なの？
- ●問い②　万物の存在する根拠となる〈道〉は至高のもの？
- ●問い③　言語による分節を超えたところは理解可能？

vii

郭　象（かくしょう）　　135
- ●問い① 万物がそれぞれ存在していることの根拠はどこにあるの？
- ●問い② 『荘子』思想の核心はどこにあるの？

コラム　葛　洪（かっこう）　139
コラム　陳寿・范曄（ちんじゅ・はんよう）　140
コラム　陶淵明・謝霊運（とうえんめい・しゃれいうん）　141
コラム　沈約・劉勰（しんやく・りゅうきょう）　142

陶弘景（とうこうけい）　　143
- ●問い① 善行を積めばみな等しく神仙になれるの？
- ●問い② 存思はどのように行う？

顔師古（がんしこ）　　147
- ●問い① 後世「班孟堅（班固）の忠臣」と呼ばれてどう思う？
- ●問い② なぜ多くの史書の中で『漢書』を尊重するの？

劉知幾（りゅうちき）　　151
- ●問い① 歴史書には何を記録すべき？
- ●問い② 歴史書の体裁はどういうものがいいの？

韓　愈（かんゆ）　　155
- ●問い① なぜ古文復興運動を提起したの？
- ●問い② 〈性〉についての考えを教えて？

コラム　李　翺（りこう）　159
コラム　柳宗元・劉禹錫（りゅうそうげん・りゅううしゃく）　160

Ⅲ　宋・元・明

時代概説　163

コラム　邵　雍（しょうよう）　165
コラム　周敦頤（しゅうとんい）　166
コラム　司馬光（しばこう）　167

目次【問い一覧】

コラム　張　載（ちょうさい）　*168*

王安石（おうあんせき）　*169*

- ●問い①　政務にとって真に必要な資質とは？
- ●問い②　政治において最優先されるべきものは何？
- ●問い③　統一国家の理想の姿はどのようなもの？

程顥・程頤（ていこう・ていい）　*177*

- ●問い①　どうすれば生きがいを感じられるの？
- ●問い②　人間理解と世界の理解はリンクする？

王重陽（おうちょうよう）　*183*

- ●問い①　どのような修行をすればいいの？
- ●問い②　世俗から離れれば不死を得ることができる？

朱　熹（しゅき）　*187*

- ●問い①　人類の理想状態を実現する究極の前提とは？
- ●問い②　この世のすべての〈理〉を解明することなど不可能では？
- ●問い③　人間の〈性〉とは人間だけに限定されたものではないの？

コラム　[四書]『論語』（ろんご）　*196*
コラム　[四書]『孟子』（もうし）　*197*
コラム　[四書]『大学』（だいがく）　*198*
コラム　[四書]『中庸』（ちゅうよう）　*199*

陸象山（りくしょうざん）　*200*

- ●問い①　心はわたしだけのもの？
- ●問い②　正しい心とは何？

コラム　陳　亮（ちんりょう）　*205*
コラム　陳献章（ちんけんしょう）　*206*
コラム　羅欽順（らきんじゅん）　*207*

王陽明（おうようめい）　*208*

- ●問い①　「心即理」とはどういうこと？
- ●問い②　「知行合一」と言うけど知と行とは別のことではないの？
- ●問い③　「良知」とは何？
- ●問い④　「心即理」「致良知」説は何を追究するためのもの？

ix

コラム　王廷相（おうていしょう）　*216*
コラム　王　艮（おうごん）　*217*
コラム　王　畿（おうき）　*218*

張居正（ちょうきょせい）　*219*

- ●問い①　為政者は政治においてどんなことに気をつけるべき？
- ●問い②　中国哲学はどんな風にヨーロッパに知られたの？

李卓吾（りたくご）　*224*

- ●問い①　なぜ学説の中心に童心を置くの？
- ●問い②　人々の「欲望」を尊重するのはなぜ？

コラム　顧憲成（こけんせい）　*228*
コラム　劉宗周（りゅうそうしゅう）　*229*

Ⅳ　清・近代

時代概説　*233*

黄宗羲（こうそうぎ）　*235*

- ●問い①　帝王はどのような仕事をしてどのくらい報酬を得たの？
- ●問い②　現実に役立つためには何を勉強すべき？

顧炎武（こえんぶ）　*239*

- ●問い①　経書研究はなぜ音韻から始めなければならないの？
- ●問い②　明代の学問の悪い点とは？
- ●問い③　聖人の道とはどのようなもの？
- ●問い④　経書とは何でありどう活用すべき？

王夫之（おうふうし）　*247*

- ●問い①　中華と夷狄はなぜ違うの？
- ●問い②　中華の衰退とはどのようなこと？

コラム　顔　元（がんげん）　*251*

目次【問い一覧】

戴　震（たいしん） 252

- ●問い① 〈理〉とはどのような概念？
- ●問い② 宋代の儒学者のいう〈理〉のどこが問題なの？

コラム　銭大昕（せんだいきん） 256

章学誠（しょうがくせい） 257

- ●問い① 六経（儒教経典）はどのような性質の書物なの？
- ●問い② 道理はどのように表出する？

コラム　阮　元（げんげん） 261
コラム　龔自珍（きょうじちん） 262
コラム　魏　源（ぎげん） 263
コラム　洪秀全（こうしゅうぜん） 264

康有為（こうゆうい） 265

- ●問い① 西洋の思想に関心をもったきっかけは？
- ●問い② 変法を行うにあたってなぜ日本に学んだの？

コラム　譚嗣同（たんしどう） 269

孫　文（そんぶん） 270

- ●問い① 「三民主義」の3つの「民」とは何を指す？
- ●問い② 辛亥革命で中華民国が成立したのに「革命いまだ成功せず」とはどういうこと？

コラム　章炳麟（しょうへいりん） 274
コラム　梁啓超（りょうけいちょう） 275

王国維（おうこくい） 276

- ●問い① なぜ多岐にわたる学問を行ったの？

魯　迅（ろじん） 280

- ●問い① 儒教が「吃人（人を喰う）」とはどういうこと？
- ●問い② 「絶望の虚妄なること希望と相等しい」とはどういう意味？
- ●問い③ 小説という文体にどのような思いがある？

コラム　胡　適（こてき） 288

xi

毛沢東（もうたくとう）   *289*

- ●問い① 革命の歴史の進行において「新民主主義」とはどのように位置づけられる？
- ●問い② 「大衆路線」を実践する上で重要な指導とは？

コラム 顧頡剛（こけつごう）   *293*

人名・事項索引   *295*

Ⅰ

先　秦

孔　子（歴代古人像賛）

孟　子（三才図会）

老　子（古聖賢像傳略）

荘　子（古聖賢像傳略）

先秦	日本

		伝説的聖人（三皇・五帝）による理想の時代	縄文時代
夏		前1900頃　舜から禹王への禅譲，夏王朝成立	
殷		前1600頃　湯王による桀王の放伐，殷王朝成立	
周	西周	前1027頃　武王による紂王の放伐（殷周革命），周王朝成立	
	東周	前770　周王朝の洛邑への東遷	
		前722　魯，隠公元年（『春秋』記載の上限／春秋時代）	
		春秋五覇による抗争	
		前551　孔子，生まれる	
		前494　呉越の抗争	
		前481　魯，哀公14年（『春秋』記載の下限）	
		前403　晋が魏，韓，趙三国に分割される（戦国時代）	
		戦国七雄による抗争 諸子百家による遊説	
秦		前256　秦，周王朝を滅ぼす	弥生時代
		前247　嬴政（始皇帝），秦王に即位	

時代概説

　中国は自らが生きる社会や国家が限界を迎えるとき，「古典」とすべき中国像を有していた。それを「古典中国」と称するのであれば，中国の歴史は，「古典中国」の成立するまでの「原中国」，「古典中国」の成立期，「古典中国」の展開期（「近世中国」），「古典中国」を直接的には規範としなくなった「近代中国」に区分することができる。先秦は「原中国」，すなわち「古典中国」の形成に向けて，様々な思想が提示された時代である。

　「古典中国」が理想とする国家支配は，皇帝が1人ひとりを直接支配する個別人身支配であった。それを実現するためには，皇帝以外の様々な支配者を除去する国家制度が必要である。殷周時代には，王の支配を妨げる権力者は，その一族であった。氏族制（共通の祖先をもつと考える血縁集団）が，社会の基盤に存在したからである。春秋・戦国時代より，君主は，氏族制からの脱却を目指し，封建制から官僚制へと支配制度を転換，その完成形態が郡県制であった。しかし，官僚制を施行しても官僚となる者が同一氏族では，目的は達成されない。客卿と呼ばれる他国出身者を積極的に登用した秦が中国を統一しえた理由である。

　こうした社会背景の下，氏族制にとらわれずに，士を採用する政策より生まれた思想家たちが，諸子百家である。孔子を開祖として孟子・荀子に継承された儒家，老子・荘子の道家のほか，陰陽家・法家・名家・墨家・従横家・雑家・農家の九流に，諸子百家は分類される。九流の諸子は，互いの接触を通じて説話の比喩や弁舌の論理を磨き，相手の理論を自己の主張に組み入れ，他派より優位に立とうとした。やがて，諸子の中から，信賞必罰により官僚を律する体系をもちえた法家が，秦の支配理念にまで登りつめる。秦の郡県制による支配を正統化したものは，法家なのである。

　一方，やがて「古典中国」の中核に位置する儒家は，氏族制を擁護するため，本来的には郡県制的支配とは背馳する理念をもっていた。後世の儒者が，政治理論として，郡県に対して「封建」を主張する理由である。儒家の創始者である孔子は，周の封建制度を創設した周公旦（周公）の子伯禽が封建された魯国に生まれた。そのため，孔子は，周公および周王朝を自らの理想に据えた。しかし，孔子が生きた春秋末期には，礼を基礎に置く周の礼政一致の封建制度は，崩壊の危機を迎えていた。氏族制に基づく封建制度を擁護する孔子が，思想の中核に置いたものは仁である。仁とは，人を愛することであるが，墨家の兼愛とは異なり，その愛の強さは氏族制の内側から外側に向かうほど弱くなる。すべての者を平等に愛する墨家の主張が，氏族制の軛を断ち切ろうとすることと，反対の立場に立つのである。また，孔子は周の氏族制を支えていた宗法を礼として

3

I　先　秦

重視し，仁を中核に礼を重視する儒学の教えの基本を定めて，氏族制を擁護したのである。

これに対して，道家の『老子』は，儒家の道徳を不自然な人為の産物として否定する。『老子』の根本概念は，道である。道は万物を生み，育み，そして消し去りながら，道そのものは生滅を超えて存在するという宇宙天地の理法である。道に従って生きるためには，人為を去って無為自然に生きなければならない。また，『荘子』は，無を至上とする立場から，上下左右などの空間的位置の相違や善悪美醜などの価値の対立が消失すること，すなわち万物斉同を説いた。道家では，氏族制が有する伝統的な支配の正統性は承認されず，無を体得した君主だけが万能の権力を掌握する。

道家は，天を人為と反対の非人為という意味に位置づけた。天は宗教的な神ではなくなり，天命は世界の変化の必然性，天道はその法則という意味に把握された。さらに道家は，孔子以来の儒家が天に与えていた道徳的・政治的な善の根源としての天，という考え方をも捨て去った。これを天人分離論という。天人分離論の中では，天は，人間の行うあらゆる行為を徹底的に排除した彼岸に姿を現す真実の世界，という意味になる。そこでは，天は道の性質の1つと位置づけられ，また多くの場合，道と同じ意味で用いられた。道家は，こうして天を自分の理論に組み込んだのである。

これに対して，戦国末期の趙の人である荀子は，孟子の性善説を批判しながら，道家の天の思想を超越しようとした。孟子は，人間の本来のあり方，すなわち性は善である，という性善説に基づき，その善を延ばしていくことで，仁や義といった徳目に到達できるとしていた。荀子は，人間を自然のまま無為に放置する道家に対抗しながら，人の性は悪であるという性悪説に基づき，その悪を正していくため，礼楽による教化を重視した。また，政治論では，君主が徳を修めることにより整った政治が行われるという孟子の王道政治に対して，力による政治を肯定し，王道に対して覇道政治の必要性を説いた。人間の性悪を矯正するための礼に，強制力をもたせると法になるため，荀子の門下からは，秦の始皇帝の中国統一に貢献した李斯，理論的な完成者である韓非子という法家を代表する2人の思想家が現れた。

また，荀子は，道家の天人分離論を継承しながら，道家が絶対化した天の高みに人を押し上げようとした。人は天地とは異なるが，理想的な有徳の聖人であれば，人の全体を統一的に支配しながら，他では代替のできない人としての独自の働きをもって，世界における最も根源的かつ偉大な存在者である天と地の働きの中に，第三の存在として肩を並べることができる。これが天地人の存在意義を並べる三才思想である。当為レベルで人の能動性を高く唱えるところに特徴をもつ荀子の三才思想は，前漢の武帝期以降，董仲舒学派が提唱する天人相関説の形成に，思想上の動機を与えた。人を天の高みに至らせる荀子の思想が，李斯・韓非子を経て，始皇帝を生んだのである。　　　（渡邉義浩）

孔 子

（こうし：前551～前479）

🌙 生涯と思想

　孔子の生涯と思想を述べることは難しい。生涯の基本となる『史記』孔子世家も，思想を窺うべき『論語』も，どこまで孔子の真実を伝えるのか，疑問が多いためである。世家（諸侯の伝記）に孔子を描いた司馬遷（→81頁）は，孔子と弟子の言行録である『論語』の言葉を中心に，『孟子』『左氏春秋』『国語』などに伝わる孔子伝説を集大成しながら，孔子の生涯を記録した。そこで，『史記』に依りながらも，可能な限り伝説を排除して，孔子の生涯を追っていこう。

　孔子は，魯国の昌平郷の陬邑で生まれた。名は丘，字は仲尼。その祖先は宋国の孔防叔で，防叔が伯夏を，伯夏が叔梁紇を生んだ。紇は顔氏の娘（徴在と伝わる）と野合して，魯の襄公22（前551）年に，孔子を生んだ，と『史記』は記すが異説もある。『史記』は，孔子が17歳のときに，既に礼に通じていたと伝えるが疑わしい。孔子の若いころのことは，『論語』為政篇に「15歳で学問を志し，30歳で学問により身を立てられた」と語られる程度にしか分からない。

　成長して季氏の役人となった孔子は公平を称され，牛馬を飼育する役人として家畜を繁殖させたという。『論語』子罕篇も「若いとき貧賤であったため雑事に器用なのである」とする。やがて魯を去り，斉で排斥され，宋・衛で追われ，陳・蔡の間で困難にあった。陳で食糧が絶えた話は『論語』にも言及される。『史記』は，30歳で斉の景公から覇者について問われたとするが，王者・覇者の区別は，『孟子』から始まる。これは疑わしい。『論語』顔淵篇では，孔子は景公に下克上を否定し，微子篇では，出処進退を明らかにしている。

　ようやく52歳のとき，孔子は政治に関与したと『史記』はいう。魯の定公10

5

I 先 秦

（前500）年春，魯が斉と和睦した際，武力で魯君を脅迫する斉を叱咤して圧倒したのである。これは，「夾谷の会」と呼ばれる有名な外交場面で，『春秋左氏伝』『春秋公羊伝』『春秋穀梁伝』のすべてに記されるが，『論語』には見えない。『史記』はさらに，孔子は内政では，魯で専権を振るう臣下の三桓氏（叔孫氏・季孫氏・孟孫氏）の都城を破壊しようとした。それには失敗したものの，民が道に落ちているものを拾わなくなるほど整った政治を行った，とする。が，これも『論語』には見えない。司馬遷のころには，孔子は内外政に秀でた政治家として描かれる必要があったのであろう。ちなみに，『史記』は，孔子の政治力を恐れた斉が女楽を贈り，それを機に孔子は魯を去ったとする。それは，『論語』微子篇に記されている。

　魯を去った孔子は，諸国に教えを説くが，まず衛に赴き，霊公に失望して去る。『史記』は，その理由を中傷に求めるが，『論語』衛霊公篇は，戦陣を聞かれたためとする。陳に向かう途中で匡を通ると，魯の陽虎と間違えられて包囲された。このとき，孔子は「天の未だ斯の文を喪ぼさざるや，匡人其れ予を何如せん（天がこの文を滅ぼさないのであれば，匡の人々がわたしをどうすることができようか）」と述べた，と『論語』子罕篇は記す。孔子としては珍しく強い調子で，自らの使命感と文に対する自負心を述べている。

　危機を脱した孔子は衛に戻り，蘧伯玉のもとに身を寄せ，霊公の夫人の南子に会ったと『史記』はいう。『論語』雍也篇には，弟子の子路にこれを非難された孔子が「わたしに後ろ暗いところがあれば，天がわたしを見捨てるであろう」と言い訳をした，と伝わる。こののち孔子は，曹から宋，そして鄭から陳へ行き，魯の哀公12（前483）年，69歳で魯に帰国した。その後は経書を整理しながら，弟子の育成に専念して，魯の哀公16（前479）年に73歳で没した。

　孔子による経典の編纂について司馬遷は，孔子が，『尚書』の伝えを順序立て，また3000篇あまりの詩から『詩経』305篇を選んだとする。書も詩も本来，儒家に限定されない民族の古伝承であったが，孔子はそれを儒家の経典として尊重した。それを書の編纂と詩の刪集として表現した，と考えてよい。また司馬遷は，孔子が礼と楽を整えたことを記したのち，晩年『易』を好み，韋編が3回も切れたとする（韋編三絶）。しかし，現行の『論語』の中で，孔子が

孔子

『易』を読んだとする部分は1カ所しかない。しかも，「易」の字は，唐の陸徳明『経典釈文』によれば，『魯論』（魯に伝わっていた古論語）は「亦」に作り，『古論』（漢以前の古い文字で書かれた論語）は「易」に作る，という。近年出土した定州『論語』では，「易」を「亦」としており，陸徳明の説が正しかったことを裏づける。司馬遷は，『古論』を講ずる孔安国に儒学を受けており，司馬遷の読んだ『論語』は，「亦」ではなく「易」であったと考えられる。このため，司馬遷は，孔子が『易』を好んだという伝説を記したのである。近年出土した『易』の研究によれば，『易』が儒家に取り込まれたのは，漢代に入ってからのことであり，孔子が『易』を好んで読んでいたとは考えられない。

　そして，司馬遷は最後に，孔子が魯の史官の記録によって『春秋』を編纂したことを特筆し，「後世丘（孔子）を知る者は『春秋』によってであり，丘を罪する者も『春秋』によってであろう」と孔子が言った，という『孟子』滕文公下篇の記述を重視する。それは，自らの著した『史記』が，『春秋』を継承する営みであったことによる。

　このように，孔子に関する最古の伝記である『史記』孔子世家は，多くの伝説を含んでおり，孔子の生涯をそこから明示することは難しいのである。

　孔子は，周の封建制度を創設した周公旦（周公）の子が封建された魯国に生まれた。そのため，孔子は周公および周王朝を自らの理想に据えていた。『論語』述而篇には「わたしも年老いたものだ。夢に周公を見なくなった」という，孔子の周公への思慕が伝えられている。

　孔子が生きた春秋末期は，礼を基礎に置く周の礼政一致の封建制度が，崩壊の危機を迎えていた。単なる理想主義者ではない孔子は，下克上の風潮の中で，弱体化していく周の一族の国家である母国魯を建て直すため，政治に関与したともされる。その手段として，『論語』子路篇に説かれることは，「正名」である。「君は君，臣は臣，親は親，子は子」という名を正すことが，下克上を防ぐことに繋がる。子路に迂遠と批判されながらも，孔子は大義名分を正すことで，社会秩序の回復を試みようとしたのである。

　そのためには，為政者自身が有徳者でなければならない。「政治を行う際に徳によってすれば，北極星のまわりを衆星がむかうように統治できる」（『論

7

Ⅰ　先　秦

語』為政篇）と，孔子は徳治を主張する。その際に民は，為政者に従わせるべき存在で，それには〈孝〉を重んじさせればよい。孔子は，『論語』学而篇に「その人柄が，孝弟（孝悌）でありながら，目上に逆らうことを好む者はほとんど無い」と語る。そして，孝治を説くこの章で，続けて「孝弟であることは，仁の根本であろう」と述べている。この〈仁〉こそ孔子の最高の徳目であった。

　仁とは，人を愛することである。親を愛する孝の実践は，仁の根本に置かれる。この愛の及ぶ範囲を次第に拡大することで，仁は，終極的には人類愛へと到達する。それを実践するための心がけは，「忠恕（思いやり）」（『論語』里仁篇）である。「自分の望まないことは人に仕向けない」（『論語』顔淵篇）ことは，その具体的な現れである。

　また，孔子は人間が社会的存在であることから，「克己復礼」すなわち「我が身を慎んで礼（の規範）にかえることを仁とする」（『論語』顔淵篇），とも述べた。こうして，仁を中核に礼を重視する儒学の教えの基本が定まった。

　『論語』によれば，孔子は天命と鬼神を語らなかった。西欧でいう宗教との距離は遠い。敬遠という言葉の語源である「鬼神は敬して遠ざける」（『論語』雍也篇）という態度は，古い呪術信仰を乗り越えようとした孔子の立場を象徴する。孔子の天への態度も，鬼神へのそれに似る。孔子にとって天命とは，人間の力の彼方にあるものであった。孔子は，道徳と政治など明瞭に把握できる人間・社会の事象と，人間の力では把握できない事象に分けて世界を認識した。天命は後者であった。しかし，それは人間と関係のないものではない。孔子は「わたしを知る者は，天であろうか」（『論語』憲問篇）と天を信じ，「天が徳を予に授けたのだ。桓魋ごときが予をどうしようというのだ」（『論語』述而篇）と，天が自分を守ってくれると考えていた。このため，孔子にとって天は，畏れつつも知るように努めなければならない対象だったのである。

　こうした認識の中で，孔子は人が人として懸命に生きることを説いた。「まだ生ということも分からないのに，どうして死のことが分かろうか」（『論語』先進篇）と述べた孔子は，人として生きていくために必要な日常道徳に関わる金言も『論語』の中に多く残した。清の袁枚の言葉を借りれば，孔子は「最高の常識人」なのである。

孔　子

● 孔子との対話

 教えの中心に置かれる仁とは，どのようなものですか。

 愛であり，身を慎み礼にかえることであり，身近なもので，礼楽の根本です。

樊遅仁を問う。子曰く「人を愛す」と。知を問う。子曰く「人を知る」と。
(『論語』顔淵篇)

【訳】樊遅が仁について尋ねた。孔子は「人を愛することである」と答えた。知について尋ねた。孔子は「人を知ることである」と答えた。

顔淵仁を問う。子曰く「己を克しみて礼に復るを仁と為す。一日己を克しみて礼に復れば，天下仁に帰す。仁を為すは己に由る。人に由らんや」と。(『論語』顔淵篇)

【訳】顔淵が仁について尋ねた。孔子が言うことには「我が身を慎んで礼(の規範)にかえることを仁とする。1日でも身を慎んで礼にかえれば，天下(の人々が)仁に向かうようになる。仁を行うのは自分による。どうして他人頼みにできようか」と。

子曰く「仁遠からんや。我仁を欲すれば，斯に仁至る」と。(『論語』述而篇)

【訳】孔子が言うことには「仁は遠いものであろうか。わたしが仁を求めると，そこに仁はやってくる」と。

子曰く「人にして仁ならざれば，礼を如何せん。人にして仁ならざれば，楽を如何せん」と。(『論語』為政篇)

【訳】孔子が言うことには「人であって仁でなければ，礼も何になろう。人であって仁でなければ，楽も何になろう」と。

▶「克己復礼」という言葉は，日本では「己に克ちて礼に復る」と読むことが多い。これは，12世紀に著された**朱熹**(→187頁)の**『論語集注』**に示された「克は，勝という意味である。己は自らの私欲をいうのである」という朱熹の注(解釈)に基づいた読み方である。これに対して，3世紀に著された何晏の**『論語集解』**では「己に克つということは，身を約しむことである」と解釈する。このように，『論語』の言葉として表現される孔子の思想は，それを解釈する注釈者の思想によって異なって理解される。孔子の思想が理解しにくい理由である。

Ⅰ　先秦

　学ぶ際に重要なことは何でしょうか。

　楽しく，バランスよく学びかつ考え，それを自発的に行うことです。

子曰く「学びて時に之を習う，亦た説ばしからずや。……」と。(『論語』学而篇)

　【訳】孔子が言うことには「学んだことを機会を見つけては復習する，なんと心うれしいことではないか。……」と。

子曰く「学びて思わざれば則ち罔し。思いて学ばざれば則ち殆うし」と。(『論語』為政篇)

　【訳】孔子が言うことには「(人や書物から)学ぶだけで思索しなければ，物事の道理が分からない。思索するだけで学ばなければ，独断に陥り危なっかしい」と。

子曰く「憤せずんば啓せず，悱せずんば発せず，一隅を挙げ，三隅を以て反らずんば，則ち復たせず」と。(『論語』述而篇)

　【訳】孔子が言うことには「分かろうとしても理解できず煩悶していなければ導かない，表現しようとしても言葉が出てこないようでなければ示唆しない，1つの隅をあげて，3つの隅で反応しなければ，もう一度することはない」と。

　▶学而篇・為政篇の言葉は有名。述而篇の言葉は，学問の自発性の必要を説いている。

　お弟子さんには，どんな人たちがいますか。

　顔回(顔淵)がおります。

哀公問う「弟子孰か学を好むと為す」と。孔子対えて曰く「顔回という者有り，学を好む。怒りを遷さず，過ちを弐びせず。不幸短命にして死せり。今や則ち亡し。未だ学を好む者を聞かざるなり」と。(『論語』雍也篇)

　【訳】(魯の)哀公が(孔子に)尋ねたことには「(あなたの)弟子の中で誰が最も学問好きであろうか」と。孔子が答えて言うには「顔回という者がおり，学問を好みました。八つ当たりをせず，過ちを繰り返しませんでした。不幸にして年若くして死にました。今はおりません。(顔回の他に)学問を好む者のあることを聞いておりませ

孔 子

ん」と。

顔淵死す。子曰く「噫，天予を喪ぼせり。天予を喪ぼせり」と。(『論語』先進
篇)

【訳】顔淵（顔回）が死んだ。孔子が言うことには「ああ，天はわたしを滅ぼした。
天はわたしを滅ぼした」と。

子曰く「回や其れ庶きか，屢〻空し。賜は命を受けずして貨殖し，億れば則
ち屢〻中る」と。(『論語』先進篇)

【訳】孔子が言うことには「顔回はまあ（理想に）近いね。（道を求めて富を求めず，
貧困で）しばしば食べるものがなかった。賜（子貢）は仕官しないで蓄財をして，予
想すればしばしば的中した」と。

子顔淵に謂いて曰く「之を用いれば則ち行い，之を舍つれば則ち蔵る。唯だ我
と爾と是有るかな」と。子路曰く「子三軍を行らば，則ち誰と与にせん」と。
子曰く「暴虎馮河，死して悔ゆること無き者は，吾与にせざるなり。必ずや
事に臨みて懼れ，謀を好みて成さん者なり」と。(『論語』述而篇)

【訳】孔子が顔淵（顔回）に向かって言うことには「自分を認めて用いてくれるなら
ば大いに行動し，見捨てられれば（出しゃばらないで）引きこもって才知を隠す。
（このような出処進退は）ただわたしとお前とだけにできることだね」と。（それを聞
いていた）子路が言うことには「先生は大軍を指揮されるとしたら，誰と一緒になさ
いますか」と。孔子は「虎を素手で打ったり黄河を歩いて渡ったりするような無謀な
行動をして，死んでも後悔しない（ことが勇敢であると思っている）ような者とは，
わたしは一緒に指揮しない。必ず事にあたって慎重に対処し，よく計画を練って事を
成し遂げる者でなければ，一緒に指揮しないだろう」と答えた。

▶『論語』先進篇に「徳行に（優れた者に）は，顔淵・閔子騫・冉伯牛・仲弓がお
り，言語（弁舌の才）に（優れた者に）は，宰我・子貢がおり，政事に（優れた者
に）は，冉有・季路がおり，文学（学問の才）に（優れた者に）は，子游・子夏がお
る」と語られるように，孔子の弟子には，「四科十哲」（徳行をはじめとする４つの分
野に優れた10人の弟子）を筆頭に，親孝行で有名な曾子をはじめ，多士済々な人々が
いた。それにも拘らず，孔子は「顔回の他に学問を好む者のあることを聞いておりま
せん」という。それほどまでに，期待していた顔回に先立たれ，子路が殺され，息子
の鯉も失った孔子だからこそ，人生を見つめることが可能であったのではないか。孔

11

I　先　秦

子死後の教団を支えた者は，理財の才にも優れた子貢であった。

◗ 用語解説

『論語』　孔子一門の言行録で，全20篇より成る。学而篇第1から堯曰篇第20までの各篇名は，初めの文字を取った便宜的なもので，明確な意図をもって思想を体系的に伝えようとしたものではない。論語という書名は，前漢武帝期の司馬遷が著した『史記』では用いられず，定着したのは後漢である。

『論語集解』　曹魏の何晏（？〜249）などの撰。『論語』の完全な注釈として現存最古のもの。漢から魏までの孔安国・馬融・包咸・周氏・鄭玄・陳羣・王肅・周生烈の八家の説を抜粋して集め，自説を加えている。古注と呼ばれる。

『論語集注』　南宋の朱熹の撰。朱子学の立場からの解釈を行い，『論語』を聖人孔子の人格と結びつけて，人々の現実的な実践目標を明示する厳しい倫理的要請の書とする。新注と呼ばれ，論語解釈の決定版となった。

◗ より深く学ぶために

〈原典・訳〉

倉石武四郎『口語訳論語』（筑摩書房，1970年）

＊朱子の「集注」に沿った口語訳で，論語の口語訳としては最も古い。

吉川幸次郎『論語』（朝日新聞社，1996年）

＊文学としての論語，散文詩としての論語のもつリズムの美しさを説く。

貝塚茂樹『論語』（中央公論社，2003年）

＊孔子や弟子たちの生きていた時代を明らかにする歴史的解釈に特徴をもつ。

〈入門・解説書〉

武内義雄『論語の研究』（岩波書店，1940年）

＊論語の各篇を一まとまりと考え，それを古伝承と結びつけ解釈することにより成立事情を明らかにし，無批判で論語の内容を受けとれないと論証した。

津田左右吉『論語と孔子の思想』（岩波書店，1946年）

＊論語を一章毎に分析して，論語は，孔子の言葉をそのまま記録したものではなく，後代の文献から拾われ再編集されたものが中心であるとする。

（渡邉義浩）

◆コラム◆ ［五経］易（えき，『周易』『易経』）

　儒教の基本経典である「五経」の１つ。『易』はもともと占書であったが，漢代に経典として取り入れられた。『易』は「経」と「伝」とに分かれ，「経」には六十四卦と，卦ごとに卦辞と爻辞が綴られている。「卦」は陰爻⚋と陽爻⚊とを６段に積み重ねた記号様のもの。伏羲（伝説の帝王）がはじめて八卦（乾☰　兌☱　離☲　震☳　巽☴　坎☵　艮☶　坤☷）を作り，文王がさらに八卦を重ねて六十四卦を完成したと伝えられる。一方，「伝」は，「経」に対する解説。彖（上下）・象（上下）・文言・繫辞（上下）・説卦・序卦・雑卦の10篇となる。経文の解釈を翼けることから十翼ともいう。十翼は古くから孔子（→５頁）の作とされてきたが，『易』の儒教化と共に後学によって仮託されたものである。

　『易』が儒教の経典として公認されたのは，前漢の武帝建元５（前136）年である。以来，儒教のバイブルとして研究が進められ，様々な解釈が行われた。解釈法は大きく象数易と義理易とに分かれる。象数易は，「卦爻」は陰陽二気の象徴であると考え，卦爻に秘められた形状的（象）・数理的（数）な意味を読み解き，天地自然の原理を明らかにしようとする立場である。一方，義理易は，「卦爻」そのものよりも，経伝に書かれた聖人の教えに注目し，その倫理的・哲学的な意味を究明しようとする立場である。

　漢代では，董仲舒（→73頁）の天人相関説が大流行する中で，災異を占い，政治の得失を明らかにしようとする象数易が主流となった。前漢の易博士（国立大学教授）であった孟喜と京房は，卦気説を考案し，易の卦爻を天文・暦法・音律に結合させ，宇宙的理論体系を築いた。それは占候の計量化・合理化をはかるためでもあったが，思想的には，世界内のありとあらゆる事象は，数の整合性において存在すると考えられ，天文・暦法・音律に内在する普遍的数理を媒介させることで，『易』の普遍性，儒教の真理性を証明しうるものと考えられていたからである。後漢では，卦爻（象数）と経文との間の合理的な解釈が求められ，爻辰説・卦変説・旁通説など様々な理論が量産されたが，そこではつじつまを合わせるために強引なこじつけが行われた。卦爻に拘泥する象数易を批判し，義理易の地平を開いたのが，魏の王弼（→127頁）であった。王弼は老荘の「無」によって『易』を解釈し，唐の国定教科書『周易正義』に採択され，『易』注釈書の最高峰に位置づけられた。宋代では，字句の解釈にとらわれない，経伝全体の義理を究明する学風が広がる中で，程頤（→177頁）は理気論によって『易』を解釈し，朱子学の思考の枠組を形成した。著述『程氏易伝』は，死ぬまで推敲に推敲を重ねた終生の力作とされ，王弼注と双璧をなした。

（辛　賢）

I　先秦

◆コラム◆　［五経］書（しょ，『尚書』『書経』）

　古くは単に「書」と記され，宋代以降は「書経」ともいうが，中国学では主に漢以来の「尚書」という呼称を用いる。「尚」は上古の「上」に通じ，堯・舜・禹や，湯王・伊尹，武王・周公といった儒教における「上古」の聖人たちの「記録」という意味である。その性質から，皇帝の詔勅には『尚書』を典拠とする表現が多用される。

　『尚書』は，古来，五経の中でも特に難読の書とされてきた。上古の記録という性質上，特殊な言い回しが多用され，注釈がなければ読めず，その量も尋常ではないからである。後漢の桓譚が著した『新論』によれば，『尚書』の注には最初の篇名「堯典」の2字に10万言，その冒頭の「曰若稽古」の4字に3万言あまりが費やされるものすらあったという。前漢の武帝は『尚書』を「樸学（地味な学問）」と評して敬遠していたというが，ただでさえ読めない本文に，読んでも読んでも終わらない注釈ときては，武帝の反応もやむをえない話であろう。

　さらに，成立過程の複雑さも問題となる。通説では，『尚書』は秦の始皇帝による焚書坑儒で一度亡び，前漢の文帝のとき，伏生により再び世に現れたという。のちまた孔子（→5頁）の旧宅から古い字体で書かれた『尚書』が発見され，孔子の子孫の孔安国が読み解いた。そこで後者をその特徴から「古文尚書」，対して前者を「今文尚書」と呼び慣わすこととなった。孔安国の尚書には，今文に存在しない篇も存在したらしいが，これは西晋における永嘉の乱の最中に亡逸した。そこで東晋にて梅賾があらためて佚篇と孔安国の伝（注釈）のついた古文尚書を時の皇帝に献上した。梅賾の尚書は，今文尚書の28篇を分けて33篇としたものと，新出の25篇の計58篇から成り，やがて唐の『尚書正義』でもこれに基づく注解が採用された。このとき今文説も正義に吸収され，これが現行の『尚書』となっている。しかし25篇には早くから「上古の文書にしては読みやすすぎる」等の批判があり，清の閻若璩『尚書古文疏証』に至って偽作と決定づけられた。こうした経緯から，現行の尚書は「偽古文尚書」，孔安国の伝は「偽孔伝」と呼ばれている。すると例えば，後漢の文献が引用する『尚書』を偽孔伝で解釈したら誤読であるし，逆に唐の用例であれば偽作と知っていてもなお偽孔伝で解釈しなければ誤りとなる。『尚書』の読解はかくも厄介なのである。

　加えて昨今では，文字通りの「古文」尚書が発見されはじめた。2010年刊行の『清華大学蔵戦国竹簡』には，楚文字で書かれた秦以前の『尚書』とおぼしき内容をもつ諸篇が収録されており，それ以降も数篇が見つかっている。あるいはいつか漢代に通読されていた全篇が出土し，これを解読するために1字につき数万言の注釈が付された『尚書』が，あらためて刊行されることもあるかもしれない。

（池田雅典）

◆コラム◆　[五経] 詩（し，『詩経』『毛詩』）

　経書『詩経』は，儒教の基本経典である五経の１つであるが，それはもともと中国最古の詩集であった。収録されているのは，殷周・春秋期の古代詩305篇であり，その内容構成は，諸国の民謡「国風」（160篇），宮廷儀礼の祭礼歌の「小雅」（74篇）と「大雅」（31篇），祖先祭祀のための宗廟歌「頌」（40篇）となっている。前漢の司馬遷（→81頁）『史記』によると，かつて古代詩は3000篇以上あったのだが，これらに編纂を加え，礼儀にかなうものだけを採用するなどして全305篇に定めたのが孔子（→５頁）であった。これを孔子刪詩説というが，古代詩の儒教経典化された所以がうかがわれる伝説である。なお孔子によれば，詩は「感情を振るい起こし，世俗の盛衰を知り，他者と交わって社会を知り，その風刺を可能とする」ものであり，その効用は「近くは父親，遠くは君主に仕えることを知るほか，動植物を含めた多くのものごとの名称を知る」ことにも及ぶものであった（『論語』陽貨篇）。

　古来，詩篇は口誦伝承されていたが，前漢期になると，各地方の儒教学派によって文字文献が作られた。当時盛行したのは『斉詩』『魯詩』『韓詩』の三家詩であったが，その他に，景帝の子の河間献王の下で，魯の毛亨・毛萇による『毛詩』が出現した。『毛詩』は，後漢の大儒鄭玄（→102頁）が注釈（『毛詩箋』）を施し，また初唐の大学者孔穎達がさらなる注解（『毛詩正義』）を行ったことで，儒教の経書解釈学（経学）において正統的な地位を占めるようになった。その間に三家詩は次第に忘れ去られていった。そのため現在では『詩経』といえば，すなわち『毛詩』のことを指すのである。

　『毛詩』には，２種類の「序」が付されている。個々の詩篇の前に付されるのは「小序」である。これは当該詩の概要や歴史的背景を簡潔に述べるものである。一方，全篇の巻頭にあたる詩篇「関雎」の前には長文の「序」が付されていて，『毛詩』全体への総説の役割を果たしている。これを「大序」と呼ぶ。「大序」には，古代の詩篇がいかにして経書としての『詩経』となるに至ったのか，その経緯と理念が詳細に記されている。ただその「大序」による『毛詩』解釈の方向性は，多分に政治的・教条的解釈を含むものであった。そのため「大序」は，古代以来の詩篇本来の姿を曲解させるものとして，後世になると批判の対象ともなった。南宋の朱熹（→187頁）による『詩集伝』は，こうした「序」の影響を排除し，詩篇そのものに即して新たなる解釈を提起しようとするものであった。なお「大序」には詩というものの理念を説く文章論としての一面もあり，そのためそれは単に経書解釈の内部に止まらず，後世により広汎な影響を与えた。特に「詩言志」──詩は志を言う──との一節は，中国古典詩を貫く精神的基柱として，後世の文章制作の指針となった。

（和久　希）

Ⅰ　先秦

◆コラム◆　［五経］礼（れい，『礼記』『儀礼』『周礼』）

　礼に関わる様々な言説を収載する『礼記』49篇は，もともと経典ではなかった。「記」とは註記を意味し，経典の不備を補う文書などに冠せられる文字である。では，それらがいつ経典として認められるようになったのだろうか。『漢書』芸文志礼部の目録上には，「礼古経五十六巻，経七十［十七］篇」，「記百三十一篇」と記録される。「経七十篇」については，前漢のとき魯の高堂生が口承伝授していた「士礼十七篇」，すなわち『儀礼』17篇を指すとして「十七」に改めるべきというのが通説である。この「経十七篇」に付随する註記が「記百三十一篇」と録される書であり，『礼記』の原型である。1957年に甘粛省で発見された『武威漢簡』には『儀礼』17篇の一部が含まれており，ここには礼の「経」とその注釈的文書である「伝」や「記」が，経書のために用いられる2尺4寸（約55センチ）の簡に書かれていた。つまり『礼記』は，『儀礼』と併せ学ばれるうちに経書と同等の扱いを受けることとなった書物なのである。前漢宣帝のとき，戴徳・戴聖・慶普の三家が国家公認の学となった。各々の学問を大戴礼・小戴礼・慶氏礼と呼ぶ。慶氏礼は現在伝わらないが，戴徳が伝えていた「記」が『大戴記』85（現35）篇として，戴聖のそれが『小戴記』46篇として残っている。『小戴記』46篇のうち3篇を上・下に分割した計49篇が，現在通行する『礼記』とされる。

　『礼記』『儀礼』のほか，『周礼』（『周官』ともいう）は周王朝の官制を記す書物であり，天・地・春・夏・秋・冬の六官に分けて記述される。これは秦の文字統一政策より以前の文字で書かれたことから，古文経典として王莽（→92頁），劉歆らにより顕彰され，それ以降，後漢の鄭衆や賈逵，馬融らによって研究された。これら3つの礼経典を総称して「三礼」といい，その学問は鄭玄（→102頁）によって大成された。彼の『周礼』を頂角としながらも神秘主義の色濃い緯書を随意に用いた相互無矛盾の三礼体系は，のちに魏の王粛が批難する鵠的ともなったが，ついにはその体系的礼解釈が公に認められた。唐の貞観12（638）年に刊定された孔穎達奉勅撰『礼記正義』は，鄭玄の解釈を基底に置きつつ，漢から唐に至るまでの諸家の注や，注にさらなる解釈を加える義疏を統合した欽定注釈集である。これが当時の礼の学問における決定版となったことで，それまでに作られた数多の古注は次第に散逸していった。

　古注の集大成である『礼記正義』刊定以降も『礼記』は読み継がれていく。とりわけ49篇のうち「大学」と「中庸」両篇の解釈は，程顥・程頤（→177頁）や朱熹（→187頁）により新たな展開を迎えることとなる。新注の代表には南宋の衛湜『礼記集説』，元の呉澄『礼記纂言』，陳澔『雲荘礼記集説』，明の胡広等奉勅撰『礼記大全』，清の方苞『礼記析疑』，孫希旦『礼記集解』などが挙げられる。　　　　　　　　（黒﨑恵輔）

◆コラム◆ ［五経］春秋（しゅんじゅう）

　中国の歴史記録の濫觴といえば，司馬遷（→81頁）の『史記』を思い浮かべることであろう。著者の司馬遷および父の司馬談は太史令という官職に就いていた。中国では古来，歴史記録の専門職が朝廷にいたのである。司馬遷の時代から遡ること数百年，中国は春秋時代という動乱期にあり，覇者と称される実力者が「尊王攘夷」の理念を掲げて天下を牛耳っていた。この時代の出来事を記録した書物が『春秋』である。

　もともと『春秋』とは魯の年代記の名称であった。魯は現在の山東省あたりに存在した国で，儒家思想の開祖たる孔子（→ 5 頁）が生まれた国でもある。『春秋』は，魯の隠公元（前722）年から哀公14（前481）年に至る12公242年の出来事を，魯を主体とした編年体（事件を年代順に記す歴史叙述の形式）で記録している。記事内容は，列国の天災・時変・征伐・会盟・国君および卿大夫の生死等々，多岐にわたる。これによって当時の各国の情勢を知ることができ，またこの書名と記述の範囲から春秋時代という名称が誕生した。ちなみに，春秋時代の各国では『春秋』に類する国家の年代記が存在していたようで，周・燕・斉にも『春秋』があったほか，晋では『乗』，楚では『檮杌』というように，独自の名称をもつものもあったとされる。これらはいずれも各国にいた史官が記録していた。

　やがて戦国時代に入ると，魯の年代記に過ぎなかった『春秋』は変質していく。『孟子』滕文公下篇には，「孔子が『春秋』を書き換えてそこに深い意味を込め，人の踏み行うべき道に外れた者や，悪事をはたらく者を恐れさせた」とある。『春秋』の編纂には聖人孔子が深く関わっており，しかもその記録の一字一句に彼の強い主張が込められているというのである。『春秋』はもともと簡素な記録であり，1 つの出来事をせいぜい20字ほどで表す。そのわずかな言葉の中に含まれた深意や道理のことを微言大義という。実際に孔子の手が加えられたかどうかは確かめようもないし，何の証拠もない。ともあれ，『春秋』は儒家の聖人孔子を媒介させることにより権威づけられ，やがて五経の 1 つとして儒者たちの必須の教養となった。

　これに伴い，『春秋』に含まれる聖人の真意を読み解こうとする春秋学という学問も生まれ，さらにその解釈をまとめた文献もできあがった。『春秋公羊伝』『春秋穀梁伝』『春秋左氏伝』はその代表的なものであり，これら 3 つを総称して「春秋三伝」という。三伝のうち，『公羊伝』は漢代に隆盛し，魏晋南北朝以降になると『左氏伝』が台頭する。唐代に儒教経典を整理した『五経正義』が作られると，『左氏伝』はこれに収められ，その地位は不動のものとなった。

（髙橋康浩）

墨　子

(ぼくし：生没年不明)

🌓 生涯と思想

　墨子は，名を翟という。春秋戦国時代の思想家で，墨家の祖である。生涯の事跡のほとんどが謎に包まれており，生没年も分からない。生国は魯（一説には宋）とされる。『史記』孟子荀卿列伝に見えるわずかな記録によれば，「墨子は宋の大夫で，城の防衛を得意とし，節用を為した。孔子と同時代あるいは孔子より後の人であった」という。経歴に諸説あるものの，墨子は孔子（→5頁）没後から戦国時代初頭，だいたい前450〜前390年ごろにかけて，魯を拠点として思想活動を展開したと見てよい。

　墨子の故郷であり活動拠点にもなった魯は，孔子が生まれた国でもある。孔子は多くの弟子を育成し，ついには巨大な儒家集団を形成して，当時の思想界を席巻した。墨子もまた同様に多くの弟子を抱え，集団を形成するに至る。

　墨子の思想の中核を為すものは「兼愛」である。これは自分を愛するように他人を愛し，互いに利益を共有するという思想である。兼愛という字面から，キリスト教の説く無差別の愛アガペーのように捉えられるかもしれない。だが，アガペーが神による人間への愛であるのに対し，兼愛は人間同士の愛であり，両者は異なる。当時，儒家は「仁」を説き，仁の及ぼす範囲を身内から他人へと徐々に広げていけば，やがて天下がうまく治まると主張した。これに対して，墨子の兼愛は自他への愛に差を設けないものであり，儒家の仁を差別愛と批判した。ちなみに墨子より後世に活躍した儒家の孟子（→22頁）は，兼愛を「父親や君主をないがしろにする禽獣の所業である」（『孟子』滕文公下篇）と批判している。

　兼愛と並んで墨家の中核思想となるのが「非攻」である。文字どおり攻略を否定するものであるが，これは一切の武力放棄をうたったものではない。春秋

墨　子

　戦国時代は，大国の引き起こす利己的な戦争により，小国は土地を奪われ，民衆は苦しめられた。墨子は支配者の欲望に基づく何の大義もない戦争を否定したのである。つまり，批判対象は侵略戦争であって，自衛策は認めている。このため，墨家集団は大国に脅かされる小国の依頼を受け，城邑の防衛を行ったこともある。あるとき，墨子は大国の楚が小国の宋を攻めると聞き，高弟の禽滑釐と弟子300人を宋に向かわせ，自らは楚王のもとに赴き侵略を批判した。そこで楚王は将軍の公輸盤と墨子に命じて図面上で模擬戦を行わせたところ，墨子は公輸盤の9回にわたる城攻めをことごとく退ける。そして墨子は，既に弟子たちに策を授け，宋に派遣して守備を固めさせていることを話すと，楚王は侵略を取り止めたという。このように墨家は守城のスペシャリスト集団であり，『墨子』の中には備城門篇，備高臨篇，備梯篇など守城法に関する篇も存在する。彼らによる防御が極めて堅固であったことから，「墨守」という故事も生まれた。今日では，自己の主張を頑なに守ることを意味するが，これは墨家の得意な守城戦に由来するものであった。

　兼愛と非攻以外にも，身分に関わりなく能力主義で人材を登用する必要性を訴える「尚賢」，各段階の統治者に従うことを説く「尚同」，無駄な費用を節約して民利を図ることを訴える「節用」，葬礼を簡素にする「節葬」，人間が生まれながらにもつという宿命論を批判する「非命」，音楽への耽溺を戒める「非楽」，絶対者たる上帝（天）に従うことを説く「天志」，善を賞し悪を罰する鬼神の存在を明らかにし，それに従うことを説く「明鬼」といった思想がある。これらを合わせて十論といい，墨家の基本主張であった。墨子は弟子に対し，遊説国の情勢に合わせて，これらを適宜使い分けて説くよう指示した。

　墨子によって生まれた墨家は，戦国時代において儒家に匹敵する組織となり，思想界を二分するほどの勢力を誇った。戦国時代が終わり，秦を経て漢が成立すると，儒家思想は儒教となり，およそ2000年にわたって各王朝の政治・社会の指導理念として正統思想であり続けた。しかし，墨家思想はそれに匹敵するほどの隆盛を見せることはない。戦国時代の終焉と共に急速に衰退し，長く顧みられなかった。秦・漢の成立から2000年ほど後の清朝において，ようやく再び注目されるようになったのである。

Ⅰ　先　秦

●墨子との対話

Q 春秋戦国時代という乱世になぜ「非攻」を説いたのですか。

A 天下の諸侯が侵略戦争を義にもとる行為だと理解していないからです。

一人を殺すは之を不義と謂い，必ず一の死罪有り。若し此の説を以て往かば，十人を殺せば十たび不義を重ね，必ず十の死罪有り。百人を殺せば百たび不義を重ね，必ず百の死罪有り。此の当きは，天下の君子皆知りて之を非とし，之を不義と謂う。今大いに不義を為して国を攻むるに至りては，則ち非とするを知らず。従りて之を誉め，之を義と謂う。情に其の不義なるを知らざるなり。（『墨子』非攻上篇）

【訳】1人を殺せばこれを不義であるとして，必ず一たび死刑に処せられる。もしこの論法でいけば，10人を殺せば不義は10倍となり，必ず10回の死刑に処せられる。100人を殺せば不義は100倍となり，必ず100回の死刑に処せられる。このようなことは，天下の君子はみな知っていてこれを非難し，不義とする。ところが今，大いに不義を行い，他国に侵攻することがあっても，非難しようとしない。それどころかこの行為を褒めて，これを義であるとさえ言う。本当に君子たちは（その侵略行為が）不義であると分かっていない。

Q 鬼神は実在しますか。

A 孔子は鬼神を敬して遠ざけることで呪術信仰を信じませんでしたが，われわれは鬼神の実在を認めます。鬼神は人々の行う善悪を知り，賢人を賞賛し，悪人を罰する力があります。

昔の三代の聖王既に没するに至るに逮ぶや，天下は義を失い，諸侯は力正す。……民の淫暴・寇乱・盗賊を爲し，兵刃・毒薬・水火を以て，無罪の人を道路・率径に遇え，人の車馬・衣裳を奪いて以て自ら利する者の並びに作ること此れ由り始まり，是を以て天下乱る。此れ其の故は何を以て然るや。則ち皆鬼神の有ると無きとの別に疑惑し，鬼神の能く賢を賞して暴を罰するに明らかならざるを以てなり。今若し天下の人をして，偕に鬼神の能く賢を賞して暴を罰

20

墨　子

するを信ずるが若くならしむれば，則ち夫れ天下豈に乱れんや。(『墨子』明鬼
下篇)

【訳】いにしえの３代の聖王が既に世を去ると，天下は義を失い，諸侯は力まかせの
政治を行うようになった。……民草の中で乱暴や掠奪や盗賊行為をはたらき，武器・
毒薬・水火を用いて，罪なき人を道路に待ち受け，他人の車馬や衣服を奪って自らの
利益とする者が一斉に起こるのはここから始まり，かくて天下は乱れた。どうしてそ
うなったのか。それはいずれも鬼神が実在するか否かの分別に疑問を抱き，鬼神が賢
人を賞賛して悪人を罰し得ることを明瞭に認識できないからである。今もし天下の
人々に対して，鬼神が賢人を賞賛して悪人を罰し得ることをみなに信じさせたならば，
天下はどうして乱れようか。

▶鬼神は，人間の善悪の行動に応じて賞罰を下すことのできる人格神であり，善とは
兼愛の実行を指す。墨子の明鬼論は，当時の知識人が乗り越えようとした鬼神信仰を
復権させ，兼愛思想の根拠に据えた。なお，明鬼論は民衆を対象としたもので，天子
に対して兼愛の実行を説くものが天志説である。詳しくは『墨子』天志篇に見える。

● 用語解説

『墨子』　墨家の思想を記した書。その大半は墨子の死後，弟子たちによって編纂された。
もとは71篇あったが，53篇のみ今日に伝わる。墨家が衰退すると，この書も顧みられな
くなったが，清朝の学者により再び注目されるようになった。

● より深く学ぶために

〈原典・訳〉
孫詒讓『墨子間詁』(中華書局，1954年，中国書)
＊孫詒讓 (1848〜1908) が清朝の学者の諸説を採録し，考訂校注を加えたもの。諸子百
　家の文献の中でも難読と言われた『墨子』を読みやすく整理した。
〈入門・解説書〉
浅野裕一『墨子』(講談社学術文庫，1998年)
＊墨子の思想の中でとりわけ重要な部分を，書き下し文と現代語訳で紹介している。ま
　た，墨子の生涯および墨家の思想を整理している。

(髙橋康浩)

孟　子

（もうし：前4世紀後半）

🌑 生涯と思想

　孟子，姓は孟，名は軻，字は子輿。魯の隣国，鄒の人である。魯の公族孟孫氏の子孫との説もあるが，定かではなく，その前半生はほぼ不明と言ってよい。ただ，孔子（→5頁）の弟子の中でも，**曾子**の教えを継承する子思の弟子に師事していることから，孔子儒学の主流派の人物であったことは間違いない。また，幼少期については，その母の教育熱心な様子が「孟母三遷」「孟母断機」といった故事として語り継がれている。

　孟子の思想の背景には，下克上という戦国の時代的な潮流がある。家臣が主君に取って代わる下克上は，孔子儒学が勃興した春秋後期から各国で頻発するようになり，この潮流は，それまで中原の秩序をまとめていた春秋最強の**覇者**である晋をも分裂に追い込んでいった。時代が春秋から戦国に移る中，最初に頭角を現した国が魏であった。魏は文侯（？〜前396），武侯（前424〜前370）の2代にわたり富国強兵に成功し，戦国の覇権の中心となった。だが，恵王（前400〜前319）の代には，趙・韓と対立状態に陥り，さらに斉の介入を受けて大敗した。これ以降，魏の勢力は著しく後退し，中原の覇権は東方の斉に移行した。そして，この覇権交替の最中にあって恵王を訪ねたのが，孟子であった。『孟子』梁恵王篇は，魏を「梁」と記している。「梁」とは大梁をいう。当時の魏は，斉だけでなく西方の秦による圧迫も受けており，魏都は秦に近い安邑を避けて大梁に遷されていた。現在に伝わる『孟子』は，この斜陽の大国の王と孟子の対話から始まる。

　孟子は，諸国を遊説する際，自らの看板として「性善」という理念と「堯舜」というモデルを掲げた（『孟子』滕文公上篇）。「性善」とは，性善説であり，「堯舜」とは，堯と舜，すなわち儒家が聖人として掲げる古の帝王である。聖

人とは，孟子にとって性善説に基づく理想的政治，すなわち王道政治を実現した偉人の称号であった。厳密に言えば，孟子は堯・舜に加え，さらに殷の湯王，周の文王という約500年周期で出現する聖人の系譜を描き，その列の最後に孔子を置いている。孟子にとって，孔子は最後の聖人であり，その教えを伝えることこそが，最大の使命であった（『孟子』尽心下篇）。だが，孔子と孟子とはやはり異なる。とりわけ孟子が性の議論に踏み込んだことは，儒学の中でも大きな画期であった。

　性とは，人間が本来的に備える性質，いわば本質である。孟子は，孔子の〈仁〉を継承しつつ，それに〈義〉を加え，理想的人間の核心として〈仁義〉を提唱した。仁とは「人の心」，義とは「人の路」である（『孟子』告子下篇）。孟子は，この仁義に基づく心がけや行動のあり方が本来的に〈善〉であると規定する。そしてこの〈善〉である仁義が，人に生まれながらに備わる性であると説明した。これが，孟子の代名詞とも言える性善説である。

　性善説の画期的な点は，万人の人格に発展の可能性を見出した点にある。あるとき，曹交という人から「誰もが堯舜のようにふるまうことができると言いますが，できるものなのでしょうか」と尋ねられた孟子は，「然り（できる）」と断言している（『孟子』告子下篇）。だが，それはあくまで可能性に過ぎない。孟子の眼前には，人の性に備わる仁義の可能性が，社会の中で脆くも失われてしまう現実が立ちはだかっていた。

　孟子が「民」と呼ぶ大多数の人間は，飢餓や寒さといった外的要因によって簡単に内なる〈善〉を失う脆弱な存在であった。そこで孟子は為政者に対して，民が本来的に備える〈善〉を守る役割を期待した。その役割の下に行われる理想的政治を，孟子は「王道」と呼ぶ。王道政治とは，為政者が自ら民の範としてふるまい，民の心に備わる仁義を守る政治を指す。孟子は，さらにその具体的な統治理念として「井田」と「学校」を提唱している（『孟子』滕文公上篇）。「井田」は，井田制とも呼ばれ，土地を私田と公田に分けることで，民の生活と国家の祭祀を両立させる経済政策の理念であり，「学校」は，文字通り学校を設置することで，民の心の〈善〉を繋ぎ止める教育制度の理念である。孟子は，こうした井田制や学校の理念に支えられた王道政治を実現した聖人を「王

I 先　秦

者」と呼んでいる。

　孟子にとって，王者＝聖人のモデルは，500年周期で出現してきた古の帝王たちである。もちろん，孔子もまた，孟子にとって王者の1人であった。だが孔子は，堯舜や周の文王のように天子として君臨したわけではない。そこで孟子は，孔子が王者である証として『春秋』を顕彰した。「世界は衰亡し，正道は消えゆき，邪説や暴行が横行し，臣下に君主を殺す者が現れ，子に父を殺す者が現れるようになった。孔子はこの情勢を恐れて『春秋』を編纂した。『春秋』とは，天子の事業である」（『孟子』滕文公下篇）。孟子にとって，為政者の頂点に位置する天子の役割は，善悪を分ける社会の価値基準を示すことにあった。そもそも『春秋』は，春秋時代の魯の史官の手になる年代記に過ぎない。だが孟子は，この『春秋』の編纂者が孔子であり，そこには大義名分が遺されていると主張した。孟子にとって孔子は，春秋という混乱期の中で機能不全に陥っていた天子の事業を代行した，まさしく王者だったのである。

　孟子は，性善説に基づく人間観の下，万人に備わる〈仁義〉を守る存在として，為政者の役割を重視した。その上で，井田制と学校によって支えられた王道政治の理念を提唱した。そして，それを実現した王者として「堯舜」といった古の帝王や，『春秋』を遺した孔子を顕彰した。だが，これらを踏まえた孟子の遊説活動は，戦国時代において理想の実現に結びつくことはなかった。

　この当時，為政者が諸子百家に要求するものは〈利〉であった。孟子と対面した恵王の最初の質問は「わが国にどのような〈利〉をもたらしてくれるのか」（『孟子』梁恵王上篇）であった。恵王の問いに孟子は，誰もが〈利〉を求めれば，君臣父子の関係が破壊されると説明する（『孟子』梁恵王上篇）。だが，〈利〉を価値基準として政治を考えることは，時代的要請であった。そのため，孟子が「邪説」と断じた楊朱と墨子（→18頁）は，これに適応することで天下を二分する勢力を誇っていた（『孟子』滕文公下篇）。だが，この両者は，決して表面的な利益第一主義，自己中心主義を主張していたわけではない。むしろ楊朱は，利己主義と呼ばれながらも，人間の生命を第一と考え，生命に利するものを自己に取り込む際には，自己の欲求を克服することを唱えていた（『呂氏春秋』仲春紀 貴生）。また墨子は，兼愛主義の下，天下の誰もが〈利〉を分

孟子

かち合える理想社会の実現を目指していた（『墨子』尚賢中篇）。だが，孟子にとっては〈利〉という時代的要請そのものが，君臣父子の関係を破壊する下克上の元凶であり，克服すべき対象であった。こうした反時代性を含む以上，戦国時代において孟子の理想が実現しなかったことはむしろ当然であったといえる。「言うことがまわりくどく，現実の事情にうとい」（『史記』孟子荀卿列伝）とする恵王の孟子評価は，そのことを端的に示している。

だが，孟子の後世への影響は大きい。まず，王道政治を支える理念の1つである井田制は，身分による土地所有を正当化することで，中央と地方を繋ぎ止める役割を果たしていく。同じく学校は，常に分散しがちな人間の価値基準を国家の下に再編成していく役割を果たしていく。そして，孟子が孔子の遺作と位置づけた『春秋』は，「春秋三伝」（『左氏伝』『公羊伝』『穀梁伝』）の解釈を通じて，国家の政策理念を規定していく。このように，孟子の提起した各種の施策は，以後の中国王朝の統治理念の基礎を用意することとなった。だがこうした孟子の政治的理念が隠然たる影響力を発揮する一方で，孟子の核心ともいえる性善説が重要な意味をもつには，さらに時間を要することとなる。

孟子を孔子の正統後継者として位置づける動きは，唐代の韓愈（→155頁）から始まるが，その韓愈も性善説には否定的であった（韓愈「原性」）。儒教の中で性善説が確固たる意味を有するのは，宋学において『孟子』が儒教の四大聖典ともいえる四書に列せられたときである。孟子の性善説は，同じく四書である『中庸』の「天の命ずる之を性と言う」の一節と結びつけられることで，人の心に備わる〈性〉こそが，天と人との間を貫く原理ともいえる〈理〉であると捉える，朱子学の「性即理」という命題を導き出す論理の出発点として位置づけられるのである。

孟子との対話

 なぜ，人の性は善なのでしょうか。

 思わず他人を助けようと動く，それこそが性です。

25

I 先秦

人皆人に忍びざるの心有り。……人皆人に忍びざるの心有りと謂う所以の者は，今人乍ち孺子の将に井に入らんとするを見れば，皆怵惕惻隠の心有り。交を孺子の父母に内ばんとする所以に非ざるなり。誉を郷党朋友に要むる所以に非ざるなり。其の声を悪みて然るにも非ざるなり。是れに由りて之を観れば，惻隠の心無きは，人に非ざるなり。羞悪の心無きは，人に非ざるなり。辞譲の心無きは，人に非ざるなり。是非の心無きは，人に非ざるなり。惻隠の心は，仁の端なり。羞悪の心は，義の端なり。辞譲の心は，礼の端なり。是非の心は，智の端なり。人に是の四端有るは，猶お其の四体有るがごときなり。(『孟子』公孫丑上篇)

【訳】人には誰にも憐れみの心があるものだ。……人間誰にも憐れみの心があるという理由は，幼い子供が今にも井戸に落ちそうなところを見かければ，誰もが動揺して憐れみの心が起きるものだ。それは助けたことを理由にその子の両親と親しくなろうというのではない。もしくは，村人や友達に褒めてもらおうというわけでもない。また，見殺しにしたら名声が落ちることを恐れてのためでもない。このことからすると，憐れみの心がない者は，人間ではない。不正を恥じて憎む心がない者は，人間ではない。譲り合う心のない者は，人間ではない。善悪を見分ける心のない者は，人間ではないのである。憐れみの心は仁の端緒であり，不正を恥じて憎む心は義の端緒であり，譲り合う心は礼の端緒であり，善悪を見分ける心は智の端緒である。人間にこの4つの端緒が備わっていることは，四肢が備わっていることと同じである。

▶孟子は，井戸に落ちそうな赤ん坊を思わず助けてしまう人間の良心を例として四端説を展開する。四端とは「惻隠（憐れみの心）」「羞悪（不正を恥じ憎む心）」「辞譲（譲り合う心）」「是非（善悪を見分ける心）」であり，この4つはそれぞれ，仁，義，礼，智の成長の端緒（出発点）である。そして，それは手足と同じように，生まれながらに人に備わるものであった。これがいわゆる四端説である。四端説は，性善説の中核ともいえるもので，その根拠は，『詩経』大雅「烝民」の「天蒸民（万民）を生ず，（万）物有れば（法）則有り。民の秉夷（正しい恒久の道を保つ），是の懿徳（美徳）を好む」にある。孟子の性善説は，4つの徳目の出発点が人の心に内在するとする四端説によって構成され，それは『詩経』によって裏付けられているのである。

 性善説に基づいた政治とはどのようなものでしょうか。

孟子

 為政者が自身の仁義を自覚し，徳によって人々を心服させる政治です。いわゆる王道政治です。

君仁なれば仁ならざるは莫く，君義なれば義ならざるは莫しと。(『孟子』離婁下篇)

【訳】君主が仁であれば仁でない者はいなくなり，君主が義を守れば義を守らない者はいなくなるものだ。

大人とは，其の赤子の心を失わざる者なり。(『孟子』離婁下篇)

【訳】有徳者とは，生まれたての赤ん坊の無垢の心を失わない者である。

力を以て仁を仮る者は覇たり。覇は必ず大国を有つ。徳を以て仁を行う者は王たり。王は大を待たず。湯は七十里を以てし，文王は百里を以てす。力を以て人を服する者は，心服せしむるに非ざるなり，力贍らざればなり。徳を以て人を服せしむる者は，中心より悦びて誠に服せしむるなり。七十子の孔子に服せるが如し。(『孟子』公孫丑上篇)

【訳】武力によって仁を偽るのが覇者である。覇者は必ず大国である。身についた徳に基づいて仁政を行うのは王者である。王者は大国であることを頼みとしない。湯王はわずか70里，文王は100里というわずかな領土から天下の王となった。武力で民を服従させても，それは心からの服従ではない。力が足りないのでやむなく服従しただけである。徳によって民を服従させれば，心の底から喜んで本心に基づいて服従する。例えば70人の門人が孔子に心服したようなものである。

▶孟子は，民が本来的にそなえる〈善〉を守る王道政治を理想とした。そして，その王道政治の出発点として，まずは為政者自身が自らに備わる〈善〉を示すことを要求した。この王道政治が実現すれば，70人の弟子たちが孔子に心服したように民は為政者に心服するはずであった。だが，現実には武力に基づく覇道政治が繰り返されていた。武力を基礎とする覇道政治では，人々を完全に心服させることができないことは明らかである。孟子は，この覇道の限界を克服するために王道政治の理念を提示したのであり，その実現の可能性を殷の湯王や周の文王などの聖人の歴史によって証明しようとしたのである。

 為政者が立つことの根拠はどこに求められますか？

I　先秦

 それは天です。その天の意志を体現するものは民です。そうした根拠を見失った為政者には，悲惨な末路が待っています。

民を貴しと為し，社稷之に次ぎ，君を軽しと為す。是の故に丘民に得られて天子と為り，天子に得られて諸侯と為り，諸侯に得られて大夫と為る。諸侯社稷を危うくすれば，則ち変めて置つ。犠牲既に成え，粢盛既に潔く，祭祀時を以てす。然くにして旱乾水溢あれば，則ち社稷を変めて置つ。(『孟子』尽心下篇)

【訳】民が最も貴重な存在であり，国家と社稷(五穀の神，国家神)がその次，君主は軽いものである。だからこそ民から信任を受けると天子になり，天子から信任を受けると諸侯になり，諸侯から信任を受けると大夫になるというわけである。もし諸侯が祀るべき社稷を危くするならば，国君をすげ変える。そして，社稷の祭に供える犠牲を十分に肥えふとらせ，供え物の穀物も申し分なく清浄にし，時期を守って祭りを行う。それでもなお旱魃(ひでり)や洪水があったりすれば，社稷をすげ変えるのである。

斉の宣王問いて曰く，湯桀を放ち，武王紂を伐つ，諸有りやと。孟子対えて曰く，伝に於て之有りと。曰く，臣其の君を弑す，可ならんやと。曰く，仁を賊う者之を賊と謂い，義を賊う者之を残と謂う。残賊の人之を一夫と謂う。一夫の紂を誅するを聞く，未だ君を弑するを聞かざるなりと。(『孟子』梁恵王下篇)

【訳】斉の宣王が質問して言うには「殷の湯王が夏の桀を追放し，周の武王が殷の紂王を討伐したというが，このようなことがあったのであろうか」と。孟子が答えて言うには「伝説によればあるとのことです」と。(宣王が)言うには「臣下が君主を弑逆するなど，よいのであろうか」と。(孟子が)言うには「仁を傷つける者を賊と言い，義を傷つける者を残と言います。残賊である人を一夫と言います。一夫の紂王が殺されたことは聞きますが，君主が殺されたということは聞いたことがありません」と。

▶孔子以来，儒家は天の意志，すなわち天命を絶対視していた。その上で孟子は斉の宣王に『尚書』(泰誓篇)の「天下民を降し，之が君を作り，之が師を作る……」から始まる武王が語った一文に基づき，為政者の勇気の重要性を語っている(『孟子』梁恵王下篇)。これは，為政者が天によって降された民のためにこそ存在することを

意味する。こうした天命を体現する民は，社稷や国君の基礎となった。そしてこの基礎を見失った為政者には，悲惨な末路が待っていた。夏の桀王や殷の紂王が，当時の臣下である湯王や武王によって追放，殺害されたという主君殺しの是非を尋ねられた孟子は，仁義を失った君主が「残賊」であり，1人の凡人に過ぎず，主君ですらなかったと断じる。こうした民を社稷や為政者に優越させ，主君殺しを肯定しかねない孟子の論理は，後に革命説と呼ばれることとなる。

🔵 用語解説

曾子 曾皙の子。諱は参，字は子輿。魯の南武城の人。孔子の弟子。忠信や忠恕といった真心の徳や内省的な精神主義を重んじ，儀礼や実務を重視する子游や子夏を批判した。子夏が魏の文侯に招聘される一方，曾子は魯に残り，子思を教育した。なお，弟子には兵家の呉起もいるが，すぐに破門している。『孝経』を編纂した。また『大学』は，曾子の教えをまとめたものとされる。

覇者 一般には春秋の五覇を指す場合が多い。諸説あるが，斉の桓公，晋の文公，宋の襄公，秦の穆公，楚の荘公を挙げることが通例となっている。春秋時代は，衰退しつつあった周王に代わり，五覇に代表される覇者の武力によって秩序が形成された。こうした春秋の歴史を踏まえた上で孟子は，五覇を「三王の罪人」と断じ，為政者の不安定性を論証している（『孟子』告子下篇）。

🔵 より深く学ぶために

〈原典・訳〉

内野熊一郎『孟子』（新釈漢文大系 4，明治書院，1962年）

＊訓読，現代語訳は平易で読みやすい。また，語釈も充実している。

〈入門・解説書〉

金谷治『孟子』（岩波文庫，1968年）

＊孔子から連なる孟子の思想を発展的に捉え，思想家としての孟子像を提示する。孟子の後世への絶大な影響を「理想主義の勝利」と位置づける。

加賀栄治『孟子』（センチュリーブックス　人と思想，清水書院，2000年）

＊吉田松陰『講孟余話』に感銘を受けた著者による孟子論。現実に正面から闘いを挑む誠実な表現者として孟子を描き出す。

（三津間弘彦）

老 子

（ろうし：生没年不明）

🟡 生涯と思想

　老子は道家（老荘）思想の開祖とされ，**道教**においては太上老君という神格とされるが，その実像は必ずしも明らかではない。

　司馬遷（→81頁）『史記』老子韓非列伝によれば，老子は楚国苦県（河南省）の人であり，姓は李，名は耳，字は耼であった。彼は周の王室図書館の官吏であり，周を訪れた孔子（→ 5 頁）に面会して，孔子を心服させたという。孔子は老子を「まるで龍のようであった」と形容している。やがて周の衰微に際して，彼は国を離れる決断をして，西へと向かった。道中，函谷関において関令の尹喜に求められたため，上下 2 篇の書を著し，〈道〉〈徳〉の意を5000字あまり遺して立ち去った。その後，彼のことを知る者はなかったという。

　ここにはまだ『老子』という書名は見えていない。しかしこの「書」の体裁は，現在の『老子』全81章が上篇（道経／全37章）と下篇（徳経／全44章）により構成され，5000余言からなることと符合する。そこで古来，上述した伝記に基づきつつ，李耳こそが老子その人であり，かつ『老子』の著者であると考えられてきた。

　ただし現在では，これらは史実とは認められていない。そもそも『史記』老子韓非列伝は，前漢期に出現した「道家」「老荘」といった概念に依拠しながら，老子を道家思想の開祖に位置づけようとするものである。また司馬遷は，李耳の伝記と共に複数の異説を併記しており，楚の老莱子，周の太史儋が老子であった可能性をも示唆している。これらは，つとに前漢武帝期にあって，老子の実像が確実性を欠き，なかば伝説として語られていたことをうかがわせる。現在の研究には，老子の実在自体を否定する立場があり，また，仮に老子という特定の人物が実在していたとしても，その生卒年や来歴については様々な議

老子

論があって確定できない。あるいは「老子」の名は，道家思想の理想を託された一種の集合名詞であるとする見解もある。いずれにしても，老子は道家思想にとっての起源であり，理想的な人格として語られてはいるものの，いまだ具体的な像を結ばないというのが実情である。

　老子という人物同様，『老子』（あるいは『老子道徳経』『道徳経』）という書籍についても不明瞭な点が多い。

　現行本『老子』全81章は，いずれも断片的な短文からなり，それらはしばしば押韻や対句があってリズミカルである。また固有名詞が登場せず，各章の配列も内容を反映して整序されたものではない。それゆえ『老子』は，１人または少数の思想家による首尾一貫した著作物ではなく，歴代の道家系の思想家たちによって口誦伝承されてきた箴言集，すなわち道家思想の歴史的堆積を集成した編纂物であると考えられてきた。その形成は一般に，戦国中期～前漢初期にかけて，複数回に及ぶ累加・筆削を経て成立したと見られている。

　ところで『老子』の成立や原初的形態をめぐる研究にとって，20世紀後半以降の数十年間は，一大画期をなしている。戦国時代～前漢にかけての墳墓から，新たに複数の『老子』が出土したためである。最初に現れたのは，1973年に湖南省長沙市の馬王堆第３号漢墓（前168年造営）から出土した２種類の『老子』（甲本・乙本）であった。これらは帛（絹布）に墨書されていたため，馬王堆帛書と呼ばれている。甲本は篆書と隷書の中間的書体，乙本は隷書により記されており，いずれも前漢初期の『老子』ではあるが，甲本の方がやや古いとされる。甲本・乙本は各々２篇に分かれているが，現行本『老子』とは上下の順序が逆転している。すなわち現在の下篇に相当する部分が先にあり，上篇に相当する部分がこれに続くのである。馬王堆帛書の出現は，これまで必ずしも明らかではなかった原初的な『老子』の姿を現代に蘇生させたという点で，まことに画期的な事態であった。

　それから20年後，またしても『老子』を含む新出土資料が現れた。1993年に湖北省荊門市の郭店楚墓（１号墓）から出土した文献の中に『老子』甲本・乙本・丙本の３本が含まれていたのである。これらはいずれも簡（竹簡）の表面に戦国時代の楚系文字により墨書されていたため，郭店楚簡と呼ばれている。

I 先秦

その成立は，一般には戦国中期（前300年頃）と推定されており，したがってこれが，現時点で遡及できる最古の『老子』ということになる。ただし，楚簡『老子』の全容は現行本全体の半分にも満たず，竹簡には書名・篇名の記載がなく，各章の配列も錯雑としている。それゆえ，郭店楚簡は『老子』の形成過程期の不完全な姿を伝えるとする見解や，既に戦国中期には現行本に近似した『老子』があり，郭店楚簡はその抄録であると見る立場がある。

そしてさらに，今世紀初頭にも新たな出土資料がもたらされた。2009年1月，北京大学に膨大な量の竹簡が寄贈されたのである。これらの竹簡はもともと盗掘に遭い，海外流出したものとされるが，その来歴や入手の経緯は不明である。筆写年代は武帝期を中心とする前漢中期（前100年代）と推定されており（前漢後期・末期説もある），北京大学蔵西漢竹書（北大漢簡）と呼ばれている。この中に『老子』が含まれていたのであった。これには「老子上経」「老子下経」という書名・篇題が明記されているが，「老子上経」は現在の下篇，「老子下経」は現在の上篇に相当する。すなわち漢簡『老子』の基本的構成は，帛書『老子』甲本・乙本と一致するものであった。

20世紀後半より相次いだ新出土資料の発見は，『老子』の原初的形態の探究にとって極めて重要な知見をもたらしており，現在もなお，それらの解析が進められている。紀元前に記された『老子』が複数発見されたことで，『老子』形成史は従来よりも堅牢確実な実証性を備えつつ，鮮明な像を結ぼうとしているのである。

さて，『老子』全81章には複数のテーマが様々に述べられているが，全篇を通じてその思想的核心をなすものは，やはり〈道〉と〈徳〉である。〈道〉とは，天地万物がそれぞれ存在することに対してその根源となる究極的実在であり，現実的世界を超越してそれらを統御する普遍的法則である。しかし〈道〉自体は，あくまでも感覚や論理によって把握することができず，おぼろげで捉えどころがない。そこで『老子』はそのような不可知なるものを，仮に〈道〉と名指すのであった。一方〈徳〉とは，〈道〉のもつ作用・運動を指す。すなわち〈道〉が万物を生成し，それらを主宰する機能こそが〈徳〉なのである。

このように『老子』は，かたちあるこの世界の外側にあってそれを成り立た

せる根拠を措定しているが，それはあまりにも深遠微妙なものであり，言語による分節・分析を可能とせず（無名），通常の知性にはもたらされず（無知），心のもつ方向性を遮断（無欲）して，そこで初めて到達可能となるほどの高度な超絶性を有していた。そしてそこのところを体得・体認する理想的人格が〈聖人〉である。『老子』における〈聖人〉は〈道〉を身体化しつつ，天下を支配する。ゆえに〈聖人〉による統治・教化は〈道〉を反映しながら，ことさらな能動性を発揮することなく（無為），言語を揚棄（不言）したものとなるのである。そしてそうであるならば，天下の安寧が実現している際にも，万民はそれが〈聖人〉によるものであることに気づかない。それはあくまでも本来的に〈自然〉なるものとして，あらかじめそのようである，と見なされるほかにないのであった。かくして万民にあっても，各々が人為を棄却して，原初的状態に回帰することが望まれる。その〈柔弱〉とした状態について，『老子』は赤子（嬰児）や〈水〉の性質に比擬しながら言及している。

　『老子』の解釈史は，つとに『韓非子』解老篇・喩老篇に始まる。その後，漢代には複数の『老子』解釈が出現したが，厳遵『老子指帰』（ただし後世の偽作説もある）を除いて，いずれも散佚してしまった。完本として現存する古典的注釈は，三国魏・王弼（→127頁）による『老子注』（王弼注）と，道教経典として重視された『老子道徳経章句』（河上公注）である。この両書は歴代の『老子』解釈における最重要文献として双璧をなしており，古来最もよく読まれてきた注釈であるが，両者の注釈書としての方向性は異なっている。王弼注は，彼独自の尖鋭犀利な形而上学的構想に立脚しつつ，〈道〉や〈無〉についての合理的思弁を徹底的につきつめるものであり，「妙にして虚無の旨を得たり」（陸徳明『経典釈文』）と評された。一方，河上公注は，六朝道教による整理・編纂を経て成立しており，その内容は「治身・治国の要を言う」（陸徳明『経典釈文』）ことを主眼とする。すなわち，神仙方術による自己の身体の養生（治身）をもとに，それを国家統治（治国）にまで推し及ぼそうとするものであった。歴代の『老子』解釈は，基本的にはこの両注釈のいずれかの路線を踏まえるものが主流となって，現在に至っている。

Ⅰ　先　秦

●老子との対話

 〈道〉とはどのようなものですか。

 万物の根源となる究極的な実在であり，世界は〈道〉から生まれるのです。

道の道う可きは，常道に非ず。名の名づく可きは，常名に非ず。無名は天地の始，有名は万物の母。(『老子』第1章)

【訳】言語依存的に語りうる〈道〉とは，恒久不変の（超絶的な）道ではない。言語依存的に命名できる〈名〉とは，恒久不変の（絶対的な）名ではない。概念的把握では及びえないところ（無名）が天地の（存在にとってその）発端であり，概念的規定を可能とするところ（有名）が（実際に直接的に）諸事物にとって（それらを養育して完成させる）母となるのである。

▶『老子』第1章の冒頭は〈道〉を主題としており，そこには2種類の〈道〉への言及がある。「道う可き」の〈道〉は，理性的思惟により規定でき（有名），万物を直接的に生成する母体となるものである。一方『老子』は，その背後あるいは深底に〈常道〉を措定する。これは言語を超えていて規定できず（無名），存在者（天地万物）にとって，その始点・契機となるものである。なお「道の道う可き」は，「道の道とす可き」（これが〈道〉であるとして定立できる〈道〉）との訓釈もあり，古来，両方の解釈が行われてきた。ただ，特に近代以降，西洋哲学における存在論や形而上学の受容と定着とに連動して，後者の解釈が主流となってきている。

道は一を生じ，一は二を生じ，二は三を生じ，三は万物を生ず。万物は陰を負いて陽を抱き，冲気以て和を為す。(『老子』第42章)

【訳】道は一（混沌）を生成し，一は二（陰・陽）を生成し，二は三（陰・陽・冲気）を形成して，三は万物を産出する。（それゆえ）万物は陰気を保有し陽気を保持して，調和的な気（冲気）によって均衡を保っている。

▶『老子』第42章の冒頭部分は，万物の生成論的展開への言及という点で知られているが，その解釈には様々なものがあって定まらない。『老子』によれば，無形・無名としての〈道〉から有形・有名としての〈一〉が生じ，それが複層次にわたる生成論的展開を経て，具体的存在者（万物）を生み出すに至る，というのであるが，この行論において「一」「二」「三」に何が相当するのかについては，複数の見解がある。

34

老　子

 われわれは〈道〉を知覚することはできますか。

 〈道〉は感性や理知では把捉することができません。

之を視れども見えず，名づけて夷と曰う。之を聴けども聞こえず，名づけて希と曰う。之を搏けども得ず，名づけて微と曰う。此の三者は致詰す可からず，故に混じて一と為す。其の上は皦からず，其の下は昧からず。縄　縄として名づく可からず，無物に復帰す。是れを無状の状，無物の象と謂う。是れを恍惚と謂う。(『老子』第14章)

【訳】〈道〉を視覚的に把捉しようとしても見えないので〈夷〉と呼ぶ。聴覚的に把捉しようとしても聞こえないので〈希〉と呼ぶ。触覚的に把捉しようとしてもさわれないので〈微〉と呼ぶ。この3者はそれ以上追究することができないので，統合して1つ（の〈道〉という概念）にした。（空間的に見た場合）その上部は明るくもなく，その下部は暗くもない。（時間的に見た場合）絶え間なく引き続いていて命名しようがなく，現実的世界を超絶したところ（無物）に復帰する。これを現象界を超えた姿（無状の状），現実界を超えた貌（無物の象）という。これを不明瞭で把捉できない（恍惚）という。

▶『老子』第14章は，〈道〉の超絶性を様々に述べている。〈道〉は視覚・聴覚・触覚に依拠していては把捉できず，また空間的・時間的にも規定することができない。そのことを『老子』は〈無状の状〉〈無物の象〉そして〈恍惚〉の語で言及している。

 『老子』にとっての理想的な国家像とはどのようなものですか。

 小さな共同体において自足していることを理想とします。

小国寡民，什伯の器有るも用いざらしめ，民をして死を重んじて遠く徒らざらしむ。舟輿有りと雖も，之に乗る所無く，甲兵有りと雖も，之を陳ぬる所無し。(『老子』第80章)

【訳】小さな共同体に少ない民がいて，十人力・百人力の道具があっても使用させず，民には生死を重要視して遠方へは移動させないようにする。舟や車があるといっても，それらに乗ることはなく，甲冑や兵器があるといっても，それらを陳列して事態に備

35

Ⅰ　先　秦

えることがない。

▶『老子』において国家とは，小さな共同体にあって，人々が文明を遠ざけつつ他国との交流を遮断して生きる，そのようなミニマムで安定的な秩序を志向するものであった。それは，可能な限り人為を排除して，人間本来の〈自然〉——ありのままの状態を保全することによって果たされるのである。

大国（たいこく）を治むるは，小鮮（しょうせん）を烹（に）るが若（ごと）し。（『老子』第60章）

【訳】大国を統治することは，小魚を煮るようなものである。

▶小魚を鍋で煮込むとき，頻繁に箸でつついていたら，魚は煮崩れてしまう。国家統治に際しても同様であって，人間の自然状態を毀損してしまうような，ことさらな作為をめぐらせることは好ましくないのである。

Q　〈道〉が顧慮されない場合，世界はどうなってしまいますか。

A　儒家の説くような，人為的な人倫秩序が横行することになります。

大道廃（たいどうすた）れて，仁義（じんぎ）有り。智慧（ちえ）出でて，大偽（たいぎ）有り。六親（りくしん）和（わ）せずして，孝慈（こうじ）有り。国家昏乱（こんらん）して，忠臣（ちゅうしん）有り。（『老子』第18章）

【訳】大いなる〈道〉が衰微すると，仁義（人間関係に基づく規範・当為）が出現する。知性を発揮することになると，甚だしい人為が出現する。一族が睦まじくいられなくなると，孝慈（家族間の敬愛）が問われることになる。国家が混乱した状態にあると，忠臣（誠意を尽くす臣下）が問われることになる。

▶『老子』第18章は，〈仁義〉などの儒家的術語を用いつつ，さまざまな人為・人倫の由来へと思索を深めている。それによれば，儒家の高唱する人倫秩序は，実は『老子』の述べる人間の本来的状態が損なわれたときにこそ発揮されるのであった。

◯ 用語解説

道教　道教とは，儒教・仏教と並ぶ中国三大宗教の１つである。遠古，シャーマニズムに発した民間的な信仰を基底に，後漢期以降に，道家・神仙・養生・陰陽五行・黄老思想，あるいは仏教儀礼などを様々に摂取することによって形成された伝統宗教である。

老子

具体的な道教の発生は，一般には後漢末，張角による太平道と張陵による五斗米道（天師道）に求められる。これらは呪術による治病をもとに信仰を獲得して組織された宗教団体であった。そして今日から見た際に，道教らしい姿がおおむね確立するのは，六朝末期から隋唐にかけてである。道教の教理や実践は，時代や流派により大きく異なるが，〈気〉の操作により不老長生を得て，〈道〉と合一して神仙となることを目指す点は，おおむね一致する。晋の葛洪『抱朴子』では，神仙方術が『老子』と結びつけられるほか，瞑想して老子の姿を想起することが道術の1つとして言及されている（『抱朴子』雑応篇）。その後，南朝では上清派（茅山派）・霊宝派の二大流派が成立したが，張陵を祖師とする天師道が主流となった。このころには，仏教に対抗して尊像や経典の作成も行われた。そのために老子が神格化されて老子像が作られ，『老子』も筆頭経典として盛んに読誦された。多様に形成されていた道教経典群は「三洞四輔」という形で分類整理された。唐代は皇帝によって仏教信仰に傾くか道教信仰に傾くかの違いはあったが，とりわけ玄宗の時には国教的地位を占めた。唐末宋初には呂洞賓が現れ，元代には丘処機が登場し，道教信仰の内容のマイナーチェンジが進んだ。このころの教団の姿は，いわば合従連衡的に結合離反して，明代の初めには正一教と全真教の二大勢力に落ち着き，両者は共に明朝の国制に組み込まれた。そしてこの二教派体制は今日にまで引き続いている。道教は漢字文化圏の国々や華僑進出の多い国々に伝播し，現在でも台湾や東南アジアの華僑・華人の間ではかなり根強く信仰されている。

より深く学ぶために

〈原典・訳〉

朱謙之『老子校釈（新編諸子集成）』（中華書局，1984年，中国書）

池田知久『老子（馬王堆出土文献訳注叢書）』（東方書店，2006年）

蜂屋邦夫『老子』（岩波文庫，2008年）

福永光司『老子』（ちくま学芸文庫，2013年）

〈入門・解説書〉

M・カルタンマルク，坂出祥伸・井川義次（訳）『老子と道教』（人文書院，2001年）

神塚淑子『老子──〈道〉への回帰』（岩波書店，2009年）

池田知久『老子──その思想を読み尽くす』（講談社学術文庫，2017年）

（和久　希）

荘 子

（そうし：生没年不明）

🌙 生涯と思想

　荘子について語ることには，雲をつかむような困難がつきまとう。そもそも現在に伝わる『荘子』33篇は一度に成立したものではなく，著者とされる荘周も，ときにその実在が疑われてきた。しかしそれでも『荘子』は後世に多大な影響を与え，現在もなお，世界中で多くの読者を獲得している。わが国では最古の漢詩集『懐風藻』（奈良時代）以来の受容の歴史があり，西行，吉田兼好や松尾芭蕉，あるいは湯川秀樹が愛読したことでも知られている。

　では，『荘子』の魅力はどこにあるのだろうか。

　荘子について，司馬遷（→81頁）『史記』老子韓非列伝は，姓は荘，名は周であるとする。荘子は戦国時代（前4世紀ごろ），宋国蒙県の漆園の官吏であり，楚の威王に宰相として招かれたがこれを辞した。またその著書十余万言は寓言に満ち，内容面では老子（→30頁）を継承するものであるという。

　だが，これらは現在，史実として認められてはいない。司馬遷は漢代になって登場した「道家」や「老荘」といった概念に基づいて，老子から荘子へという思想史的系譜を描き出しただけであった。それゆえ現代の研究では『老子』と『荘子』を師承関係とは捉えずに，各々，制作年代をめぐる検討がなされてきた。それによれば『荘子』は，戦国中期以降，複数次にわたる漸層的な累加を経て成立したとされる。

　荘子への最も早い言及は，戦国末の荀子（→56頁）による「荘子は天に蔽われて人を知らず」（『荀子』解蔽篇）という発言である。また同時期に『呂氏春秋』が複数回『荘子』を引用している。したがって『荘子』は，既に戦国末期（前3世紀）までには一定の体裁を備え，広く浸透していたといえる。また『史記』老子韓非列伝に「十余万言」とあり，『漢書』芸文志に「五十二篇」と

荘 子

あるのによれば，漢代には既に大部の著作となっていたことがうかがえる。この52篇本『荘子』は，陸徳明『経典釈文』に「司馬彪注二十一巻五十二篇」が記録されるように，初唐まで残存していた。一方，漢から唐までの間に，『荘子』には複数の注釈者による解釈と再編纂が行われた。西晋の尚秀注は20巻26篇，郭象（→135頁）注は33巻33篇であった。そして『経典釈文』が郭象注を採用したため，それ以後，郭象による33篇本が広く通行することとなった。これに伴って，それ以前の各本はすべて失われた。

　郭象本33篇は，内篇7，外篇15，雑篇11により構成される。特に内篇（逍遙遊，斉物論，養生主，人間世，徳充符，大宗師，応帝王）は荘子思想の核心をなす部分であるとして，古来重要視されてきた。一方，外篇や雑篇は派生的内容であり，戦国末期から漢代にかけての二次的著作の集積であるとして，ときに軽視されてきた。ただし内篇・外篇・雑篇の区分は，漢代の劉向（→82頁）や班固（→81頁）以降，すなわち『荘子』の編纂過程において出現したものであり，したがって必ずしも各篇本来の資料の価値を決定するものではない。そこで今日では，内篇のみをことさらに重視する見方は，相対化されてきている。なお，初唐の道士・成玄英は「内篇は理本を明らかにし，外篇は其の事迹を語り，雑篇は雑えて理・事を明らかにす」（成玄英「荘子序」）と述べ，これらの区分が単に各篇の論述内容を反映したものに過ぎないことを指摘している。

　『荘子』の思想と表現について語ることも，やはり雲をつかむかのようである。『荘子』には「寓言は十の九，重言は十の七，巵言は日に出し，和するに天倪を以てす」（『荘子』寓言）とある。『荘子』全体の9割は「寓言（他の物事に仮託して述べた言説）」であり，また7割は「重言（過去を語る長老から借用した言辞）」である。さらに「巵言（つじつまの合わない勝手な発言）」は日々口を衝いて出ており，それはそのときどきにおいて自然の分限に調和する，というのである。実際に『荘子』には，至るところに奇矯な比喩や荒唐無稽な発言が見えている。それは『荘子』の言説によれば「ひとつお前のためにでたらめに語ってやる（妄言）から，お前もいいかげんに聞いて（妄聴）いればよい」（『荘子』斉物論）ということになる。

　『荘子』の劈頭に位置する鵬鯤説話は，〈逍遙遊〉すなわち何者にも夾雑さ

39

I 先 秦

れることのない絶対的境地を壮大な規模で描き出している。北方の暗い海には鯤という名の魚がおり，その大きさは何千里もあって計り知れない。これがひとたび変身して鵬という名の鳥になると，やはりその背は何千里もあって計り知れない。鵬が奮い立って飛翔すると，その翼は天空の果てにまで垂れこめる雲のようである。そして上空9万里から見下ろした鵬の目に映る世界は，われわれが見上げる空と同様に，すべてが青色になるだろう（『荘子』逍遥遊）。このように『荘子』は，天空を覆い尽くすほどの大鵬の飛翔に託して〈逍遥遊〉の境位を述べた。そしてその境位からすれば，地上の一切万物の個別性・具体性は捨象されて，ただ青く，等同なるものとしてある，ということになる。これを「万物斉同」という。『荘子』斉物論は，そのことを主題とする。

　一般に，物事は「彼」や「是」と名指すことができる。「あれ（彼）」と言うには「こちら側（是）」がなくてはならず，「これ（是）」は「あちら側（彼）」を前提としなくては成り立たない。物事は，まずはそうした対称的関係の中にあって，相互依存的に定立する。しかしそうであるならば，生／死，可／不可，是／非などの対立概念も同時に成立することになる。そこで聖人は，このような相対的な区別をすべて揚棄して，〈天〉に照らす。すなわち区別という人為を超えて，絶対無差別なる立場から一切を眺めわたすのである。そうやって「彼」と「是」との対称的関係が消失するところを〈道枢〉という（『荘子』斉物論）。このように『荘子』は，あらゆる区別をもたらす人為的な〈知〉を棄却することで「万物斉同」を唱えた。このことは現行本『荘子』の随所に見えており，よく知られた話柄も多い。例えば「朝三暮四」の寓話（『荘子』斉物論）は，目先の果実の数に固執する猿に託して「万物斉同」を理解できない人士を風刺するものである。また庖丁（料理人）の挿話（『荘子』養生主）では，熟練した牛の解体作業は，もはや感覚器官を棄却して内面の不可思議な力により行われるとされる。あるいは「坐忘」の境地（『荘子』大宗師），すなわち肉体や感覚を脱却し，茫然自失として〈道〉と一体になることは，日常的な〈知〉を忘却することにより果たされるという。ゆえに『荘子』は，本当に大切なものは言語にもたらして語ることができない，と主張する。『荘子』からすれば，世間が〈道〉として重要視しているものは，実際には書物であり，そ

れらは語られた言説の記録に過ぎず，その言説の中にこそ重要なことが含まれている。それは，意味内容である。意味内容はさらなる根源的なところから出てくるのであるが，それについては言語で伝達することができないというのである（『荘子』天道）。そこで『荘子』では，様々な寓話において，言語への不信が述べられている。例えば輪扁（車大工）は，車輪を削る際の手加減の要諦は，親子間であっても口授できないと述べる。そしてそのことを根拠に，古人は他者に伝えきれないことと共に絶命するのだから，いま聖人の言説を読んだところで，それらは「古人の糟魄」すなわち残滓にすぎないと宣明している（『荘子』天道）。

『荘子』はまた，論理学者・恵子との対話を方法として，他者を知ることの困難に言及した。荘子と恵子は濠水のほとりにおいて，ゆったりと泳ぐ鯈魚を眺めていた。荘子は「これが魚の楽しみというものだ」と述べた。これに対して恵子は「君は魚ではないのに，どうして魚の楽しみが分かるのか」と発問する。すると荘子は「君は僕ではないのに，どうして僕が魚の楽しみを分からないことが分かるのか」と切り返した。そこで恵子は「君は僕ではないから，もとより君のことは分からない。（ならば同様に）君も魚ではないのだから，君が魚の楽しみを分からないのも確実だ」とたたみかける。このような対話ののち，荘子は「議論をもとに戻すと，君が（最初に）どうして魚の楽しみが分かるのか，と尋ねたとき，既に僕がそれを分かっていることが分かったから，そのように尋ねたのだ。僕は（現に）濠水のほとりで魚の楽しみが分かったのだ」と述べた。荘子がいかにして魚の楽しみを知ったのか，ここには客観的な記述はない。それはあくまでもその瞬間その場において，魚と荘子のあり方に即して生起した出来事なのであった。

『荘子』の言説は，特定の主題をめぐって，鋭敏な論理と奇想天外な寓言とが重なり，響き合うことを特徴とする。そして（たとえそれが「妄言」であるにせよ）両者が紡ぎ出す協奏曲のような調和性を前にして，われわれはなかば恍惚とするほかにない。それこそが『荘子』の魅力であるだろう。

Ⅰ　先　秦

🌓 荘子との対話

 万物の基底にはどのようなものが考えられますか。

 論理的追究の極北において，それを超出するように〈無〉が出現します。

始めなる者有り。未だ始めより始めなる者有らざる有り。未だ始めより夫(か)の未だ始めより始めなる者有らざる有らざる有り。有なる者有り。無なる者有り。未だ始めより無なる者有らざる有り。未だ始めより夫の未だ始めより無なる者有らざる有らざる有り。俄(にわ)かにして無有り。(『荘子』斉物論)

【訳】(万物には)「始め」がある。(そうであるならば)その「始め」がはじまるよりもっと以前のところにさらなる「始め」がある。(そしてそうであるならば)さらに「始め」に先立つ「始め」に対しても，それがはじまるよりもっと以前のところに，よりさらなる「始め」がある。(これと同様のこととして)〈有〉なるものがある。(そしてその根源としての)〈無〉なるものがある。(その〈無〉に対しても)それよりももっと以前のところにさらなる根源としての〈無〉がある。(そしてそうであるならば)さらに〈無〉に先立つ〈無〉に対しても，それよりももっと以前のところに，さらなる根源としての〈無〉がある。突如として(それ以上遡及できない究極的な)〈無〉が出現する。

▶『荘子』は「始」(はじめ)に対して，その「始」よりも以前のところに「始」(はじめのはじめ)があり，さらにそれよりももっと以前のところに「始」(はじめのはじめのはじめ)があるとする。そして〈無〉についても同様に，あらゆる存在者が存在する以前のところ，さらにそれよりも以前のところ……と際限なく遡及を繰り返すことを認め，その存在論的彷徨の果てにおいて，もはやその彷徨自体すらも際限がないと了解したその果てに，突然に究極的な基底としての〈無〉が開示されるとしていた。それは思弁的な追跡を極限にまで推し進めていったところに，その論理の継続の先にもはや眩暈以外の何者も見えない，と分かってしまったその瞬間に突如，思惟のうちに立ち上がってくるものであり，そのように表象する以外に表象しえないものとしてあったのである。

 無秩序なる原初的世界に対して，どのように向き合えばよいのですか。

42

荘　子

　決して人為的に制御しようとしてはなりません。

南海の帝を儵と為し，北海の帝を忽と為し，中央の帝を渾沌と為す。儵と忽と時に相与に渾沌の地に遇い，渾沌之を待つこと甚だ善し。儵と忽と渾沌の徳に報いんことを謀りて曰く，人皆七竅有り，以て視聴食息するに，此れ独り有ること無し。嘗試に之を鑿たんと。日に一竅を鑿てば，七日にして渾沌死せり。（『荘子』応帝王）

【訳】南海の帝を儵（すばやい）といい，北海の帝を忽（たちまち）といい，中央の帝を渾沌（もやもや）という。儵と忽とがあるとき渾沌の土地で出会い，渾沌は手厚く彼らをもてなした。儵と忽とが渾沌の厚意に報いようと相談して言うには「人間は誰もが7つの穴があって，それらによって見たり聞いたり食べたり呼吸をしたりしているのに，渾沌だけは穴がない。ひとつ穴を開けてやろう」と。毎日1つずつ穴を開けていったところ，7日目に渾沌は死んでしまった。

▶「儵」と「忽」は，いずれも素早さ，極限的に短い時間を意味しており，人間の営為がもつ有限性を示唆している。一方「渾沌」は無秩序・未分化な状態を擬人化したものであり，物事の本来の自然──自ずから然る状態を意味する。物事の自然状態に対して，たとえ善意からであっても，人為的・人工的な改変を行うとなると，その自然状態は生命を失うことになるのである。7つの穴とは，両目・両耳・両鼻孔・口のこと。この寓話が『荘子』内篇7篇の最後に収載されていることには，編纂過程における何らかの意図があるようにも思われる。

　最高度の〈知〉とは，どのようなものですか。

　言語や行為を棄て去ったところにこそあります。

至言は言を去り，至為は為を去る。斉知の知る所は，則ち浅し。（『荘子』知北遊）

【訳】至上の言語とは，言語を棄却して何も言わないことであり，至上の行為とは，あらゆる人為を棄却して何も行わないことである。分析的な知が帰着するところは，浅薄なところに過ぎない。

▶あるがままの自然状態をそのままに保全するためには，無分別・無作為であること

43

I　先　秦

がよい。「斉」は弁別する，分かつこと。なお『荘子』斉物論に「大道は称せず，大弁は言わず」との言もある。

　荃とは魚を在る所以にして，魚を得て荃を忘る。蹄とは兎を在る所以にして，兎を得て蹄を忘る。言とは意を在る所以にして，意を得て言を忘る。吾安くんぞ夫の忘言の人を得て，之と与に言わんや。(『荘子』外物)

　【訳】荃(魚を捕らえる籠)は魚を獲得するための手段であり，魚を得たら荃など忘れてしまう。蹄(兎を捕らえる罠)は兎を獲得するための手段であり，兎を得たら蹄など忘れてしまう。言語とは意を獲得するための手段であり，意を得たら言語など忘れてしまう。わたしはどうやってそのような忘言の人と出会い，言葉を交わすことができるだろうか——それは極めて困難である。

　▶「荃」は魚を捕捉するための籠。「筌」に作るテキストもある。「蹄」は兎の脚に引っかけて捕捉する罠。魚・兎(目的)を得るためには荃・蹄(手段)を用いるが，手段はそれがそのまま目的であるわけではない。同様に〈意〉は〈言〉を媒介として獲得可能ではあっても，〈言〉それ自体は〈意〉と同一ではない。そこで〈言〉のみを重要視してそこに固執していては，物事の本質を見誤ることになる。ゆえにそれを忘却するのである。『荘子』は，言語への拘泥から解き放たれた「忘言の人」は理想ではあるけれど，そのような人に出会うことが非常に困難であると指摘する。

 夢の中で他者になるというのは，どのようなことですか。

世界観を根源的に変転することであり，これを〈物化〉といいます。

　昔者荘周夢に胡蝶と為る。栩栩然として胡蝶なり。自ら喩しみて志に適えるかな。周たるを知らざるなり。俄然として覚むれば，則ち蘧蘧然として周なり。周の夢に胡蝶と為るか，胡蝶の夢に周と為るかを知らず。周と胡蝶とは則ち必ず分有り。此を之れ物化と謂う。(『荘子』斉物論)

　【訳】かつて荘周(荘子)は夢の中で胡蝶になった。ひらひらと舞う胡蝶であった。自身の思いのままに満足して飛びまわっていた。荘周であることを忘れ去っていた。ふと目が覚めてみると，ありありと荘周自身であった。荘周が夢の中で胡蝶になったのか，それとも胡蝶が夢の中で荘周になったのか，判断がつかないでいた。(しかし両者は決して同一ではなく)荘周と胡蝶には必ず区別があるはずである。このことこ

荘 子

そが〈物化〉というものである。

▶栩栩然とは，楽しげなさま。蘧蘧然とは，ありありと明確なさま。〈物化〉とは，ある者が別の者へと変化することをいう。この寓話は，一見すると夢と現実が混濁して，荘周（自己）と胡蝶（他者）との区別を喪失する，いわゆる「万物斉同」の観点から両者の一致を述べているかのようである。実際に多くの邦訳・注釈書もそのように解している。しかし『荘子』本文が「必ず区別があるはずである」とする以上，この寓話は単なる荘周と胡蝶との無差別を述べたものとは思われない。郭象の注釈には「自身の思いのままに満足して飛びまわっていたことは，（荘周と胡蝶の）区別が定まっているからであって，区別がないからではない」とある。両者の区別がないのではなく，両者の区別を前提に，自己が荘周（自己）として存在する世界に対して，突然，胡蝶（他者）を自己として存在する世界が開示されること，その世界観の根源的な変転こそが〈物化〉の核心を成しているのである。

● より深く学ぶために

〈原典・訳〉

郭慶藩『荘子集釈（新編諸子集成）』（中華書局，1961年，中国書）

福永光司・興膳宏訳『荘子 内篇・外篇・雑篇』（ちくま学芸文庫，2013年）

池田知久訳『荘子 全訳注 上・下』（講談社学術文庫，2014年）

＊『荘子』の訳書は数多くあるが，ここでは比較的近年に刊行された文庫版を挙げる。福永光司・興膳宏訳は鋭敏な論理と感性で『荘子』の思想と表現に迫るものであり，池田知久訳は徹底的な文献学的手法を用いて『荘子』の思索をあとづけている。

〈入門・解説書〉

福永光司『荘子──古代中国の実存主義』（中公新書，1964年）

＊「痛ましいかな現実」「危ういかな人間」「惑える人々」「真実在の世界」「自由なる人間」の5章から成る。荘子の思想に深く没入して，その心拍を鮮やかに現代に蘇生させる古典的名著である。

中島隆博『荘子──鶏となって時を告げよ』（岩波書店，2009年）

＊古今東西における『荘子』の受容（第1部）と『荘子』の内的世界（第2部）とを縦横に論じきり，随所に現代哲学の課題とも照応させている。『荘子』解釈の新しい道標となる名著である。

（和久 希）

I　先秦

◆コラム◆　公孫龍（こうそんりゅう：前320？〜前250？）

　諸子百家の時代。それは多種多彩な思想が一斉に咲き誇った，まさに「百花斉放」の時代であった。思想家たちは様々な主張を掲げ，互いに論を戦わせながら，自身の思想がいずれかの国に採用されることを目指し，諸国を遍歴していた。各地の諸侯はこれらをあるいは庇護し，あるいは食客として厚遇した。公孫龍もまた，そうした諸子百家の1人であった。『漢書』芸文志には『公孫龍子』14篇が著録されるが，その思想は「名家」——論理学派と位置づけられている。『公孫龍子』14篇のうち，現在に伝わるのは「跡府」「白馬論」「指物論」「通変論」「堅白論」「名実論」の6篇である。各篇はいずれも短い命題を中心に構成されており，しばしば箴言的な響きを伴っている。

　『公孫龍子』巻頭の「跡府」は，後学者が公孫龍の事績や主張の概要を述べたものであり，全体の序文に相当する。これによれば，彼は「名（概念）」と「実（実質）」とを厳密に認定することによって正確な議論を導き，天下を正しく教導するという志を有していたとされる。

　「白馬は馬に非ず」という一語で知られる「白馬論」には，「馬」は形姿を指し，「白」は色彩を指す語であるから，「白馬（色彩＋形姿）」という概念は単なる「馬」概念とは異なるとの主張がある。ここでは「白」は「馬」の属性とはされずに，あくまでも「白（色彩）」と「馬（形姿）」は別個の認識対象であるとされており，概念階層性の撥無が見られる。続く「指物論」は「物（事物）」と「指（認識）」とに関する命題を扱う。事物は認識するという行為なくして知りようがないが，しかし認識されたものと認識作用とは異なるという，対象／観念の問題である。「通変論」は「通（絶対性）」と「変（相対性）」との関係について，左／右や複数の動物，色彩の同異などを例に挙げつつ論及する。「堅白論」では，堅くて白い石を例に，「堅（硬度）」の認識と「白（色彩）」の認識とは同時に成り立つものではなく，われわれは経験の一瞬一瞬において，石の「堅」や「白」を別個に知覚し，「堅」「白」はその知覚される瞬間においてのみ，事物と接合するとされる。「名実論」は全体の結語にあたる。天下を正しく教導するためには「実」を適切に把捉して「名」を厳密に正さなければならないが，そのためには基本の彼／此の区別こそが重要であると述べる。

　『公孫龍子』の言説は，主に形式論理的思惟に立脚している現代のわれわれから見て，詭弁だと一蹴してしまうのは容易なものである。しかし形式論理は，とてつもなく多様な形をもつ人間の知において，1つのローカルな思考枠組にしか過ぎない。その意味において『公孫龍子』は今日にあっても，人間の知そのものを捉え直す契機として看過できない内容をもつといえる。

（和久　希）

◆コラム◆ 鄒 衍（すうえん：前3世紀前半）

　鄒衍は，孟子（→22頁）より後の紀元前3世紀前半に活躍した陰陽家であり，斉国に生まれた。その著述には『鄒子』49篇，『鄒子終始』56篇があるが，亡佚して今に伝わらない。諸侯を遊歴し，王侯大人から格別の厚遇を受けた。『史記』鄒衍伝によれば，鄒衍が趙に出かけると，平原君は恭しく身をそばめ，鄒衍のために着物の袖で座席の塵を払い，また燕に赴けば，ほうきをかかえた昭王は自ら先案内し，門弟と席を連ねて教えを請うたという。その接待ぶりは，かの司馬遷（→81頁）が「仲尼（孔子）が陳・蔡で糧を絶たれて憔悴し，孟軻（孟子）が斉・梁で苦難を受けたのとはまるっきり違う」（『史記』鄒衍伝）と嘆くほどのものであった。このように鄒衍が当時の王侯大人らの心を強く惹きつけてやまなかった背景には，鄒衍独自の思想があった。

　鄒衍の思想は，地理的空間論を説いた大九州説，そして歴史的時間論を説いた五徳終始説によって代表される。大九州説は，従来の地理的世界観を一変させるものであった。世界は大きく9州に分かれており，各州は裨海と呼ばれる小海洋によって隔絶している。九州の外側は大瀛海に取り囲まれ，天地の果てをなす。九州はさらに各々9つに区画されるが，当時の儒者たちが考えていた「中国」とは，わずかその一区であり，世界全体からすれば，81分の1という狭い領域に過ぎないとした。

　一方，五徳終始説は，自然界における陰陽二気の変化に法則性を見出し，それを基に人間社会の歴史法則を説いた王朝交替論である。歴代王朝は黄帝（土気）→禹（木気）→湯（金気）→文王（火気）と，五行の相勝（相剋）的循環に従って興亡盛衰を繰り返してきたとし，来たる新しい王朝は，「火徳」に打ち勝つ「水徳」を授かった帝王によって興ると予言した。このような鄒衍の未来予言説は，新しい帝王が出現するときは，必ずその徳に対応する前兆（瑞祥）が現れるという符瑞説に支えられている。鄒衍によれば「黄帝の時は，天先ず大螾・大螻を見す。黄帝曰く，土気勝つ，と。土気勝つが故に其の色は黄を尚び，其の事は土に則る」（『呂氏春秋』応同篇）と，黄帝は大螾・大螻の現象を見て，土徳に則った政策を行ったという。鄒衍の五徳終始説は，燕・斉の方士たちに伝わり，秦漢の天下統一の際には五行相勝説が大盛行した。秦の始皇帝は「頗る五勝を推し，自ら以て水徳の瑞を獲たりと為す」と，秦王朝を周文王の火徳に代わる水徳の王朝と見なし，年始を10月（10月は水徳の始まり）に改め，衣服・皇帝の旗（旄・旌・節・旗）を黒色（水を象徴する色）に改めるなどの改制を行った。また漢初の文帝のときは「魯人公孫臣，終始五徳を以て上書して言う，漢，土徳を得たり。宜しく元を更め正朔を改め服色を易うべし」と。五行相勝説は，漢代になると，木→火→土→金→水の五行相生説によって代替され，後代まで長く用いられた。

（辛　賢）

孫 子

(そんし：生没年不明)

🌑 生涯と思想

　孫子の生涯を語る上で基礎史料となるのは『史記』孫子列伝であるが，そこには春秋時代の孫武と戦国時代の孫臏という２人の「孫子」が登場する。そこで，中国最古の兵法書である『孫子』13篇は孫武と孫臏のいずれに関わる文献であるのか，という論争が近年まで続いていた。現在では，これは孫武に関する兵法書であることがほぼ確定しているが，以下に順を追って説明したい。

　『史記』孫子列伝によれば，春秋時代の呉王である闔廬は孫武に引見し，軍事訓練を監督させた。孫武は闔廬の寵愛する２人の姫に太鼓を使って宮中の女性180人を統率させたが，彼女たちは笑うばかりで一向に従わなかった。すると，孫武は２人の姫に責任を負わせた。闔廬は驚いて愛姫を殺さないよう懇願したが，孫武はその場で２人の姫を斬殺した。すると，宮中の女たちは次の統率者の合図に整然と従うようになった。闔廬は孫武が軍の統率に優れていることを知り，将軍として迎えた。そして後に呉は一大強国へと成長したのであった。

　一方の孫臏は，孫武の100年以上後の子孫である。魏に仕えていた旧友の龐涓は孫臏の才能を恐れていた。そこで密かに孫臏を魏に招き入れ，濡れ衣の罪を被せた。孫臏は刑罰として両足を切断され，刺青を入れられた。その後，孫臏は偶然斉の使者に出会い，使者は彼の才能を認めて斉に連れ帰った。斉の将軍田忌は孫臏を客分として迎え入れ，その後孫臏は田忌の右腕として活躍する。そして後に斉と魏が矛を交え，孫臏の計略にかかった魏は敗れ，龐涓は自害に追い込まれることとなった。

　現存最古の図書目録である『漢書』芸文志には「呉孫子兵法八十二巻」と「斉孫子兵法八十九巻」という２種の『孫子兵法』が見える。唐初の顔師古

孫　子

（→147頁）が指摘するとおり，前者は孫武のもの，後者は孫臏のものである。しかし，『隋書』経籍志や『旧唐書』経籍志，『新唐書』芸文志には孫武の『孫子兵法』のみが見える。つまり，孫臏の『孫子兵法』は後漢末から魏晋南北朝期にかけて散逸したといえる。よって，現行の『孫子』13篇は，孫武に関する兵法書であると考えられる。そもそも『史記』孫子列伝では，闔廬が孫武に対して「私は先生の十三篇の書を全て読んだ」と述べている。また同列伝では孫臏が『兵法』を引用して「百里にして利に趣る者は上将に蹶かれ，五十里にして利に趣る者は軍半ば至る」と述べているが，これとほぼ同文が『孫子』軍争篇に見える。つまり，孫武に関する最古の言及である『史記』が『孫子』13篇を孫武の作と見ていたのである。なお『隋書』経籍志には「孫子兵法二巻。呉の将孫武の撰，魏武帝注。梁三巻」とある。今に伝わる『孫子』の祖本はこの魏武帝（曹操）が注をつけたテキストであるが，『隋書』経籍志はこれを孫武の撰としているのである。

　では，なぜ孫武が『孫子』13篇の作者であることを疑う意見や，孫武の実在すら疑う意見が古くからあるのか。その主な理由は，孫武に関する記述が春秋時代の歴史書『春秋左氏伝』には見えず，前漢中期の『史記』になって初めて出現するためである。孫武が紀元前6世紀に実在したとすれば，400年近くもの間，孫武に関する記事が存在しないことになる。なお，同じく呉の闔廬に仕えた伍子胥に関する記述が『春秋左氏伝』など多くの文献に見えることも，孫武の実在性を疑わせる根拠の1つである。加えて，『孫子』が戦国時代の思想を少なからず含んでいることも，孫武作者説を否定する大きな根拠である。『孫子』には戦国中期（紀元前350年ごろ）以降に現れる道家思想や五行思想の影響が少なからず見え，例えば虚実篇には「兵を形すの極みは無形に至る」「五行に常勝なく，四時に常位なく，日に短長あり，月に死生あり」とある。

　しかし，『孫子』13篇が孫武と孫臏のいずれに関わる兵法書であるのか，という論争は近年に至って急展開を見せた。1972年4月に中国山東省臨沂県（臨沂市）の銀雀山1号漢墓から発見された**「臨沂銀雀山漢簡」**と呼ばれる前漢初期の出土文献の中には，伝世文献『孫子』13篇とほぼ同じ内容の『孫子兵法』と共に，孫臏と田忌の対話内容などを含む『孫臏兵法』も含まれていたた

49

Ⅰ　先　秦

めである。この発見により，現行『孫子』13篇は孫武に関わる文献であったことがほぼ確定的となった。そしておそらくは，銀雀山漢簡『孫臏兵法』こそが後漢末期以降に散逸した「斉孫子兵法」なのであろう。

　ただし『孫子』が孫武に関わる文献であるからといって，それが孫武本人の著作であるというわけではない。上述した諸問題は依然として解決しておらず，したがっておそらく『孫子』は，戦国中期に孫武の名に仮託して作られた文献と考えるべきであろう。

　『孫子』13篇の思想は，およそ以下のとおりである。『論語』述而篇に「先生（孔子）が慎んだものは，祭祀の斎戒と戦争と病気であった」とあるように，孔子（→5頁）は戦争に対して否定的であった。孟子（→22頁）は道徳による統治である王道を主張し，武力による覇道を高く評価しなかった。墨子（→18頁）は「非攻」を主張し，進んで他国を侵略することを否定した。このように戦国中期以前の諸子は，戦争に対しておおむね否定的であった。しかし『孫子』は，このようなある意味で楽観的ともいえる理想を決して語らない。諸国の攻防が日増しに激化する戦国中期に，『孫子』は戦争という不可避な現実問題に正面から向き合った。そして，如何にして自国・自軍を強化し，如何にして敵に勝つべきかという具体的な技術や手法を語ったのであった。

　『孫子』13篇中，特に前半の3篇（計篇・作戦篇・謀攻篇）は総括的な戦略論であり，実戦に入る前の心構えなどを説き，同書の思想の最も重要な部分といえる。計篇の冒頭には「戦争は国家の一大事である。死活を決するところであり，存亡の分かれ道であるため，熟考してかからなければならない」とある。ここには楽観的な反戦思想はない。戦争が国家・国民全体の命運を左右することは紛うなき事実であり，だからこそこの重大問題を直視すべきであると説くのである。

　『孫子』の核心となる思想は，ただ相手を打ち負かすことにあるのではなく，如何に自軍を損なわずに効率的に敵を破るかというところにある。『孫子』謀攻篇には「およそ戦争の原則は，自国を保全することを上とし，敵国を打ち破ることはこれに劣る。自軍を保全することを上とし，敵軍を打ち破ることはこれに劣る。……百戦百勝は最善ではない。戦わずして敵兵を屈服させることこ

50

そが最善なのである」とあり，さらには「よって最上の戦いは敵の謀略を破ることであり，その次は敵の外交関係を断ち切ることであり，その次は（直接戦って）敵を打ち破ることであり，最も下策は城攻めをすることである」とある。このように，自軍の戦力や財政を逼迫・消耗する城攻めや長期戦は推奨しない。また食料を戦地に輸送すれば国内が窮乏するため，敵軍の食料を収奪することすら推奨する（『孫子』作戦篇）。

このほか，『孫子』は自国・自軍の保全のためには，まず守備を整えることを優先する。「昔の戦上手は，まず誰にも打ち勝てない態勢に整えた上で，敵が誰にでも打ち破れる状態になるのを待った」や「戦いに巧みな者は絶対不敗の態勢に立ち，敵の敗れる機会を逸しない。よって勝利する軍は戦う前に勝っており，その後に戦うのであるが，負ける軍はまず戦ってから，その後に勝ちを得ようとするのである」（『孫子』形篇）といった発言によれば，このように，絶対に負けない状況を事前にしっかりと整えてから戦いに臨むことが肝心であり，出たとこ勝負などもっての外なのである。

『孫子』では自国・自軍の消費・消耗を抑え，効率的に勝利するために，詭計・策謀・間諜などの重要性を強調する。敵の内情を知り，敵を騙し，敵に隙を作らせ，敵を弱らせ，そして自軍がそれに付け込めば効率的に勝利できるからである。具体的には「戦争とは詭道である。よって能力があっても能力がないように見せ，兵を動かしても動かしていないように見せ，近くにいても遠くにいるように見せ，遠くにいても近くにいるように見せ，利によって誘惑し，（敵が）混乱しているときにはこれを奪い取り，（敵が）充実していればこちらも備え，（敵が）強いときはこれを避け，（敵が）怒っているときはこれを撹乱し，（敵が）謙虚なときはこれを驕り高ぶらせ，（敵が）安楽であるときはこれを疲弊させ，（敵が）睦まじいときはこれを分断する。こうして敵の備えのないところを攻め，不意を突くのである」（『孫子』計篇）という。またスパイによる情報戦や敵の撹乱なども重視する。大軍を動かして自国を疲弊させるよりも対費用効果が高いためである。『孫子』は「爵位・俸禄・奨金を惜しんで敵情を知ろうとしないのは不仁の至りであり，人の将としての資格はなく，主を補佐する資格もなく，勝利者たる資格もない」（『孫子』用間篇）と述べ，謀略

Ⅰ　先　秦

戦を「戦いの要」とまで言い切っている。

　現在では『孫子』の思想は「戦わずして勝つ」に集約され，ビジネスや教育に利用されることが往々にしてあるが，この表現は誤解を招く可能性がある。『孫子』は決して人道的・道徳的立場から述べているわけではなく，あくまでも自軍の消耗・損害を最小限に抑えて勝つことを主眼としている。そしてそのためならば詭計・謀略・間諜・略奪・焼き討ちさえも推奨するのである。そこにはいわゆる正々堂々と戦うことや勇敢さを美徳とする考えは全くない。強者との戦いを避け，確実に勝てる相手とだけ戦えと主張し，また自軍と敵軍のどちらに正義があるかも問題にはしない。しかし，むしろこのような道徳や人道主義を排した，徹底的に突き詰めた合理主義・現実主義にこそ，『孫子』の真の面白さがあると言ってよいだろう。

☯ 孫子との対話

　強い軍隊を作るにはどうしたらよいでしょうか。

　上下の心を1つにし，指揮命令系統の遵守を徹底させることです。

道とは，民をして上と意を同じくせしむるものなり。故にこれと死すべく，これと生くべくして，危わざるなり。(『孫子』計篇)

　【訳】道とは，民に指導者と心を1つにさせることである。そこで民は生死を共にして，疑わないのである。

上下の欲を同じくする者は勝つ。(『孫子』謀攻篇)

　【訳】上下の気持ちを1つにすれば勝つ。

卒未だ親附せざれどもこれを罰すれば，則ち服さず。服さざれば則ち用い難きなり。卒已に親附すれども罰行われざれば，則ち用うべからざるなり。故にこれを令するに文を以てし，これを斉うるに武を以てする，是れを必取と謂う。令，素より行われ，以て其の民を教うれば則ち民服す。令，素より行われずして，以て其の民を教うれば則ち民服さず。令の素より行わるるは衆と相得るな

り。（『孫子』行軍篇）

【訳】兵士がまだ親しみなついていないのに懲罰を行ったのでは，兵士は心服しない。心服していなければ使いづらい。兵士が既に親しみなついているのに懲罰が行われないのであれば，使いこなすことはできない。ゆえに兵士に命令するのに条理をもってし，兵士を統制するのに武力をもってするのである。これを必勝（の軍）と言うのである。法令が一貫して行われていて，それにより民に命令するのであれば民は心服する。法令が一貫して行われておらず，それでいて民に命令すれば民は心服しない。法令が一貫して行われているというのは，民衆と心が１つになっているのである。

▶『孫子』は，一貫した法令・軍令によって指導者が民や兵と心を１つにしなければ戦いには勝てないと再三主張している。『史記』孫子列伝に見える孫武が宮中の女性を指導した説話は，『孫子』13篇の要点を衝いていると言えよう。

Q 兵士を奮起させるにはどうしたらよいでしょうか？

A 兵士をどうしても戦わなければならない状況に追い込めばよいのです。

兵士は甚だしく陥れば則ち懼れず，往く所なければ則ち固く，深く入れば則ち拘し，已むを得ざれば則ち闘う。（『孫子』九地篇）

【訳】兵士は極めて危険な状況に陥れば恐れを捨て，行き場がなくなれば結束し，敵陣に深く入り込めば統制され，やむを得ない状態になれば必死に戦うものだ。

兵の情は囲まるれば則ち禦ぎ，已むを得ざれば則ち闘い，逼らるれば則ち従う。（『孫子』九地篇）

【訳】兵士の心情というものは包囲されれば備えを固め，やむを得ない状態になれば必死に戦い，追い詰められれば上官に従うものだ。

▶人間とはまさに決死の状況でこそ必死になって戦うものであると孫子は考える。よって，逆に敵が追い込まれている場合はこれを警戒し，包囲した敵には必ず逃げ道を作っておき，窮地に追い込まれた敵を追い込んではいけないと述べている。

Q 多数の敵とどう当たればよいでしょうか？

Ⅰ　先　秦

　戦ってはいけません。

用兵の法は，十なれば則ち囲み，五なれば則ちこれを攻め，倍なれば則ちこれを分かち，敵すれば則ち能くこれと戦い，少なければ則ち能くこれを逃れ，若かざれば則ち能くこれを避く。(『孫子』謀攻篇)

【訳】戦争の原則は，自軍が敵軍の10倍であれば包囲し，5倍であれば攻撃し，2倍であれば敵を分断し，互角ならばうまく戦い，少なければうまく逃げ，全くかなわなければうまく隠れる。

夫れ勢い均しきとき，一を以て十を撃つを走と曰う。(『孫子』地形篇)

【訳】そもそも両軍の勢いが互角なときに，一の軍隊で十の敵軍を攻撃する状態を〈敗走する（軍）〉という。

将敵を料ること能わず，少を以て衆に合い，弱を以て強を撃ち，兵に選鋒なきを北と曰う。(『孫子』地形篇)

【訳】将軍が敵情を推し量ることができず，小勢で大勢にあたり，弱兵で強兵を攻撃し，選りすぐりの部隊もいない状態を〈逃げ〉という。

▶孫子は少数の軍で多数の軍とまともに当たることを基本的にはよしとしない。しかし全く手立てを示さないわけではない。「敵が大軍で整然として攻めてこようとしている場合，どのように対処するか？」という問いに対して，『孫子』は「先に敵の大事にしているものを奪ってしまえば，敵はこちらの言うことを聴くであろう」(『孫子』九地篇)と述べており，正面から戦うことを避け，敵の弱みに付け込む方法を提示する。

🌙 **用語解説**

闔廬（？〜前496）　春秋時代の呉国の王。あるいは「闔閭」とも書く。孫武や伍子胥などを家臣に従え，一時は南の最強国である楚の首都を陥落させるなど，呉を一大強国へと成長させた。後に越王勾践の軍に敗れて没し，次男の夫差が呉王を継いだ。この際，夫差が「臥薪嘗胆」して父の復讐を誓った話は広く知られている。

臨沂銀雀山漢簡　中国山東省臨沂県（現在の臨沂市）の銀雀山1号漢墓から発見された7500余枚の前漢初期の竹簡。この中から伝世文献『孫子』13篇とほぼ同じ内容の『孫子兵法』，孫臏に関わる兵法書の『孫臏兵法』が見つかった。この他，『六韜』『尉繚子』

孫　子

『晏子』『墨子』などといった重要な典籍の一部も含まれている。

『十一家注孫子』　南宋の吉天保によって輯められた後漢から南宋までの十一家の『孫子』の注釈（曹操・梁孟氏・李筌・賈林・杜佑・杜牧・陳皞・梅堯臣・王晳・何氏・張預）。『孫子』のテキストを校勘する上で最も基本となる文献である。

『武経七書』　北宋の神宗の命を受け，朱服らが校訂した7種の代表的兵法書。『孫子兵法』『呉子兵法』『司馬法』『尉繚子』『黄石公三略』『六韜』『唐太宗李衛公問対』が収録されている。元豊年間（1078～1085年）刊行。

● より深く学ぶために

〈原典・訳〉

金谷治訳注『新訂　孫子』（岩波文庫，2000年）

＊原文・書き下し文・口語訳・注釈を付す。宋本『十一家注孫子』を底本にし，日本所蔵のテキストや銀雀山漢簡なども用いて校勘している。本書の「解説」は簡潔で内容が深い。『史記』孫子列伝の口語訳も附録しており便利である。

金谷治訳注『孫臏兵法――もう一つの『孫子』』（ちくま学芸文庫，2008年）

＊銀雀山漢簡『孫臏兵法』の原文・書き下し文・口語訳・注釈。本書に付されている「二つの『孫子』――『孫臏兵法』の翻訳にあたって」は1975年に書かれたもので情報が古く，銀雀山漢簡を解説する部分はやや注意する必要がある。

〈入門・解説書〉

武内義雄『武内義雄全集　第7巻　諸子篇2』（角川書店，1979年）

＊「孫子の研究」（論考と『孫子』の訳注，未発表）・「孫子十三篇の作者」（論考，1922年）・「孫子考文」（『孫子』の校勘，1952年）を収録する。

（西山尚志）

荀　子

（じゅんし：前320？～前230？）

🌑 生涯と思想

　中国古代の春秋時代末期から戦国時代にかけての時期は，支配王朝である周王朝の権威が既に衰え，封建制は実質的に崩壊していた。王朝の安定していた時期のように，王の人徳や強制力を伴わない礼制度による社会秩序の維持は困難となり，力と力がぶつかりあう下克上の時代となっていた。春秋時代には，まだ周王室への敬意があり，いわゆる「春秋の五覇」が諸侯のリーダーとして入れ代わりで周王朝の形式的な秩序を保っていた。しかし，有力諸侯として周王朝を補佐していた晋が滅亡して分裂した後は，新興国も交えた弱肉強食の戦国時代に突入する。もはや周王に対する敬意はなく，いわゆる「**戦国の七雄**」が天下統一を争い，魯や宋などの小国は存立を保つのがやっとだった。争い合う諸国では，政治・経済・軍事・外交の面で，少しでも他国に優位に立とうと広く優秀な人材を天下に求め，その指導の下に国力の増強をはかろうとした。そのような政治的要請が，後に「諸子百家」と呼ばれる多くの思想家が活躍する状況を生みだしたのである。

　荀子は，その戦国時代に活躍した思想家である。名は況。孫卿，荀卿とも呼ばれる。司馬遷（→81頁）『史記』に残る荀子の伝記は「孟子荀卿列伝」という篇である。この篇には，孟子（→22頁），鄒衍（→47頁），淳于髡，慎到，環淵，田駢，荀子，墨子（→18頁）などの伝記がある。以下，荀子の伝記を『史記』から拾い読みしてみよう。

　荀子は「戦国の七雄」の1国である趙の貴族（卿）の子として生まれた。50歳になって初めて斉に遊学し，「稷下の学」を訪れた。斉の威王・宣王は，学者たちを招聘して列大夫（官名）とし，斉の首都である臨淄の稷門の近くの広大な屋敷に住まわせて厚遇したため，斉には「稷下の学」というアカデミーが

形成されていた。荀子は，鄒衍，淳于髡，田駢たちと直接に学術的に交流した。「稷下の学」では，学者の中から「祭主」と呼ばれる長を選んでおり，荀子はその祭主に３度もなり，斉の襄王の時期には学者たちの最長老になっていたという。しかし，荀子のことを讒言する者がおり，それを嫌って楚に移り住んだ。楚では名宰相の春申君によって蘭陵という土地の長官に任命された。春申君が暗殺された後は免職されたが，荀子はそのまま蘭陵で暮らした。『史記』の伝記は，最後に始皇帝を補佐した李斯が荀子の弟子だったことを記し，以下のように荀子の一生をまとめる。

　「荀子の生きた時代は，汚れきった世の中で亡国や乱君があいつぎ，大いなる道は廃れ，世間では吉凶禍福はすべて神頼み，つまらない儒者は小事にこだわり，荘周らは巧みに是非を言いくるめ，世情をますます乱していた。そこで荀子はその状況を憎み，儒家，墨家，道家の実情および興廃と序列を論じ，それを数万言に著して亡くなり，蘭陵に葬られた」（『史記』孟子荀卿列伝）

　荀子の生卒年は不明だが，『史記』に斉を訪れたのが50歳（15歳とする説もある）とされており，それが斉の襄王（在位前283～前265年）のころだったとすると，前320年前後に生まれ，楚の春申君の暗殺（前238年）の後，「数万言を著す」時間を生き，紀元前230年ごろまでには亡くなったと考えられる。戦国時代が前221年の秦の天下統一によって終わることを考えれば，荀子は戦国時代の最末期を生きた思想家だった。思想史から見れば，諸子百家の思想がほぼ出尽くした時期であり，荀子はそれらを総合的に見ることができた。それは，彼の著書とされる『荀子』の非十二子篇が，彼に先行する12人の思想家たちを批判していることにも顕著である。『荀子』は全32篇。前漢末の劉向（→82頁）により定本化され，唐の楊倞によって整理と注釈がなされたものが今に伝わる。学術的には，32篇のうち，終わりに位置する８篇は荀子の後学の手になると考えられている。日本の荻生徂徠に『読荀子』という注釈があり，世界でも評価が高い。

　荀子の思想は，礼を法の上部に据えて最高の社会規範とする礼治論の政治思想的な側面，天の主宰性を否定した「天人の分」に見られる自然観や世界観の側面，性悪説を検討対象とする人間観の側面，正名篇に見られる論理学的な側

57

I 先秦

面など，様々な角度から研究されてきた。そのこと自体，そのまま荀子が多様な方向に思索を展開していたことを示している。『荀子』には現代に通じるすべての議論が備わっているとする研究者がいるほどである。では，なぜ荀子の思索はそのような広範囲にわたったのか。『荀子』に残された荀子の「論」からは，世の中の事象をすべて論じ尽くそうという意識が一貫して伝わってくる。言い換えれば，荀子の生の営みは「論じる」ことだったのではないかと考えることができる。

晩年の記述なのか，まだ若いころの発言なのかは不明だが，思想家としての荀子がどのような目標をもっていたのかがよく分かる発言がある。

「虚一にして静なる，之を大清明と謂う。万物は形として見ざること莫く，見るとして論ぜざること莫く，論じて位を失うこと莫し」（『荀子』解蔽篇）

以下，現代語訳しながらこの発言を解説してみたい。解蔽篇は，心の中の蔽われた部分を解き放してなくしてしまうことを論じた篇である。心が蔽われた具体例として，荘子（→38頁）など，同時代の思想家たちを名指しで批判していることでもよく知られている。この解蔽篇で，心が何ものにも蔽われない状態を表わす言葉として登場するのが「大清明」である。「大清明」とは文字どおり，心が何ものにも蔽われない「虚一」の状態で，スッキリ爽やかな「静」なる安定を保っていることである。この状態になると，万物をすべて自分の内側で認識することができ，認識できたものをすべて外部に「論じて」示すことができ，その示した「論」は，すべて「位を失うこと」なく的を射ている。これを噛み砕いて表現すれば，世の中のことをすべて知り尽くすことができ，それを自己満足で終わらせずに，言葉によって外部に説明し尽くすことができ，さらにその説明が世の中の誰にでも納得してもらえる，ということになるだろう。この「大清明」のあり方こそが荀子の目指したものであるならば，彼自身の言語による発信は，ここに説かれている「論じて位を失うこと」のない状態を目指していたことは確実だろう。つまり，荀子の思想活動の究極は「論じること」だったのである。荀子は「人の患いとは，小さいことにとらわれて視野が狭くなり，世の中が正しくなる大きな理が見えなくなることである」（『荀子』解蔽篇）として，偏った一部だけ見て全体を見渡せていない状況を憂える。

荀　子

しかし，一部だけを見ている人々も，最初は実は正しい世の中のあり方を探る
動機で見始めたはずであり，それを自覚して改めれば「大きな理」に到達する
ことができるとも考えていたのである。そのために，小さいことにとらわれて
いる人々に向けて，「大きな理」を「論じる」ことこそが，荀子の使命だった
のである。

　小さいことにこだわっている人たち（小人）に対して，荀子が取ったアプロ
ーチは，それぞれがとらわれている領域における局地的な論戦だった。各々の
こだわりの専門分野に荀子の側から入って行き，議論を戦わせるという戦法で
ある。小人の専門分野で論戦での成果として得られるのは，その分野での質の
高い知識である。それを総合的に集積すれば「大きな理」となる。荀子は，世
界中に存在するすべての物事，森羅万象について，小さな視野にとらわれるこ
となく，すべての知識を正しく集積することになる。世界中に知らないことは
ないという状態にまで至るのである。しかし，世界中に知らないことはないと
いう状態は，前に見たように，実は「大清明」にとっては，まだ前提条件に過
ぎない。「大清明」は，世界中のすべてに対して個々に絶対的な高い知識を有
し，その上でそれを正確に「論じる」ことができなければならないのである。
そのように「論じる」ことができて，初めて「大清明」に至ることができる。
そして，この「大清明」の状態に至った人のことを，荀子は「大人」（『荀子』
解蔽篇）と呼ぶ。この「大人」こそが，小さなことに一切とらわれることがな
い「大きな理」に到達して世界中のすべてのことを知りつくし，なおかつその
すべてのことを正確に「論じる」ことができる人なのであった。

　この「大人」こそ，荀子自身が目指した理想像であったことは間違いない。
自室に座ったままで世界を認識し，論じ尽くそうとした荀子の決意が伝わって
くる。『荀子』は，その篇構成こそ劉向や楊倞によるが，後世の学者をして今
のように編成させたテーマごとの「論」を，もともと荀子が著していたのであ
る。礼治論，天人論，音楽論，学問論，本性論，軍事論，富国論，君主論，国
家論，そして論理学そのものについての議論など，荀子は全世界を見渡して
「数万言を著す」ことで，彼自身が説いた「大人」を目指したのであろう。

　以上のように，『荀子』解蔽篇に説かれる「大清明」という境地について注

Ⅰ 先　秦

目してみると，それに到達して「大人」となることが，思想家としての荀子の理想であり，万物をすべて自分の内側で認識するという前提条件を達成した上で，その認識しえた知識を外部の他者，つまり世界に向けて「論じること」が荀子の生の営みそのものだったことが分かる。荀子が目指した「大人」に至るには，具体的には，それぞれ荀子に先行した思想家たちの局地的な主張を批判的に乗り越える論を構築しなければならなかった。それぞれのテーマには，そのテーマだけにとらわれた先行の思想家たちの言説が存在しており，それらを1つひとつ圧倒することが，以下に見るように，荀子の営みの実際だったのである。

● 荀子との対話

 性悪説とはどのような考え方だったのですか。

 人間の生まれつきの性質は悪であり，そのまま放っておくとこの世は悪くなる一方なので，後天的な教育によって善なる方向に導くべきだという考え方です。

孟子曰く「人の性は善なり」と。曰く「是れ然らず」と。凡て古今天下の所謂善なるものは，正理平治なり。所謂悪なるものは，偏険悖乱なり。是れ善悪の分なり。今誠に人の性は固より正理平治なりと以えるか，則ち悪んぞ聖王を用いん，悪んぞ礼義を用いんや。聖王・礼義有りと雖も，将た曷んぞ正理平治に加えんや。今然らず，人の性は悪なり。（『荀子』性悪篇）

> 【訳】孟子は人の性が善だと言うが，それは大間違い。この世で善と言えば，それは正しく平和な状態のことで，悪と言えば偏った乱れた状態のことだ。それが善と悪なのだ。孟子が言うように人間の本性が善ならば，どうして聖王や礼義という平和をもたらすものが存在するのか。もともと恒常的に平和ならば，聖王も礼義も必要ないだろう。事実はそうではない。それは人の本性が悪だからだ。

▶荀子と孟子は何から何まで違っていたように言われるが，思想家としての出発点は同じである。2人は，共に孔子（→5頁）の正統な後継者として出発し，孔子の教えを実現化することで乱世を収束せんとしたのである。しかし，2人のアプローチが正反対だった。孟子は，王の人間的な正しさが周囲に波及して各個人が正しくなり，正

荀子

しい個人の集合としての社会平和を実現させようとした。〈個人→社会〉というアプローチである。一方の荀子は，礼制度によって枠組みとしての社会を善なるものとし，そこに個人を当てはめて社会平和を実現させようとした。〈社会→個人〉というアプローチである。そう考えれば，孟子にとっての性善説も，荀子にとっての性悪説も，それぞれが取ったアプローチから生まれたものであることが分かる。孟子にとっては，人の性が善でなければ王の正しさの保証がとれず，また王の正しさを万民が理解することもできなかった。荀子にとっては，人の性が本来的に悪でなければ，彼が社会混乱を正す枠組みとした礼制度の必要性・正当性が確保できなかったからである。

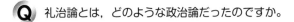

礼治論とは，どのような政治論だったのですか。

礼治論は，政治を行う際の拠りどころとする最高の規範を周王朝の時代に作られた礼制度とし，その礼制度による教化のために，君主権力の強化を図り，強制力による刑罰や法を執行するという政治論です。

古は聖王は人の性の悪なるを以て，以て偏険にして正しからず，悖乱して治まらずと為す。故に之が為に君上の勢を立てて以て之に臨み，礼義を明らかにして以て之を化し，法正を起こして以て之を治め，刑罰を重くして以て之を禁じ，天下をして皆治に出でて善に合せ使むるなり。是れ聖王の治にして礼義の化なり。(『荀子』性悪篇)

【訳】古の聖王は，人の生まれつきの性質が悪であるため，偏りがあって険しくかつ不正となり，そのままではそむき乱れて治まりようがないと考えた。そこで聖王の統治では，君主の権勢を確立して人々に臨み，礼儀を明示して人々を教化し，法制度を整備して人々を治め，刑罰を厳重にして人々の悪事を禁止し，天下中の人々をすべて統治下に置き，善なる状態に導いたのである。これこそ聖王による統治であり，礼義による教化なのである。

▶孔子は，統治をする際の最高の規範を礼制度とし，強制力を実行する法治をその対極にあるものと考えていた。したがって，できるだけ強制力（刑罰）に頼らず，君主の人徳と強制力を伴わない礼制度によって民衆を統治することを目指した。それが孔子の考えた礼治であった。しかし，荀子は礼制度を上位規範とする孔子の姿勢を外面的な枠組みとして継承しつつ，その内側に，当時，特に秦において実効性の高かった法治の仕組みを取り入れたのである。礼の法に対する上位性は「士以上の身分の者は

61

Ⅰ　先　秦

礼楽によって整え，それ以下の身分の庶民は法によって支配する」(『荀子』富国篇)として確保し，何よりも士以上への身分の者への礼制度による教育の充実を重要視していた。

「天人の分」とはどのような考え方ですか。

伝統的に信じられてきた，人の悪事に対して神格としての天が罰を下し，人の善行には天が福をもたらすというような，天と人には密接な関係があるという考え方を否定し，天とは自然現象以外の何ものでもなく，人の行為との間には何の因果関係もないのだとする考え方です。

天行に常有り。堯の為に存せず，桀の為に亡びず。之に応ずるに治を以てすれば則ち吉，之に応ずるに乱を以てすれば則ち凶なり。本を彊めて用を節すれば則ち天も貧ならしむ能わず，養備わりて動くこと時なれば則ち天も病ましむること能わず。道に循いて弐わざれば則ち天も禍すること能わず。……故に天人の分に明らかなれば則ち至人と謂う可し。(『荀子』天論篇)

【訳】天の運行は恒常不変であり，聖王である堯のために存在し，暴王である桀のために亡失するなどということはない。うまく治まるように対応すれば人間にとって吉であるし，乱れるようなやり方で対応すれば凶となる。農業生産に務めて節約すれば，天もそれを貧乏にすることはできず，栄養が十分で運動を適時にしていれば，天もそれを病気にすることはできない。人としての正しい道に従って踏み外さなければ，天もそれに禍害を加えることはできない。……したがって，天と人とは異なる領域であることをはっきりと理解していれば，その人は最高の人物と言えるのである。

▶荀子の当時は，天の運行と人為の間に密接な相関関係があると考えられていた。特に君主の悪政に対して，天が罰を下すという考え方である。この考え方は，周王朝の開始が，暴君だった殷王を倒して新たな王朝を始めなさいという天の命令を実行したのだという殷周革命の説明に始まる。説明者は周王自身であり，それが時代を超えて継承され，荀子の生きた時代には，天が下す罰は，例えば農業生産の不良に直結する旱魃であると考えられていたようである。近年に出土した荀子に先行した戦国時代の文献(竹簡資料)には，旱魃を悪政に対する天の警告として受け止めるべきだとする内容のものが複数見られる。荀子は，そのような風潮に対して「天人の分」を説くことで否定し，人為における努力に専念すべきだと主張したのである。

62

荀 子

Q 他の思想家たちのことを，どのように考えていますか。

A 何事にも蔽われてない偉大なる孔丘先生（孔子）とそのお弟子の子弓を除いては，どの思想家も偏見やちっぽけな邪説にとらわれ過ぎており，それぞれ，とても乱世を救うことなどはできないと考えています。

昔賓孟の蔽わるる者は，乱家是なり。墨子は用に蔽われて文を知らず。宋子は欲に蔽われて得を知らず。慎到は法に蔽われて賢を知らず。申子は勢に蔽われて知を知らず。恵子は辞に蔽われて実を知らず。荘子は天に蔽われて人を知らず。（『荀子』解蔽篇）

【訳】その昔，天下を遊説した中で偏見や邪説に蔽われていたのは，でたらめな説を説いていた次の思想家たちである。墨子は実用にとらわれ過ぎて装飾の意義を知らず，宋子は寡欲にとらわれ過ぎて獲得の情性を知らず，慎到は法律にとらわれ過ぎて賢人の必要性を知らず，申子は権勢にとらわれ過ぎて知者の効用を知らず，恵子は言葉にとらわれ過ぎて実体を知らず，荘子は天にとらわれ過ぎて人為のことを知らないのである。

▶本章の冒頭で触れた非十二子篇には12人の思想家への批判がなされ，そこには同じ儒家である子思と孟子も含まれていた。そしてここでは6名の思想家が名指しで批判されている。先頭の墨子は他の篇でも批判されており，非十二子と解蔽，さらに王覇，楽論，天論，富国，儒効の計7篇にわたり，荀子が最も意識していた論敵である。「論じること」を荀子が最重要視した背景には，実は「墨子の十論」と呼ばれる，尚賢（能力本位論），兼愛（平等愛論），非攻（侵略戦争の否定），節用（節約論），節葬（葬儀の簡略化），天志（天人相関論），非楽（音楽の否定）などのテーマ別の墨子の主張があったのではないかと考えられる。墨子の十論は，それを実現すれば平和になるかもしれないという希望を抱かせたようで，世の中に受け入れられ，孟子が「墨翟の考え方が天下に満ちている」（『孟子』滕文公下篇）と嘆くほどだった。このような事情を知れば，「墨子の十論」と荀子の「論じること」の連続性が浮き彫りになってくる。つまり，荀子が「礼」「天」「性」「楽」「兵」などにテーマを分けて世界を「論じ」ようとしたのは，先行する「墨子の十論」が「大きな理」に匹敵する世界レベルの視野で展開されており，それを批判的に乗り越えようとしたからだったと考えられるのである。

63

Ⅰ　先　秦

◖用語解説

諸侯　連邦国家であった周王朝において，周王から正式に家臣国として認められた家臣
国を総称する呼び方。

戦国の七雄　晋が分裂した韓・魏（梁）・趙に，秦・楚・燕・斉を加えた7国。

◖より深く学ぶために

〈原典・訳〉

王先謙『荀子集解（新編諸子集成）』（楊倞注，中華書局，1988年，中国書）

＊清の王先謙（1842〜1917）が，先行した注釈家の荀子解釈を集めたもの。『荀子』の最
　も精詳な注解本。

『荀子　増補版』（漢文大系，楊倞注，王先謙集解，久保愛増注，猪飼彦博補遺，服部宇
之吉校訂，冨山房，1975年）

＊上記『荀子集解』の日本版テキスト。本文には訓点が施され，注釈文にも返り点が付
　されている。

金谷治訳『荀子　上・下』（岩波文庫，1961・1962年）

＊書き下し文と現代語訳，巻末の訳注から成る。中国思想研究の第一人者が，「寒たし」
　「利し」など，現代語に近い書き下し文を心がけたと言われる先進的な内容。

藤井専英訳著『荀子　上・下』（新釈漢文大系5・6，明治書院，1966・1969年）

＊原文・書き下し・訳注・解説が揃った網羅的な訳注書。

〈入門・解説書〉

内山俊彦『荀子』（講談社学術文庫，1999年）

＊荀子の思想を，当時の時代思潮を背景としながら，総合的に解説した名著。一般的な
　好奇心から手にできる詳細な荀子の解説書であり，現代の荀子研究者が必ず手にする，
　専門的に荀子研究を志す人にとっては入門書。

（菅本大二）

韓非子

（かんぴし：？〜前233）

🌑 生涯と思想

　韓非は，姓を韓，名を非といい，戦国時代の思想家である。韓の王族の血を
引く公子でもあった。若いころの韓非は儒家の荀子（→56頁）のもとで学問に
励む。荀子は，人間の本性は悪（利己的存在）であり，礼や音楽による教化を
行い，善になるよう努めよという性悪説を提唱した。礼とは社会的規範であり，
外部から人を善へと矯正するものである。この礼に強制力をもたせると法にな
る。こうして儒者である荀子の門下から，韓非という法家を代表する思想家が
生まれたのである。

　韓非の活躍した戦国時代は，韓・魏・趙・斉・燕・楚・秦の7国が覇権を争
っていた。韓は大国の秦と西方で隣接し，その脅威に何度もさらされたため，
7国で最も弱かった。荀子のもとから帰還した韓非は，国情を憂いて政策を提
言する。しかし，彼は公子といっても傍系に過ぎず，また吃音であり弁論を苦
手としていた。どれだけ説いても王に聞き入れられなかった韓非は憤懣を抱き，
「孤憤」「五蠹」「内外儲説」「説林」「説難」など十余万言を著して自らの意見
や思想を述べるようにした。これが今日に伝わる『韓非子』の原型である。

　この著書が人を通じて秦王のもとに届いた。当時の秦王の名は政といい，こ
の人物こそ後の始皇帝である。政は「孤憤」と「五蠹」を読んで深く感動し，
「わたしはこの書の著者に会えたら，死んでも悔いはない」とまで言った。政
に仕えていた李斯は，それが韓非の著書であることを告げる。李斯と韓非は荀
子門下の兄弟弟子であった。かくして韓非は使者として秦に赴くことになり，
政と会見する。そこで彼の思想は極めて高く評価された。

　韓非の理想とする支配体制は法治にある。彼の考える〈法〉とは，官署に公
布された明文化された法令と，人民の心に厳しく刻み込まれた刑罰のことであ

Ⅰ　先　秦

る。法を守る者には恩賞が，法を犯す者には刑罰が加えられる。また，法が正しく機能するために〈術〉の必要性も主張している。術とは，君主が臣下の能力に応じて官職を授け，名目に従って実績を評価し，生殺与奪の権限を掌握して臣下の能力を試すことである。君主による臣下操縦術と言ってよい。また法は明文化して万民に明らかにするのに対し，術は君主の胸中に秘めておくものである。実際（刑）と名目（名）を参照して調べることから，「刑名参同術」ともいう。このように，韓非は法の下に，身分を問わず能力により登用し，挙げた功績に応じて褒賞を与え，職務怠慢と越権行為を禁じ，成果を正しく評価して失敗をきちんと譴責すべきことを主張した。能力と成果の重視・職分の厳守・信賞必罰の徹底を打ち出したのである。

　〈法〉〈術〉を組み合わせた韓非は，さらに〈勢〉を説く。勢とは，分かりやすく言えば権勢のことである。彼は，君主個人の能力に期待するような不安定な政治ではなく，人為的に作り出した絶大な権勢を君主の地位に付与し，それを法体系の中心に据え，安定した統治を求めた。なお，これら３つの思想については，〈法〉は商鞅，〈術〉は申不害，〈勢〉は慎到というように，韓非以前の法家たちによって既に提唱されていた。韓非は３者を継承して発展させたのであり，法家思想を集大成した理論的完成者と言ってよい。かかる理論は，母国の韓では受け入れられなかったが，皮肉にも敵国の秦で歓迎されたのである。

　秦王政との会見後，政に気に入られた韓非は秦で登用されかけた。しかし，その才能を妬んだ李斯に中傷され，牢獄に繋がれる。獄中の韓非は李斯から毒薬を渡され，弁明することも叶わず，自殺に追い込まれたのである。

　韓非の死から３年後の前230年，韓は秦によって滅ぼされた。これを機に秦は次々と国を併呑し，前221年に天下統一を果たす。秦帝国成立後，秦王政は始皇帝を名乗り，韓非の提唱した法治を適用して全国を支配した。以後，法治は歴代王朝に採用され，国家の統治システムとして機能し続けるのである。

 韓非子との対話

Q　君主を説得するコツは何ですか？

66

韓非子

 相手の自分に対する愛憎を見極め,逆鱗に触れて怒りを買わないようにすることです。

主に愛有れば,則ち智当たりて親を加え,主に憎有れば,則ち智は当たらず,罪せられて疎を加う。故に諫説談論の士は,愛憎の主を察して而る後に説かざるべからず。夫れ龍の虫為るや,柔狎して騎る可きなり。然れども其の喉下に逆鱗径尺なるもの有り,若し人之に嬰るる者有らば,則ち必ず人を殺す。人主も亦た逆鱗有り,説く者能く人主の逆鱗に嬰るること無ければ,則ち幾し。
(『韓非子』説難篇)

【訳】君主に愛されているときは,こちらの考えが君主の心にかなって親密になり,君主に憎まれているときは,こちらの考えが意に適わず,罪を受けて疎遠になる。そこで諫言や弁論をしようとする者は,君主の愛憎を察した上で説く必要がある。そもそも龍という生き物は,飼い慣らして乗ることができる。しかし龍の喉の下には直径一尺ほどの逆さの鱗があり,もしそれに触れると,(龍は) その人を殺してしまう。君主にもまた逆鱗があり,君主に説く者は,その逆鱗に触れることがなければ,ほぼ説得に成功するだろう。

▶同じ人間に対して別人が同一の行為をした場合,感情により受け止め方が変わる。そのため,説得する際は,その人の自分に対する愛憎を見極めることが重要である。

Q 「矛楯(矛盾)」の寓話は,何を喩えたものですか?

 儒家の賞賛する堯・舜たち聖王の徳治につじつまが合わないことを批判しました。

歴山の農者畔を侵す。舜往きて耕し,期年にして畎畝正し。河浜の漁者坻を争う。舜往きて漁し,期年にして長に譲る。……仲尼歎じて曰く「……舜其れ信に仁なるか。乃ち躬ら藉みて苦しきに処り,而して民之に従う。故に曰く『聖人の徳化なるかな』と」と。或るひと儒者に問いて曰く「此の時に方りてや,堯は安くにか在る」と。其の人曰く「堯は天子為り」と。「然らば則ち仲尼の堯を聖とするは奈何。聖人明察にして上位に在るは,将に天下をして姦無からしめんとするなり。今耕漁争わず,陶器窳ならざれば,舜又た何の徳あり

67

I　先　秦

てか化せん。……舜を賢とすれば則ち堯の明察を去り，堯を聖とすれば則ち舜
の徳化を去らん。両つながら得べからざるなり。……」と。（『韓非子』難一篇）

【訳】歴山の農民は畑の境を侵した。舜が行って耕すと，1年で畑の溝やうねが正し
　くなった。黄河のほとりの漁師は釣り場を争った。舜が行って漁をすると，1年で年
　長者に譲るようになった。……仲尼（孔子）が感歎して言うことには「……舜はまこ
　との仁者である。自ら実践して苦労に身を置き，民衆がこれに従った。だから『聖人
　の徳化なのだ』と言われる」と。ある人が儒者に「そのとき，堯はどこにいたのか」
　と尋ねた。儒者は「堯は天子であった」と答えた。「それなら仲尼が堯を聖人と言う
　のはどうしてか。聖人が明察にして高位につけば，天下に悪事は起こるまい。もし農
　村や漁村で争いがなく，陶器も粗悪でなければ，舜が徳化する必要などあろうか。
　……舜を賢人とすれば堯の明察は成り立たず，堯を聖人とすれば舜の徳化は成り立た
　ない。これらは両立できないのだ。……」と。

▶　『韓非子』はこの文の後段に有名な「矛楯」の寓話を載せる。韓非は儒家の賞賛す
　る聖人の治世の矛楯を鋭くえぐり，法家を正統化した。

◗用語解説

商鞅（？〜前338）　衛の人。魏で法家の術を学び，秦の孝公に仕えて変法を行った。君
主を頂点とする強力な中央集権体制を説き，富国強兵策を実践させ，秦を西方の軍事大
国に押し上げた。商鞅の導入した法治は秦の基本路線として継承された。

◗より深く学ぶために

〈原典・訳〉
金谷治『韓非子』（全4冊，岩波文庫，1994年）
＊原文・書き下し文・現代語訳に加えて，難しい用語の補注を施している。
〈入門・解説書〉
冨谷至『韓非子──不信と打算の現実主義』（中公新書，2003年）
＊諸子百家を整理した上で，韓非の思想の特徴をまとめている。またマキアベリ，ホッ
　ブズらの西洋思想との比較も行い，その思想的位置づけを示す。

（髙橋康浩）

Ⅱ
秦漢～隋唐

揚　雄（三才図会）

嵇　康（古聖賢像傳略）

董仲舒（聖賢像賛）

		秦漢～隋唐		日　本
秦		前221	秦による天下統一	
漢	前漢	前206	楚漢戦争	
		前202	垓下の戦い，劉邦の即位，漢王朝成立	
		前136	董仲舒の献策による五経博士の設置	
		前51	石渠閣会議における五経異本の校訂	
新		8	王莽の即位，新の建国	
		25	劉秀の即位，漢王朝の再興	
漢	後漢			漢委奴国王印（57）
		79	白虎観会議における五経解釈の討議	
		184	黄巾の乱	
		208	赤壁の戦い	
三国		220	曹丕の即位，魏の建国，九品中正制度採用	
			魏，呉，蜀の三国鼎立	卑弥呼，魏に遣使（239）
晋	西晋	265	司馬炎の即位，晋王朝成立	
		291	八王の乱	
		311	永嘉の乱	
	東晋	318	晋朝の南遷，司馬睿の即位，東晋の成立	
				大和朝廷（350頃）
南北朝		420	［南］劉裕の即位，宋（劉宋）の建国	
			漢民族（南）と鮮卑族（北）の対立と王朝交替	仁徳天皇陵（428頃）
		548	［南］侯景の乱による梁朝の瓦解	
		581	［北］楊堅による隋建国と北周の滅亡	聖徳太子誕生（574）
隋		589	隋による天下統一	冠位十二階（603）
			科挙の開始，九品中正制度の廃止	十七条憲法（604）
		618	煬帝の弑殺，李淵の即位，唐の建国	
				大化改新の詔（645）
			貞観の治	大宝律令（701）
			開元の治	奈良時代
				平城京遷都（710）
唐		755	安史の乱	
				平安時代
				平安京遷都（794）
		845	会昌の廃仏	
		875	黄巣の乱	
				遣唐使の停止（894）

時代概説

　秦の始皇帝が目指した個別人身支配は，前漢の武帝期にようやく実現した。武帝は，それにより充実した国力のもと匈奴などの異民族と戦い，領土を拡大した。しかし，塩・鉄専売に代表される経済政策は，貧富の差を拡大させ，豪族と呼ばれる大土地所有層を生み出した。豪族層出身の光武帝劉秀は，前漢を滅ぼした王莽の新に代わり，後漢を再興した。後漢の第3代章帝は，白虎観会議を主宰して漢の経義を定め，ここに「古典中国」が成立する。「古典中国」は，「大一統」という『春秋公羊伝』隠公元年の経義に基づき，中国の統一を何よりも尊重する。「大一統」を保つための方策としては，「郡県」と「封建」が対照的に語られる。「大一統」の障碍となる私的な土地の集積に対しては，「井田」の理想を準備し，文化に依拠するあらゆる価値基準を国家の下に収斂するため，「学校」が置かれる。また，支配の正統性は，「皇帝」と共に用いられる「天子」という称号に象徴される。さらに，現実に中国を脅かす異民族を包含する世界観として，「華夷」思想をもつのである。

　こうした「古典中国」を儒教が用意しえた理由は，前漢武帝期の董仲舒より始まる儒家の国政への接近がある。董仲舒は，天子が善政を行うと天は瑞祥によりそれを褒め，天子が無道であると天は地震や日食などの災異により君主を譴責するという，天人相関説を構築した。天は，いきなり『孟子』にいう易姓革命を起こすのではなく，天譴を下して警告するというのである。董仲舒の天人相関説の実際政治への適応は，前漢末から王莽期を経て，後漢で確立する。その過程で前漢後半より，木→火→土→金→水の五行の運行に基づいて，国家交代の法則を説明する五徳終始説も盛んとなった。さらに，五行に対応する5つの星座（五帝座）の1つと天に選ばれた聖なる女性との間に生まれた者が国家の始祖になるという感生帝説も唱えられた。こうして天人相関説は精緻となり，「古典中国」の支配の正統性の中心となった。

　それでも，氏族制を肯定する儒教は，血縁に基づく豪族に妥協的で，また身分による差別を肯定したために貴族制の成立を許し，魏晋南北朝での個別人身支配を後退させた。胡漢融合勢力である隋唐帝国は，儒教理念により構築される律令体制に加えて，仏教を正統化に利用することにより，個別人身支配を建て直す。

　仏教が国家の正統化に用いられるには，儒教のもつ華夷思想の克服を必要とした。すでに春秋・戦国時代において，楚は強大な国力をもちながらも南蛮であるがゆえに，尊王攘夷の対象とされ，中国統一を成しえなかった。しかし，中国を統一した秦もまた，穆公が「西戎の覇者」と呼ばれたように，夷狄のはずであった。やがて儒教によって体系化される華夷思想は，一方で夷狄に対して，自らが世界の中心であるという強

71

Ⅱ　秦漢〜隋唐

烈な中華意識をもちながら，他方で華夷の別は文化の有無と考える思想でもあった。五胡の君主が好んで述べたように，禹は夷狄であり，周の文王も異民族の生まれであるという。彼らが中華の理想的な君主となったのは，禹が黄河を治めて中華文明の基礎をつくり，周の文王が礼を治めて中華文化の基本を定めたためである。たとえ夷狄の出身であっても，中華の文化を体現することにより，中華の君主と成りうる。それが文化によって中華と夷狄を区別する儒教の規定であった。

　しかし，現実問題として，異民族支配の際に民族的な軋轢が生じることは多い。北魏の漢化政策から隋唐の胡漢融合へは順調に進んだかに見える。それでも，北朝系の国家は，おしなべて仏教を尊重した。こののち成立する遼・金・元・清という「征服王朝」も，一貫して仏教を尊崇している。仏教は中国外部からもたらされた世界宗教である点において，異民族による政権の正統性を保証する存在であった。しかも，儒教と仏教が補いあうことができれば，より安定的な正統性が異民族出身の君主にも附与される。唐が隋で成立した「仏教国家」をそのまま継承することはせず，儒教をも尊重したのは，このためである。その際，唐が仏教よりも道教を上に置いた背景には，道教側の国家権力への接近の努力がある。

　南朝系の道教である茅山派の道士王遠知は隋末，唐公李淵に接近し，太上老君（老子，李耳）が夢に現れ「李淵の祖先である」と語ったと告げ，道観を創り老子を祭るよう進言した。太宗李世民は，自分の祖先が老子であることを宣言し，祖先崇拝として老子を特別に扱い，宮中における道士と僧侶の並び順を「道先僧後」と定めた。つづく高宗は，老子に太上玄元皇帝という尊号を奉ると共に，官僚や王族に『道徳経（老子）』を学ばせ，科挙の明経科に老子策を設けて『道徳経』から出題するようにした。これら諸皇帝の政策は，いずれも老子を自分の祖先として特別扱いするもので，山東門閥に劣るとされた，胡漢融合の皇帝家の家柄を飾る意味があったと考えてよい。

　唐の皇帝の中で，最も老子を尊崇したのは玄宗である。即位当初には，儒教に基づき民生の安定を第一にしていた玄宗が道教に傾倒したのは，茅山派の道士司馬承禎の努力による。司馬承禎は，玄宗に法籙を与え道士皇帝とし，各地に道観を創建させた。玄宗が楊貴妃と出会ったのも，道観での祭祀のときである。玄宗は，自ら『道徳経』に注をつけ，家々に1冊備えることを命じ，また荘子を南華真人と位置づけ，老子の誕生日を国家の祝日とした。ここに道教は，単なる李氏の祖先崇拝に止まらず，唐の国教に近いものとなった。以後も茅山派に対する唐の保護は続き，武宗のときには，会昌の廃仏と呼ばれる仏教弾圧が行われた。なお，中国に記録の残らない会昌の廃仏の具体像を今日に伝えたものは，日本僧円仁の『入唐求法巡礼行記』である。

　こうして漢に成立し，唐に完成した「古典中国」は，儒教・仏教・道教の3教が並立する国家となったのである。　　　　　　　　　　　　　　　　　　　　（渡邉義浩）

董仲舒

(とうちゅうじょ：前176？〜前104？)

☯ 生涯と思想

　董仲舒は，広川（河北省呉橋県）の出身で，前漢武帝期（前141〜前87年）の儒学者である。武帝期は，国家思想が黄帝・老子（→30頁）を中心とする黄老思想から儒教へと推移してゆく転換期であり，そこにおいて董仲舒およびその学派の果たした役割は極めて大きい。班固（→81頁）の『漢書』董仲舒伝は，その学問的影響力について「董仲舒は，若い頃から儒教，とりわけ『春秋公羊伝』に深く通じた。多くの弟子を抱え，その弟子がさらに弟子をとったため，弟子筋には董仲舒の顔すら知らない者もあった」という。なお『史記』で有名な司馬遷（→81頁）も，幼いころは董仲舒に師事していた。

　景帝期（前157〜前141年）に博士に任じられ，武帝が即位すると賢良の試験に推挙された。その際に武帝からの諮問に対えた解答文（対策）は「天人三策」あるいは「賢良対策」と呼ばれ，董仲舒の思想の中心的テーマ「大一統」「独尊儒術」「天人相関」を含むことで名高い。

　「大一統（一統を大ぶ）」とは，『春秋公羊伝』隠公元年を典拠とし，もともとは徳治による理想的国家像を指す。しかし董仲舒は，これを皇帝権力による国家統一のことと再解釈した。彼は「大一統」こそが「天地の常経，古今の通誼」であると述べ，天下を一貫する普遍的秩序，万世を貫通する普遍的規範を志向した。このような理念の具体化が「独尊儒術」，すなわち儒教による国家思想の統一である。当時の儒教は，いまだ国家の支配理念となるには至っていなかった。もちろん，高祖劉邦が儒者の仕切る儀礼の厳粛さに賛嘆して「私は皇帝が貴いことを今日知った」と述べたように，これまでにも儒教と国家は無関係ではなかった。しかし，子の文帝は，儒教の儀礼は過剰な粉飾に過ぎず統治の役に立たない，と批判した。秦での法家思想や漢初の黄老思想のような

Ⅱ　秦漢～隋唐

国家の方策・正統性を支える理論を，董仲舒以前の儒教は固めきれていなかったのである。

　董仲舒が「天人三策」において「独尊儒術」を主張したことは，法家・黄老に代わり儒教こそが国家の紐帯となるべきであるという，その宣言でもあった。はたして武帝は，建元5（前136）年に儒教の経書（五経）を専門とする五経博士を設置し，続く元光元（前134）年には，**孝廉**という儒教の価値基準に基づく官吏登用制度を開始する。これらはみな董仲舒の提言によるものであった，と『漢書』は記す。ならば，為政者の基礎教養としての儒教，国家機構の根拠としての儒教は，董仲舒の提起した「天人三策」に始まるといってよい。ゆえに現在の思想史研究では，「天人三策」ならびに五経博士の設置を儒教国教化の指標と見ることが主流をなしている。

　ところで「大一統」を国家規模で推進するためには，始皇帝の焚書坑儒を想起させるように，そもそも強大な君主権力の存在が前提となる。おりしも当時，内では王朝の脅威であった諸侯の弱体化が決定的となり，外では宿敵匈奴に対してようやく優位に立つことで，漢は統一国家として中央集権化を確立しつつあった。こうした時勢と連動してか，董仲舒は皇帝権力の強化を是認し，その正統化を進める。先に掲げたうちの最後のひとつ，「天人相関」は，そのための理論的根拠を提供するものであった。

　董仲舒の天人相関説は，天子（皇帝）とは天命を授けられた地上の王者であり，ゆえに天はその政治を監視して，善政には瑞祥を下してそれを祝福し，悪政には災異を起こしてそれを譴責する，という内容をもつ。古来，天が人の善悪に応じて禍福を下すという考えはあったものの，董仲舒は「人」を「天子」という国家の統治者に限定する。おそらく墨家の明鬼論・天志論の影響であろう。ここでの天は，天子に天命を下し，その政治を監視するという点で，人格神・主宰神としての性格を帯びる。それゆえ天子，および天子の権力は，主宰神たる天のお墨付きとして正統化されるのである。

　ただし，天は天子を祝福するだけではない。悪政に対しては災害・怪異によって天子を譴責（天譴）する。それで天子が悔い改めればよし，しかし再三の天譴でもなお改めなければ，最期には天子失道と判断し，新たに別の有徳者に

董仲舒

天命を下す（革命）ことになる。災異を天からの譴責と見るこの思想は、臣下からすれば、現実に発生した災異を天子への諫言に利用することを可能にする。

具体的に見よう。建元6（前135）年、遼東の高祖廟と長安の高祖陵の殿で火災が起きたとき、董仲舒はこれらの建物が礼に違反していたことを踏まえて、ここに「天が遼東と長安にある違礼の建物を焼いたように、地方と都に巣くう邪悪な諸侯・大臣を排除せよ」という天の意思を読み、武帝に諫言した。火災をただの天罰とするのではなく、具体的な天の訓戒を読み取ろうとしていることが分かろう。そして董仲舒は解釈の根拠に、儒教経典の『春秋公羊伝』を利用した。『公羊伝』に記載された過去の災異と照らすことで、現在の災異の意味、天の意思を読み取る。それが董仲舒の学問であった。

天人相関説により、儒教は皇帝権力を正統化しつつ、同時に掣肘（せいちゅう）をもする役割を担うことになる。それは儒教が、かつて孔子（→5頁）の説いた個人の道徳修身の思想から拡大化して、国家そのものの支配理念へと変容を遂げたことを意味する。ただし、皇帝権力に対する諫言は命がけであった。実際に董仲舒は、先述の諫争（かんそう）のために武帝の怒りを買い、危うく処刑されかかった。またその後、同僚の**公孫弘**（こうそんこう）に讒言（ざんげん）され、悪名高い膠西王（こうせいおう）のもとへと左遷されている。董仲舒はこの凶暴な王をよく薫陶したが、ほどなく官を去って郷里に帰った。その後は、朝廷に問題が起こる度に意見を求められたが、自身は出仕することなく学問と著述に専念した。そして太初元（前104）年ごろ、70余歳で没したとされる。栄達とは無縁の生涯であった。

儒教の唱導を行い、国家思想を革新しながらも、政治的には生涯不遇をかこった大儒。それが班固『漢書』の描く董仲舒像である。ところが、現在の歴史学では、この定説に疑問も呈されている。

第1の論点は、『史記』との差異である。『史記』にも董仲舒伝は立てられているが、その文字数は『漢書』のそれに比べてわずか5％程度に過ぎない。肝心の「天人三策」の議論が、丸ごと欠けているのである。というよりも、『史記』董仲舒伝に「天人三策」を挿入し、大幅に増補したものが『漢書』董仲舒伝と言うのが正しい。『史記』は董仲舒を単に不遇な一儒者とするのみで、儒教国教化に尽力した功績は記さない。『史記』を撰述した司馬遷は、他ならぬ

75

Ⅱ 秦漢〜隋唐

董仲舒の弟子である。なぜ師匠の輝かしい功績を記録しないのだろうか。

第2は「天人三策」の史料的問題である。実は「天人三策」には，対策文としての体裁が破綻し，内容的にも不合理な記述を含む部分がある。例えば，当時まだ中国に知られていない康居国（現カザフスタン南部）への言及がある。そして「天人相関」や「儒教一尊」の提言は，この疑義のある段落に集中しているのである。したがって「天人三策」は，儒教国教化の立役者としての董仲舒像を創出するために，後世の手が加わった可能性がある。班固『漢書』はこうした「天人三策」を全面的に引用するだけでなく，学校や選挙制度の改革，五経博士の設置など，『史記』にはない董仲舒の功績を加筆し，それを称揚する。儒教振興の祖としての理想的な董仲舒像を描き，儒教の国教化を前漢の全盛期に求めるための曲筆とも考えられよう。

ただ，もしもこれらの史料批判が正鵠を射ていたとしても，それがただちに董仲舒の儒教史上の意義を否定することにはならない。董仲舒学派が提唱した天人相関説は，法家や黄老の後塵を拝していた儒教に，国家思想となるだけの理論的基礎を構築した。以降の2000年にわたり儒教が国家の正統思想であり続ける基盤が，この時期に形成されはじめたことに変わりはない。

ゆえにこそ班固は，儒教国教化の起源を董仲舒に仮託したのではないだろうか。

●董仲舒との対話

 どのような理念に基づき天下を治めればよいでしょうか。

 「大一統」という「春秋の義」に従い，儒教一尊を推進すべきです。

春秋の大一統なる者は，天地の常経にして，古今の通誼なり。今師は道異しくして，人は論異しければ，百家方を殊にし，意を指すこと同じからず。是を以て上は一統を以持すること亡えり。法制数しば変ずれば，下は守る所知らざるなり。臣愚以為らく，諸六芸の科・孔子の術に在らざる者は，皆其の道を絶ち，並進せしむること勿かれ。邪辟の説滅息びて，然る後に統紀一なるべく

して，法度明らかなるべければ，民は従う所を知らん。（『漢書』董仲舒伝）

【訳】『春秋』の「大一統」という理念は，天下を一貫する普遍的秩序，万世を貫通する普遍的規範です。今の師は道理があやふやで，人々は論理があやふやなので，諸家はみな方法を異にし，意図するところが同じではありません。このため国家には一統（唯一無二の正統）を堅持することが損なわれてしまいました。法律や制度がたびたび変更されてしまうので，下々の者は守るべきものを理解できなくなってしまいました。わたしの考えによれば，六芸（礼・楽・射・御・書・数）や孔子の教えでないものは，すべてを禁止して，共に行わせることがないようにすべきです。（そうして）誤謬（ごびゅう）や偏頗（へんぱ）な説が消え去って，その後に統一原理を１つに定めることができ，法令制度を確立することができれば，民は従うべきところを理解できるようになるでしょう。

▶「天人三策」で特に重要視される，儒教一尊を説く段落である。董仲舒は「大一統」という「春秋の義（規範）」に基づき，国家思想を儒教で統一すべきであると武帝に提言した。ところで「天人三策」は武帝からの策問に董仲舒が対えた対策文であるにも拘らず，この段落には，本文に対応する武帝からの発問がない。これでは董仲舒が一方的に意見を述べているかのようで，対策のもつ対話的体裁からは逸脱している。後世の作文が疑われる理由である。

Q 災異は，どのような原理で起こるのですか。

A 人の乱れにはじまって，陰陽が乱れ，それが災異を発生させます。

臣聞くならく，……後世に至り，淫佚（いんいつ）して衰微するに及び，羣生（ぐんせい）を統理する能（あた）わず，諸侯背畔（はいはん）し，良民を残賊（ざんぞく）して以て壌土を争い，徳教を廃して刑罰に任ず。刑罰中（あた）らざれば，則ち邪気を生じ，邪気下に積み，怨悪（えんお）上に畜（たくわ）う。上下和せざれば，則ち陰陽繆盭（びゅうれい）して妖孽（ようげつ）生ず。此れ災異の縁（よ）りて起こる所なり。（『漢書』董仲舒伝）

【訳】臣（わたくし）が聞いておりますに，……末世，（王が）放蕩し（国家が）衰退すると，万民を統御できなくなり，諸侯は背き，良民を害して土地を争い，道徳による教化を棄てて刑罰を用いました。刑罰が公正でなければ，邪気を生じ，邪気が下に積もって，怨嗟が上に集まります。上下が調和しないので，陰陽も調和せずに禍が発生します。これが災異の起こる原因です。

Ⅱ 秦漢〜隋唐

▶「天人三策」より。災異が発生する理由を問う武帝に対し、董仲舒は陰陽の乱れによると回答する。董仲舒の災異説には、既に述べた天譴に由来するもののほか、陰陽の不調和に由来するものがある。天という人格神が主体的に発生させる天譴とは異なり、こちらの災異は、陰陽の気が引き起こす自然現象と言える。ただし、その原因を為政者の失政に求めることはどちらも同じである。ではそうした怪異解釈の実例を次の対話で見よう。

Q 具体的に「荘公11（前683）年の秋、魯と宋で洪水があった」のはなぜだと解釈されますか。

A 魯と宋の戦争の結果、民の不満が陰気を盛んにしたためです。

董仲舒以爲えらく、時に魯・宋比年に乗丘・鄑の戦を爲す。百姓愁怨し、陰気盛んたり。故に二国倶に水あり（『漢書』五行志上）。

【訳】董仲舒が考えるに、魯と宋は（前684年に）乗丘の戦いと（前683年に）鄑の戦いを起こした。民は悲嘆と不満をつのらせ、陰気が盛んになった。そのために宋と魯の両国に洪水が起こったのである。

▶『春秋公羊伝』荘公十一年に「秋、宋に大水あり」とあることについて、董仲舒は民の怨嗟を原因とする陰陽の乱れで解釈する。陰気と洪水が関係するのは、水が陰陽の陰に属するためである。このように董仲舒の災異思想は、『春秋』に記録される災異の原因となった悪政・事件を究明するものであった。ところが後漢期には、災異思想は易や讖緯と結びつくことで非常に強い予言的色彩を帯びることになり、怪異は将来の凶事に先立って発生する予兆と見なされるようになる。時間的先後が逆転してしまうのである。

Q 規範から逸脱してしまう場合については、どのように考えますか。

A 「経」からの逸脱が「権」に該当するのであれば、許容されます。

凡そ人の為す有るや、前に枉にして後に義なる者は、之を権に中ると謂う。成ること能わずと雖も、春秋之を善とす。……前に正にして後に枉有る者は、之を邪道と謂う。能く之を成すと雖も、春秋は愛さず。（『春秋繁露』竹林）

78

董仲舒

【訳】そもそも人の行為において，先に不正があっても後に義にかなうものは，これを〈権〉に該当するという。うまく成しえなかった場合であっても，『春秋』はこれを善と見なす。……先に正道を行っても後に不正があるものは，これを邪道という。うまく成し遂げたとしても，『春秋』はこれを重視しない。

▶『春秋公羊伝』桓公十一年に「権とは経に反するも，然る後に善有る者なり」と規定されるように，〈権〉とは規範（経）から逸脱しても，結果的に善であることをいう。例えば，同世代の男女が手を握り合うことは，礼に背く行為であるが，しかし溺れる兄嫁の手を取って救出することは〈権〉として是認される（『孟子』離婁上篇^{りろう}）。〈権〉はいわば緊急措置として，〈経〉以上に優先されることがあるのである。ただし〈経〉以上に優先されるものが〈経〉の中に定位されるということは，〈経〉としての一貫性や絶対性を自ら毀損することを意味する。すなわち儒教はその内部に矛盾を孕んでいる，ということになるのである。そこで董仲舒は，そのことを無矛盾的に処理するために，以下のように述べる。

春秋に経礼^{けいれい}有り，変礼^{へんれい}有り。為如^かて性に安んじ心に平らかなる者は，経礼なり。性に於いて安んぜざると雖も，心に於いて平らかならざると雖も，道に於いて以て之に易^かわるもの無きこと有るに至るは，此れ変礼なり。……経変の事に明らかにして，然る後に軽重の分を知り，与^{とも}に権に適^{かな}うべきなり。（『春秋繁露』玉英）

【訳】『春秋』には常則的規範（経礼）があり，変則的規範（変礼）がある。行為した際に本来的に心情において安定的であるものは，常則的規範である。本来的に安定せず，心情において穏やかならざる場合でも，〈道〉に照らしてこれに代替するものがない状態に至るならば，それが変則的規範である。……経と変の両者を明瞭に理解して，その後に物事の軽重を知り，（そして）共に〈権〉に合致することができるのである。

▶董仲舒は「経／権」を「経礼／変礼」として理解することで，すべては〈礼〉という規範（経）の内部に包摂すると規定した。すなわち董仲舒は〈礼〉以上の規範の存在を認めないのである。これは彼の主張する「大一統」を維持しつつ，「経／権」の優先問題を回避する行論である。

Ⅱ　秦漢〜隋唐

◗ 用語解説

孝廉　孝（孝行）と廉（清廉）という儒教的徳目に基づく官僚登用制度。前漢武帝期に
開始し，後漢に特に盛んになる。郡太守が統治下の民から有徳の者を察挙する建前をと
るが，実態は在地の有力豪族を察挙することでその協力を引き出し，一方で豪族層に儒
教的価値観を浸透させる狙いがあった。

公孫弘　（前200〜前121）　菑川国薛県の人。『春秋』と雑家の説を学んだ。武帝の専制政
治を儒教で飾ったことで寵用され，儒者として初めて宰相にのぼった。一方で，「曲学
阿世」と罵られたこと，董仲舒を左遷したことなど悪評も多い。

◗ より深く学ぶために

〈原典・訳〉

日原利国『春秋繁露』（明徳出版社，1977年）

＊董仲舒の著作のうち唯一現存する『春秋繁露』の日本語訳。ただし『春秋繁露』が董
　仲舒本人の手にかかるかは疑問とされる。その一部に董仲舒の思想を伝えるか。

吉川忠夫・冨谷至『漢書五行志』（東洋文庫，1986年）

＊『漢書』のうち，災異の記録と解釈をまとめる五行志の日本語訳。董仲舒の災異解釈
　の実例が多数含まれる。

〈入門・解説書〉

渡邉義浩『儒教と中国――「二千年の正統思想」の起源』（講談社，2010年）

＊漢代の儒教がいかに国家と結びつくために変容し，国教化されるに至ったかを概観す
　る。その儒教史上における董仲舒の役割にも言及する。

（袴田郁一）

◆コラム◆ 司馬遷（しばせん：前145～前86？）・班固（はんこ：32～92）

　「紀伝体」を創立し、「正史」の筆頭に置かれる『史記』の司馬遷。それを継承して前漢一代の歴史をまとめ上げた『漢書』の班固。両漢を代表する史家である両者は「班馬」と並び称され、時にその優劣を論じられた。しかし、追求する「史」のあり方という点において、実は両者は大きく異なる。

　司馬遷が生きた武帝期は、前漢の全盛期であり、それまで主流だった黄老（道家）思想に代わって、儒教が台頭しつつあった。ゆえに、『史記』には儒教と道家双方の影響が混在する。特に司馬遷の父にして『史記』編纂を始めた当人である司馬談は、道家を尊重した。司馬談は、『史記』太史公自序に引用される「六家の要指」にて、道家こそが諸子百家の長所を兼ね備える最良の思想であると評価している。

　一方、儒教について言えば、例えば董仲舒学派の天人相関説の影響がある。『史記』の各所には、人の善悪に応じて天が報いを与えるという、天人相関説に近い天や応報の理解が見られる。ただし、『史記』において天人相関説が全面的に展開されることはない。当時の儒教は、まだそこまでの絶対的な思想ではなかった。

　むしろ司馬遷は、天と人との応報関係に疑問を投ずる。天は常に善人に味方すると人は言うが、歴史を紐とけば、仁者が非業の死を遂げ、大盗賊が天寿を全うするような事例は枚挙にいとまがない。本当に天は人に報いてくれるのか。こうした司馬遷の悲痛な想いは「天道、是か非か」という問いかけによって表現される。司馬遷の天に対する問いは、こののち六朝時代に仏教が継承し、南宋に朱子学が出現するまで、中国哲学の重大なテーマとして問われ続けていく。

　これに対し班固は、国家思想としての儒教が確立した後漢 章 帝期を生きる。班固は、司馬遷が儒教を軽んじたことが不満であった。ゆえに『漢書』は単に『史記』の続きを書き継ぐだけでなく、その「過ち」を正すこと、つまり儒教一尊の歴史を表現することこそを使命とした。その努力は、時として歴史事実をもねじ曲げる。董仲舒（→73頁）に関する曲筆は、その代表例である。

　そしてそれは、儒教が正統国家とする漢帝国の称揚と表裏一体の作業であった。班固は漢を、特に彼が仕える後漢を神聖視した。「漢書」を称する所以である。

　そのため『漢書』はいわゆる史実を記すことを第一とはせず、彼の理想とする漢と儒教の姿を表現する。こうした班固の漢朝礼賛は、近代史学からは権力へおもねる史の堕落とも批判される。だがそれは近代の側から見た一面的な理解に過ぎない。班固は儒教の理念に基づき、あるべき漢帝国の姿を伝えるものとして前漢の歴史を『漢書』に描いた。それが班固の追求した「史」のあり方なのである。　　　　　　　　（袴田郁一）

II　秦漢〜隋唐

◆コラム◆　劉　向（りゅうきょう：前79〜前8）

　古来，われわれは物事を分類することによって，対象を分析的に把捉してきた。万物を整合的に分節する〈知〉の整理作業とは，1つの世界観の構築・提示に相当する営為である。それを中国史上初めて行ったのが劉向であった。

　劉向，字は子政，初名は更生。後に名を向と改めた。その人となりは穏やかで世俗と交わらず，昼は経書を学び夜には星を見上げて，時には寝ないで朝を迎えることもあった。文章や詩賦に長け，五経に精通し，特に『春秋穀梁伝』を専修した。彼は12歳で既に宣帝の側近となっていたが，甘露3（前51）年，宮中で行われた「石渠閣会議」への参加が彼の1つの転換点となる。この会議の目的は経義の異同を議論することにあった。老齢の大儒が集まる中，彼は当時まだ20代であった。その後は学者として順調に出世するかに見えたが，政治闘争に巻き込まれて2度投獄され，彼が再び登用されたのは成帝が即位した後であった。

　前漢も成帝の代に至ると，国内外の情勢もやや安定した。すると，次第に戦乱を避けて隠されていた書物が全国から発見されるようになった。書物は当時貴重だったため，民間では土中や家の壁の中に隠していた。それらは，木簡や竹簡に書かれたものが紐で結ばれて巻かれたものであり，「冊」という漢字はそれを象ったものである。そうした民間の書物が宮中に集まってきたのだが，整理されずそのままとなっていた。そこで，成帝は使者を派遣して国中に眠る書物の捜索をさせつつ，宮中の未整理書物の整理を劉向に命じた。しかし，それらの書物は長年放置されていたため，整理というよりも一から編次を定めたりなどして，「本を作る」という行為に等しい部分があった。劉向は整理作業に従事した後，各本の解題（叙録）を『別録』としてまとめたが，現在は一部しか伝わらない。彼が『別録』を作成する際に用いた書物分類の規準は，儒教の「六経」であった。これは，あらゆるジャンルの書物を「六経」に基づいて分類することで，儒教の枠組に沿った学術の体系化が企図されていたということである。

　この整理作業中に劉向は没し，作業は息子の劉歆に引き継がれた。彼は『別録』を基にして『七略』をつくった。劉歆の弟子が班固（→81頁）であり，彼は『七略』を基に『漢書』芸文志を執筆した。そのため，間接的にわれわれは劉向・劉歆の図書整理の実態を知ることができる。こうした図書整理は後世にも続けられ，その学問領域を「目録学」という。「目録学」とは単なる図書リストの学問ではなく，学問分野の体系化を企図するものである。その一方で，こうした営為は，国家の書籍を収集し，それを一定の規準の下に秩序立てて把握することで，〈知〉の世界像を構築することとなる。劉向の学問的業績はその先駆をなすものであった。　　　　　　　　　　　（関　俊史）

揚　雄

（ようゆう，前53～18）

生涯と思想

　揚雄（楊雄），字は子雲。前漢宣帝の甘露元（前53）年，蜀郡成都県（四川省成都市郫県）に生まれた。その先祖は周王室の伯僑という者から出，周王室の支族として初めて晋の楊県（山西省洪洞県の東南）に封じられ，そのままこれを氏としたという。

　揚雄は年少のころから学問を好み，広く書を読んで見ていない書物がないほどであった。生来，細々としたことは気にしない大まかな性格で，人と論争するのは得意ではなく，黙って思索に耽ることを好んだ。また嗜欲が少なかったため，富や名声を当世に求めようとしなかった。家産は十金に過ぎず，わずか1石（約31キロ）か2石の米の蓄えもない貧しさであったが，安らかで落ち着いており，度量が大きかった。

　青年時代の揚雄は，辞賦を好み，今日なお文学者としての令名は高い。彼は蜀地の風尚であった文学好きの影響を受け，とりわけ同郷の司馬相如（前179～前117）を慕って，賦を作るごとに相如の作品を手本とした。また揚雄は，世に悲観し，自ら江水に身を投じた屈原（前343～前278）の『離騒』に深く感銘を受け，『反離騒』を作り，その死を哀悼した。

　30歳ごろ初めて都の京師に上るが，「孝成帝の時，雄の文が相如のそれに似ている」（『漢書』揚雄伝）として，彼の文学の才能を推薦する者がおり，これが認められて待詔（皇帝の下問に答える者）となった。同年12月に成帝の羽猟に随行し，『羽猟賦』を奏上することにより，さらに郎に進み，黄門に給事することになるが，これを機に王莽（→92頁）・劉歆（？～23）と同僚となり，交遊を結んだ。劉歆との出会いは，さらに揚雄に貴重な交友関係をもたらした。それは，班氏一門との交遊であった。

Ⅱ　秦漢〜隋唐

　揚雄と班氏一門との交遊は，班固（→81頁）の曾祖父班斿に始まる。班斿は「博学にして俊材」（『漢書』叙伝）と称され，劉向（→82頁）と共に祕府（宮中の書庫）の書を校する仕事に携わっていた人物であった。さらに斿の後，子の嗣と交流が続いたが，班嗣は当時異端とされていた道家の思想に精通していた人物として知られていた。このときの班氏一門との交遊は，揚雄が在蜀時代から好み，かつ学んでいた道家思想への理解を一層深めていく重要な契機となった。

　揚雄は黄門郎に除せられてから，成・哀・平帝の３代を歴任したが，王莽の帝位簒奪に至り，初めて大中大夫となった。しかし王莽の始建国２（10）年，揚雄63歳のとき，劉棻の符命事件に巻き込まれる。揚雄はこのとき天祿閣から身を投じ，自殺をはかったが，辛うじて一命を取り留めた。投閣後，王莽は詔して彼の罪を不問に付したが，揚雄は病気を理由に辞職する。その後，再び召されて大夫となり，王莽の天鳳５（18）年，71歳をもって没した。

　揚雄は後年，賦の制作をやめて学問的著述に専念した。著述には，『易』と『論語』に準えて作った『太玄』と『法言』がある。また『爾雅』の体例に倣って各地の様々な方言を集録し，一名一物について言辞の異同を詳述した『方言』がある。彼の学問は文学・思想・言語と広い分野に及ぶものであった。

　『太玄』は『易』を模倣して作られた。『易』の64卦に対して，『太玄』には81首があり，一卦の六爻に対して，一首ごとに九賛がある。さらに『易』の卦辞と爻辞に対して，『太玄』には首辞と賛辞がある。また『易』の384爻にはそれぞれの爻辞を解説する象辞（小象）が付いているが，『太玄』の729賛にはそれぞれの賛辞を解説する測辞が付いている。

　また，易伝の十翼に対応するものに，『太玄』には「玄衝」「玄錯」「玄攡」「玄瑩」「玄数」「玄文」「玄捝」「玄図」「玄告」の９篇がある。そのうち「玄攡」「玄瑩」「玄捝」「玄図」「玄告」の５篇は，『易』の繋辞伝に相応し，「玄文」は文言伝に，「玄数」は説卦伝に，「玄衝」は序卦伝に，「玄錯」は雑卦伝にそれぞれ相応する。

　『易』の卦は，￣（陽・九）￣￣（陰・六）の二爻（二画）を基本として，六爻・六位（隨卦▉下位から初九・六二・六三・九四・九五・上六と呼ぶ）から

84

揚 雄

表1 『易』と『太玄』

易	太玄
▬（陽・九）▬▬（陰・六）	▬（天・一）▬▬（地・二）▬▬▬（人・三）
六爻・六位（随卦䷐）（初九 六二 六三 九四 九五 上六）	四画・四位（毅首䷀）（二方・一州・一部・三家）
六爻辞（初九 六二 六三 九四 九五 上六）	九賛辞（初一 次二 次三 次四 次五 次六 次七 次八 上九）
$2^6 = 64$（卦）	$3^4 = 81$（首）
1卦6爻・6爻辞・64卦384爻（辞）	1首4画（4位）・9賛辞・81首729賛辞

成り，全部で64卦からなる。これに対して『太玄』の首は，▬（天・一）▬▬
（地・二）▬▬▬（人・三）の三画を基本として，四位（毅首䷀上位から二方・一
州
しゅう
・一部
ぶ
・三家
か
と呼ぶ）から成り，全部で81首からなる。また『易』は一卦六
爻（六位）に六爻辞があって，爻と爻辞が対応しているのに対し，『太玄』は
一首四画（四位）に九賛辞（初一
しょいち
・次二
じじ
・次三
じさん
・次四
じし
・次五
じご
・次六
じろく
・次七
じしち
・次八
じはち
・
上
じょう
九
きゅう
と呼ぶ）が付いており，位の数と賛辞の数が対応しないのが特徴。この
ように『太玄』は『易』に準えながら，『易』とは異なった数理体系を形成し
ている。とりわけ，『易』が陰陽二元論であるのに対し，一・二・三（もしく
は天・地・人）の三元論を基礎においていることは，『太玄』の最大の特徴であ
る（表1）。

『太玄』は，一・二・三の三元論をもとに一玄・三方・九州・二十七部・八
十一家・二百四十三表・七百二十九賛と，三進法的ヒエラルキーを形成してい
る（図1）。揚雄はいう。「『太玄』の首四重は，卦ではなく数である。その用
は天の元気
げんき
の運行より一昼
ちゅう
一夜
や
・陰陽
いんよう
・数度
すうど
・律暦
りつれき
の紀
のり
を推しはかるもので，
九九八十一首の大運は天とともに終始する。それゆえ『太玄』は三方・九州・
二十七部・八十一家・二百四十三表・七百二十九賛となり，これを三巻に分け
て一二三といい，泰初暦
たいしょれき
（太初暦）と相応ず」（『漢書』揚雄伝）と。このように
『太玄』が81首729賛という数値を用い，「三」の定数による三進法的数理構造
を形成している背景には，前漢の律暦思想
りつれきしそう
の影響がある。

前漢の易学は，易の64卦384爻の数理体系を，計量科学の天文暦法と結合さ
せ，儒教経学
じゅきょうけいがく
の普遍性・真理性を証明しようとした。しかしながら，本来的

85

II 秦漢〜隋唐

図1 太玄の三進法

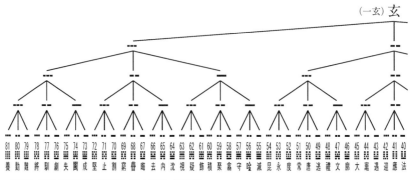

(出典) 辛賢『漢易術数論研究』(汲古書院, 2002年)

に相容れない易と暦面との数理体系を整合的に関係づける作業は難渋し, 試行錯誤が繰り返された。その中で, 1つの解答を与えたのは揚雄の『太玄』である。

前漢武帝の太初元(前104)年の改暦により, 従来の四分暦に代わり官暦として採用されたのが太初暦である。太初暦は八十一分暦とも称され, 1日を81分する。81の数は音律の基本である黄鍾(ド)の律管(笛)の一龠(0.00194リットル)の容量から見出された数である。それはまた**三分損益法**と呼ばれる音律理論に深く関係している。黄鍾の律管の長さ(9寸)を基準に, 3対2, または3対4の比率で律管を作り, 十二律を完成する理論であるが, 三分損益法のキーポイントは, 律管を3分割した長さに数の基盤をおいている点である。このように音楽音響学の数理を基礎におき, 天文暦法までを1つの理法の下につらぬこうとする思想を律暦思想と呼ぶ。前漢の太初暦はその理念の下で制作された暦法であった。そして揚雄の『太玄』は,「三」の定数によって貫かれた律暦(太初暦)の上に『易』を再構築し, 経学世界における普遍的真理を証明しようとしたのである。すなわち,『太玄』は, 陰陽二爻(二進法)を根幹とする『易』(64卦384爻)の数理体系に根本からメスを入れ, 暦面(太初暦)に『易』を引き寄せ, 律と暦と易との結合による宇宙論的数理構造を構築したのである。それは孟喜・京房の**卦気説**を代表とする前漢の象数易学が抱えてい

揚　雄

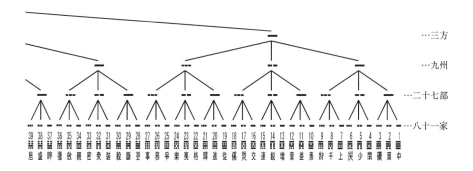

た課題に1つの解答を与えるものであったのである。
　『法言』は『論語』に倣って作られた。『法言』が『論語』を模倣している一例を挙げてみる。『論語』雍也篇に「犂牛の子，騂にしてかつ角あらば，用うるなからんと欲すと雖も，山川それこれを舎てんや」とあるが，『法言』修身篇に「或るひと問う，犂牛の鞹と玄騂の鞹とは以て異なるありや。曰く，同じ，と」とあって，「犂牛」と「騂」の字を『論語』から取っている。さらに全体の文意に関しては，『論語』顔淵篇の「文は猶お質の如く，質は猶お文の如し。虎豹の鞹は猶お犬羊の鞹の如し」によっているのである。
　『法言』は「学行」「吾子」「修身」「天道」「問神」「問明」「寡見」「五百」「失知」「重黎」「淵騫」「君子」「孝至」の13篇で構成される。冒頭の「学行」「吾子」の2篇は，孔子の道を顕彰し，異端を排除すべきことを述べており，『法言』全体において「序」に当たる。中間の「修身」から「淵騫」までの9篇は，その有用性・実践論・歴史人物評が詳述されており，最後の「君子」「孝至」の2篇では，「孝」を通じて「治国平天下」へという儒教的理想国家の実現を述べて締めくくっている。

87

Ⅱ　秦漢～隋唐

揚雄との対話

　『太玄』や『法言』はどのように評価されましたか。

　高く評価する人もいれば，酷評する人もいて，評価は極端に分かれました。

孔子の後より，文を綴るの士衆し。唯だ孟軻・孫況・董仲舒・司馬遷・劉向・揚雄，此の数公は，皆博物洽聞にして，古今に通達するに其の言世に補有り。(『漢書』劉向伝賛)

【訳】孔子以後，文章を綴る学士は多いが，ただ孟子・荀子・董仲舒・司馬遷・劉向・揚雄だけが卓越している。この数公は，皆博識で見聞広く，古今の事物に精通しており，その言説は世に補益するところがあった。

漢の書を作る者多し。司馬子長・揚子雲は河・漢なり。其の余は涇・渭なり。然り而して子長には臆中の説少なく，子雲には世俗の論無し。(王充『論衡』案書篇)

【訳】漢代の著述家は多い。司馬遷と揚雄を黄河・漢水に喩えられるなら，それ以外は涇水・渭水である。司馬遷には臆断が少なく，揚雄には俗論が無かった。

此の人（雄）は，直だ算術に曉く，陰陽を解せるを以ての故に太玄経を著し，為に数子（桓譚・葛洪）は惑わされしのみ。其の遺言余行は，孫卿・屈原にこれ及ばず。安んぞ敢えて大聖の清塵を望まんや。且つ太玄は，今竟に何にか用いん。啻に「醬の瓿を覆う」のみならざるなり。(顔之推『顔氏家訓』文章篇)

【訳】揚雄という男は，たかが算術が分かって，陰陽説が分かるだけで，『太玄経』を作り，わずか数名の人がそれに迷わされているに過ぎない。彼が遺した言行は，仮に荀子や屈原らと比べて及ばないことはあるにせよ，大聖（孔子）の遺されたご教化と比べようなど，もっての他なのだ。また『太玄経』は結局今の時代に何の役に立っているというのか。まったく「みそがめのふた」（劉歆の言葉）ほどの意味さえ怪しいのである。

揚雄は則ち全く是れ黄老なり。某 嘗て説く，揚雄最も無用にして真に是れ一腐儒なり。(『朱子語類』戦国漢唐諸子)

【訳】揚雄の思想はまるっきり黄老思想から来ている。わたしは以前にも言ったが，

揚　雄

揚雄の著述は全く使いものにならず，とんでもない一腐儒である。

Q 『易』は一卦に六爻六爻辞とぴったり対応していますが，『太玄』は一首四画に九つの賛辞がついており，互いに対応しないのはなぜですか。

A 一首（四画九賛）に限定せず，八十一首七百二十九賛の全体を通してみれば，見事に統一された数理構造であることが分かります。

玄の画たるや，則ち上より而〔しか〕して下，内より而して外なり。 ▬▬▬▬▪▬▪▪▬▪▪▪ ⁞⁞⁞の九首を以て，三部三家にして互いに之を重ぬ。故に其れ窮まりて八十一首を為す。（葉子奇〔しょうしき〕『太玄本旨〔たいげんほんし〕』原序）

【訳】『太玄』の首四画（上から方・州・部・家）は，上から下へ，内側から外側へ進む。（三方三州の） ▬▬▬▬▪▬▪▪▬▪▪▪ ⁞⁞⁞（1.1 1.2 1.3 2.1 2.2 2.3 3.1 3.2 3.3）の九首を三部三家の九首に互いに重ねる。その窮まるところ，八十一首ができあがる。

▶ 『易』の64卦は八卦（三画）×八卦（三画）の重卦〔ちょうか〕方式によって成り立っている。『太玄』の81首も，九首（二画）×九首（二画）によるもの。これに九賛を合わせると，九首（二画）×九首（二画）×九賛ということで，「首」と「賛」とは，すべて「九」によって統合されている。さらに九首（二画）・九首（二画）・九賛は，いずれも（1.1）（1.2）（1.3）（2.1）（2.2）（2.3）（3.1）（3.2）（3.3）という一・二・三の数列によるもの。『太玄』の81首729賛は，前漢の律暦思想における「三」の定数に基づいた，律と暦と易との有機的数理構造として構築されたものである。『太玄』において一首の四画九賛という，一見歪な仕組みが取られている理由である。

Q 人間の本性は善ですか，悪ですか。

A 人間の本性は善と悪とが混合している。環境や教育の善し悪しで人は善くも悪くもなります。

人の性や善悪混〔ま〕じれり。その善を修むれば則ち善人となり，その悪を修むれば則ち悪人となる。気なる者は善悪に適〔ゆ〕く所以〔ゆえん〕の馬ならんか。（『法言』修身篇）

【訳】人の天性には善と悪とが混合している。その善い性質を修めれば善人となり，その悪い性質を修めれば悪人となる。気というものは，この善か悪かへ向かう際，我々を乗せて運ぶ馬といえるだろう。

89

Ⅱ　秦漢〜隋唐

学とは性を修むる所以なり。視・聴・言・貌・思は性の有するところなり。学べば則ち正。否ずんば，則ち邪。(『法言』学行篇)

【訳】学とは生まれつきの性質の中，善を育てて悪を除くことである。視る・聴く・言う・容貌態度・思うの5つ(『書経』洪範篇の「五事」)が人間の性質の中に含まれているが，学べばそれらは正となり，学ばなければ邪となる。

習なるかな習。非を習うの是に勝るを以てなり。況んや是を習うの非に勝るをや。(『法言』学行篇)

【訳】学習の力はおそろしいものだな。邪道を習えば，やがて正道をも負かすほどだから。ましてや正道を習えば，邪道に打ち勝つこと言うまでもあるまい。

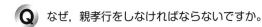

Q　なぜ，親孝行をしなければならないですか。

A　孝は人として守るべき最高の道徳であり，人間的精神の母胎であるからです。

孝は至れるかな。一言にして該ね，聖人も加えず。(『法言』孝至篇)

【訳】孝行は人道の極致であるよ。ただ一言，孝というのみで，他の全ての徳行がこれに含まれる。聖人といえども，これに付加するものを持たない。

父母は子の天地か。天無くんば何ぞ生ぜん。地無くんば何ぞ形せん。天地，万物を裕にするや。万物，天地を裕にするや。父母の裕を裕とするは，裕とせざるなり。(『法言』孝至篇)

【訳】父母というものは，子にとって天地のようなものであろうか。万物の根源たる天がなければ，何物も生まれ出ることができない。万物の母胎たる地がなければ，何物も形体を持つことができない。されば天地が万物を満足させるのか。万物が天地を満足させるのか。言わずとも明らかであろう。万物が天地の限りなき恩恵を受けているように，子もまた父母の豊かな愛情に育まれているもので，それをどのくらい豊かだと意識している程度では，まだ本当に父母の恩愛の大きさを知るとは言えないのである。それ故，子はどれほど孝養を尽くそうとも，これで十分ということはあり得ないのであって，父母のために尽くしてまだまだ十分でないことを痛感する者こそ，大孝の人である。

＊『法言』の訳は，鈴木喜一『法言』による。

揚　雄

● 用語解説

三分損益法　基音となる黄鍾（ド）の律管の長さを基準に，その長さの3分の1だけ短くした律管を作ると，音の高さは純正5度高い林鍾（ソ）になる。さらに林鍾の長さの3分の1を長くした律管を作ると，音の高さは純正4度低い太蔟（レ）になり，また太蔟の長さの3分の1を短くすると，純正5度高い南呂（ラ）になる。このように前声の律管の長さに3分の2倍（下生・三分損一），または3分の4倍（上生・三分益一）を繰り返すことにより，黄鍾（ド）・林鍾（ソ）・太蔟（レ）・南呂（ラ）・姑洗（ミ）・応鍾（シ）・蕤賓（ファ#）・大呂（ド#）・夷則（ソ#）・夾鍾（レ#）・無射（ラ#）・仲呂（ファ）といった12音が完成され，再び黄鍾に戻る。西欧のピタゴラス音律と同理論。

卦気説　前漢の孟喜・京房によって考案された易説。易の64卦384爻を1年の12月24気72候365日の暦日と結合させ，災異を占い，政治の得失を明らかにしようとした易説である。卦爻の変化は陰陽二気の消長変化を表わすものと考えられ，易の卦爻と天文暦法との結合による占候の計量化・精密化をはかったものである。

● より深く学ぶために

〈原典・訳〉

鈴木由次郎『太玄易の研究』（明徳出版社，1964年）

＊『太玄』の全訳が載っており，『太玄』の構造・思想について詳述されている。

鈴木喜一『法言』（明徳出版社，1972年）

＊『法言』の全訳本。原文・読み下し文・現代語訳・語注が付されている。

〈入門・解説書〉

堀池信夫『漢魏思想史研究』（明治書院，1988年）

＊『太玄』の三進法的構造を明らかにし，その儒教経学的意味を明らかにしている。

川原秀城『中国の科学思想』（創文社，1996年）

＊前漢の太初暦に基づいて構築された太玄暦の数理体系を明らかにしている。

辛賢『漢易術数論研究』（汲古書院，2002年）

＊『太玄』における首（4画）と賛（9賛）の構造を無矛盾的な数理構造として解明している。

（辛　賢）

王　莽

（おうもう：前45〜23）

🌙 生涯と思想

　王莽は，新の初代皇帝（在位8〜23年）で，前漢元帝の王皇后の庶母弟である王曼の子であり，字を巨君という。王莽自身は，創造的な思想家ではないが，前漢を簒奪して新を建国する中で施行した制度は，劉向（→82頁）・劉歆の思想的営為を反映している。そして，天の祭祀を中心とする王莽の諸政策は，後の中国国家が古典として規範と仰ぐ「古典中国」の基礎となり，朱熹（→187頁）によってそれが変革されるまで，後世に圧倒的な影響を与えた。

　王莽は，外戚として成帝期に勢力を伸ばし，哀帝期に一時的に失脚したものの，平帝期には娘を皇后に立て，政権を掌握した。平帝が崩御すると，讖緯思想を利用して2歳の孺子嬰を皇太子とし，自らは仮皇帝と称し摂政を行った。讖は，詭って隠語をつくり，予め吉凶を決する予言説である。緯とは本来，経書を解説・敷衍したものであった。しかし，緯書は多く讖の要素を含んでいるため，その表現する思想を一括して讖緯思想と呼ぶ。中でも，王莽が信仰した緯書は，天が善政を称えて鳳凰や龍を出現させるといった瑞祥を伴うため，特に符命と呼ばれる。符命は，天命による革命の正統化を担った。

　もちろん，王莽の革命は，符命だけに依拠したわけではない。『春秋左氏伝』など古文学の経義に基づき，漢堯後説や王莽舜後説などを論理的に構築したことと補完しあっている。堯が舜に禅譲したことに準えて，王莽は漢を禅譲する理論を創り上げたのである。それでも居摂3（8）年，「摂皇帝当に真と為るべし」という符命に依拠し，そして哀章が天と劉邦が禅譲を認める「金匱図」と「金策書」を奉ることで，王莽は天子の位に即き，国号を新と定めた。

　王莽による儒教を利用した簒奪に，儒者の多くが反対しなかった理由は，王

莽が儒教に基づく天地の国家祭祀を完成したことによる。儒教において，君主は，天子として天地を祀り，皇帝として宗廟を祀る。天は首都の南の郊外で，地は北の郊外で祀るため，これを郊祀と呼ぶ。王莽は，正月に南郊で天子が親祭して天を祀り，冬至に南郊で天を祀り夏至に北郊で地を祀ることは，役人に代行して行わせる（有司摂事と呼ぶ）という，儒教的な天地祭祀の基本を作りあげた。これは中国の古典的国制として20世紀の清末まで続けられた。北京に残る天壇はその跡地である。また，皇帝の先祖は宗廟で祀るが，昭穆制（霊位の席次で，太祖を中心に2世・4世・6世の祖先を並べ昭，左に3世・5世・7世の祖先を並べ穆と呼ぶ）に基づく漢の七廟を定めた者も王莽であった。

　王莽は，即位以降も次々と符命を利用する一方で，経書では『周礼』に基づく政策を展開した。王莽の台頭は，豪族の大土地所有により高まる社会不安を背景としていた。そこで王莽は，『周礼』に記された周の土地制度を規範に，耕地を王田，奴婢を私属と称して売買を禁止する王田制を発布した。また，貨幣を改鋳するなど新政策を次々と打ち出した。しかし，王莽の政策は，儒教の理想である周の制度を『周礼』を典拠に復興するもので，現実とは合わなかった。貨幣の度重なる改鋳は経済を混乱させ，王田制は豪族の利益を損なって，大きな反発を受けた。また，外交でも，儒教の中華思想に基づき，匈奴や高句麗の王号を取りあげ，「降奴服于」「下句麗侯」という称号を押しつけ，離反を招いた。こうして赤眉の乱を契機に，新は建国後わずか15年で滅亡する。

　しかし，王莽が定めた中国の古典的国制は，後漢に継承される。第3代の章帝の時には，後漢国家の儒教経義を定める白虎観会議が開かれ，国家を正統化する理論を備えた儒教が，具体的な統治の場でも用いられていく。王莽，そして後漢の初代光武帝による儒教の尊崇を要因として，章帝期に漢は「儒教国家」を確立し，儒教の国教化を成し遂げたのである。そして，中国は自らが生きる国家や社会が限界を迎えるとき，「古典」とすべき中国像をそこに求めた。それを「古典中国」と称するのであれば，「古典中国」は，「儒教国家」の国制として後漢の章帝期に白虎観会議により定められた中国の古典的国制と，それを正統化する儒教の経義により構成される。その基本は，王莽のときに定められたのである。

Ⅱ　秦漢～隋唐

王莽との対話

Q　どのような制度を施行すれば，民は安定して暮らせますか。

A　封建・井田・大一統という理想のうち，井田の実現が民を豊かにします。

予　前に大麓に在り，始めて天下の公田をして口井せしむ。時に則ち嘉禾の祥
有るも，反虜・逆賊に遭いて且く止む。今更めて天下の田を名づけて王田と
曰い，奴婢を私属と曰い，皆　売買するを得ざらしむ。其の男口八に盈たずし
て，田一井を過ぐる者は，余田を分ちて九族・鄰里・郷党に予えよ。故より
田無く，今当に田を受くる者は，制度の如くせよ。（『漢書』王莽伝中）

【訳】予はこの前に大麓(1)にいたとき，初めて天下の公田(2)を人ごとに井田として分けた。
そのとき嘉禾（めでたい稲穂）の瑞祥もあったが，反乱する異民族と逆賊のためしば
らく止めていた。今改めて天下の田を名づけて王田といい，奴婢を私属といい，共に
売買できないようにせよ。（井田の一区画で）男子が八人(3)に満たず，田が一井(4)の分を
過ぎる者は，余分の田を分けて九族・隣里・郷党に与えよ。もともと田を持たず，い
ま田を受ける者は，制度のとおりとせよ。

▶(1)「大麓」とは，王莽が祖と仰ぐ舜が試練に耐え，堯から禅譲を受ける契機となっ
た土地である。その場所で(2)「公田」を分配して瑞祥があったことを拠りどころに，
王莽は，王田制の施行を命じた。王田制は，『孟子』の井田制の特徴である「公田」，
(3)「八」家，(4)「一井」という字句を用いるように，『孟子』を典拠とする。ただし，
王田制は，井田の中に公田を設けることは継承しておらず，『孟子』を典拠としなが
らも，「制度のとおりとせよ」という最後の文言に示されるように，飢饉のときなど
に，農民に公田を耕させた漢代の公田分与を前提としながら，井田思想を現実に合わ
せて展開されようとした。

Q　どのような世界になれば，太平は実現しますか。

A　『周礼』に基づき，封建を整備し大一統を実現すれば，太平が実現します。

公の甸服と作るもの，是れを惟城と為す。諸の侯服に在るもの，是れを惟寧
と為す。采・任に在る諸侯，是れを惟翰と為す。賓服に在るもの，是を惟屏と

94

王 莽

為す。文教を挍り，武衛を奮うに在るもの，是れを惟垣と為す。九州の外に在
るもの，是れを惟藩と為す。(『漢書』王莽伝中)

【訳】公爵の旬服⁽¹⁾となるもの，これを惟城とする。もろもろの侯服⁽²⁾に在るもの，これ
を惟寧とする。采服⁽³⁾・任(男)⁽⁴⁾服に居る諸侯，これを惟翰とする。賓(衛)⁽⁵⁾服に居る
もの，これを惟屏とする。文教をはかり，武衛を奮うためのもの，これを惟垣とする。
九州の外に居るもの，これを惟藩⁽⁶⁾とする。

▶王莽の天下は，直接支配する畿内のほか，(1)「旬服」(2)「侯服」(3)「采服」(4)「男
(任)服」(5)「衛(賓)服」から成る「九州」，「九州の外に在る」(6)「惟藩」により
構成される。従来の天下観とは異なり，九州の外に住む夷狄の居住地をも含む。これ
は『周礼』に基づく。儒教経典の中で『周礼』だけが，天下に夷狄を含むのは，匈奴
が帰服していた成帝期のころに，劉向・劉歆によって校書されたという『周礼』の出
現時における国際情勢が刻印されているためである。こうして王莽は，夷狄を包括す
る『周礼』の天下概念を根底に置き，それを「大一統」すべきと観念する「理念の帝
国」を創りあげたのである。

🌑 用語解説

劉歆(？〜23)　父の劉向と共に宮中の図書を校訂し，古文経典を整備，それを学官に
立てることを求め，王莽により実現されて新の国師となった。また，音律を暦法の中核
に置く三統暦を創り，度量衡を改訂した。のち王莽と対立し，殺害された。
古文学　孔子(→5頁)旧宅の壁中や民間から発見されたとする古い文字(古文)で書
かれた『周礼』『春秋左氏伝』などの経書を修める学問。当時に使用された今文で書かれ
た『礼記』『春秋公羊伝』などを修める漢の官学であった今文学に対抗した。

🌑 より深く学ぶために

〈入門・解説書〉

渡邉義浩『王莽——改革者の孤独』(大修館書店，2012年)
＊王莽の伝記の形を取りながら，その思想を描き，王莽の目指した「古典中国」とその
限界を明らかにしている。

(渡邉義浩)

95

王 充

（おうじゅう：27〜100ごろ）

🌑 生涯と思想

　王充は後漢の思想家。字は仲任。後漢の光武帝の建武3（27）年，会稽郡上虞（浙江省）に生まれた。その先祖は，魏郡元城（河北省）の人であったが，祖父王汎の代で銭唐（浙江省杭州）へ移り，商業で生計を立てた。汎には蒙と誦という2人の子供がおり，次男の誦が王充の父親である。王誦は先祖譲りの義侠心が強く，それが災いして勢力家の丁伯らの恨みを買い，一家そろって上虞に移り住むことになった。

　王充は幼少時から一風変わった子供だった。蝉とりや木登りなどをして遊ぶ仲間と違って，充だけはそれらに興味を示さなかったという。6歳のとき，読み書きを教えられた。8歳のとき，塾に通い，師について『論語』と『書』を学んだ。やがて経書に精通するようになり，独自の学問研究を目指して師のもとを離れる。

　青年時に首都の洛陽にある太学（国立大学）へ留学し，班固（→81頁）の父，班彪に師事した。貧しかったため，書籍を買う余裕もなく，本屋に出かけ，立ち読みしては即座に記憶し，広く諸家の言に通じた。王充は，当時のオーソドックスな学風を好まなかった。「博覧を好んで章句を守らず」（『後漢書』王充伝）と，一経専門の伝統的な家法によって経典を解釈する，いわゆる章句の学を好まず，従来の枠にとらわれない自由な学問研究を志した。やがて官途につき，県に勤めていたとき，位は掾功曹（総務課長）に進んだ。その後，都尉（軍役所）に勤めていたときも，位は掾功曹であった。その後も地方官署の役人を歴任するものの，生来の頑固な性格から上司たちといざこざを起こし，生涯の大半は不遇の下級役人に止まった。60歳で辞職して郷里に帰り，弟子の教育のかたわら，著述活動に専念した。主著に25年もの歳月をかけて完成した

王　充

『論衡』85篇がある。そのほか『譏俗』『政務』『養性』といった著述もあったらしいが，のち『論衡』に統合された。

　『論衡』は，書名のごとく，真偽を天秤（「衡」）にかけ，公正な真理を導き出すところに著述の意図があった。王充は自ら考えて疑わしい点があれば，忖度せず，異論を立てるという姿勢を貫いた。『論衡』の最大の特徴は，既成概念，知識一般に対する批判精神と，厳格な実証主義にある。まずその批判のターゲットとなったのは，董仲舒（→73頁）であった。国家に失政が起きると，天は災害や怪異を出して譴告し，最悪の場合，国家を破滅に至らせるという董仲舒の天譴説は，両漢を通じて広く受け入れられたが，王充は「天道は自然であり無為である。もし人を譴告したりするならば，有為（作為）となり自然ではなくなってしまう」（『論衡』譴告篇）と言い，天の有意志性・宗教的な主宰者性を根本から否定した。さらに王充は「天を自然無為と言うのはなぜか。それが気だからである」（『論衡』自然篇）と，「天」は気によって担われている自然そのものであり，万物は気の物理的な働きによって自ずから生まれ，自ずから為るとして，万物の自律性を強調した。

　王充の自然思想は，人生哲学にも影響し，人生の中で迎える様々な出来事はあらかじめそうなるように定められており，人間の意志や努力によって変えられない運命に支配されているという命定論を主張した。人間には生まれながら「賦性」（天性の気質），「寿命」（身体の強弱，生命の夭寿），「禄命」（富貴貧賎），「遭命」（行為の善悪と吉凶禍福との因果は一致しない）があり，行いの善し悪しによって吉福・凶禍が決まるといった従来の随命説と一線を画した。また王充は鬼（霊魂）の存在を否定する。人間の霊魂は肉体の死と共に消滅し，生まれる前の元気に復帰する。死後の霊魂は自意識がなく，そのため，生きている人に影響を与えるようなことはないとして当時の鬼神論を攻撃し，桓譚（前40～31）以来の無神論を徹底させた。

　王充はいう。「世の学者は好んで師を信じ古を是として，聖賢の言に疑問を抱くことすらないのは大きな誤りである。聖賢の言説とても，誤りや矛盾がないわけではないのに，お勉強だけに終始して聖賢の名に惑わされ，疑問すらもとうとしない」（『論衡』問孔篇）と。王充の強烈な批判精神は，『論衡』問孔

97

Ⅱ　秦漢〜隋唐

篇・刺孟篇からもうかがえるように，孔子や孟子の言説さえ聖域ではなかったのである。彼の論証は経験論的立場で身近に検証できるものに限られたものの，その聖域なき批判精神は，『論衡』が独創性あふれる著述と見なされる所以でもある。

Q 運命はありますか。

A あります。誰一人として運命から逃れられません。

凡そ人，偶遇と及び累害とに遭うは，皆命に由るなり。死生寿夭の命有り，亦た貴賎貧富の命有り。王公自り庶人に逮ぶまで，聖賢より下愚に及ぶまで，凡そ首目有るの類，血を含むの属は，命有らざる莫し。（『論衡』命禄篇）

【訳】人が幸運にめぐりあったり，苦難に遭遇したりするのは，すべてあらかじめ定められた運命のしわざである。人の死生・寿夭を決めるのも運命であり，貴賎・貧富を定めるのも運命である。王公から庶民まで，また聖賢から愚かな者まで，頭や目があり，血の通っているあらゆる存在者の中で，誰一人として運命から逃れられない。

Q 世間では人が死ぬと鬼（亡霊）となり，生きている人に悪さをするといいますが，本当ですか。

A 「鬼」とは「帰」するという意味で，人は死ぬと大地に帰るだけです。

人の生くる所以の者は，精気あればなり。死すれば精気滅す。能く精気を為す者は，血脈なり。人死して血脈竭き，竭くれば精気滅し，滅すれば形体朽ち，朽つれば灰土となる，何を用て鬼と為らん。（『論衡』論死篇）

【訳】人が生きているのは精気によるのであって，死ぬと精気は滅びてしまう。精気を起こせるのは血脈だ。人が死ぬと血脈は止まり，止まると精気は滅び，滅びると身体は腐り，腐ると灰や土になる。どうして鬼になることがあろうか。

人耳目無くんば，則ち知る所無し。故に聾盲の人は，草木に比す。夫れ精気の人を去るは，豈に徒だ耳目無きと同じきのみならんや。朽つれば則ち消亡し，

王 充

荒忽として見えず，故に之を鬼神と謂う。……人死して精神は天に升り，骸骨は土に帰す，故に之を鬼神と謂う。鬼は帰なり。神は荒忽として形無き者なり。（『論衡』論死篇）

【訳】人に耳や目がなければ，何も分からないわけだから，盲者や聾者は草木になぞらえる。けれども，精気が人を離れるのは，ただ耳や目がなくなるのと同じだなどということがあろうか。腐れば消えうせ，とりとめもなく拡散して見えなくなってしまう。そこでそれを鬼神というのだ。……人が死ぬと精神は天に昇り，身体は土に帰する。ゆえにそれを鬼神という。鬼とは帰であり，神とは拡散して形のないものである。

▶鬼神は死者の霊魂，または自然神として，古くから人々の日常生活に様々な影響を及ぼすものと考えられた。『墨子』明鬼篇には，周宣王に罪を着せられ殺された周の杜伯が鬼神となって周宣王を誅するという，死者が恨みをもつ相手に復讐をする神霊物語が散見される。この他に鬼神は人間界を監視し，善行を行う者には賞を与え，悪事を働く者には罰を下すという，現実世界を秩序づける存在としても考えられ，古代の人々の観念に深く浸透していた。これに対して王充は「凡そ天地の間に鬼有るは，人死して精神これと為るに非ざるなり，皆人の思念・存想の致す所なり」（『論衡』訂鬼篇）と，鬼は人の思念の招くものであるとして，当時の鬼神信仰を批判し，死者の肉体と精神，魂魄は天地自然に帰るのみであるという合理的な自然思想を展開した。

＊論死篇の訳は，大瀧一雄『論衡──漢代の異端的思想』を基にしている。

◗ 用語解説

桓譚（前40〜31） 前漢末から後漢初の思想家。著述に『新論』がある。五経に精通し，古文学派（一経専門の家法による解釈学の今文学派に対し，古文経を拠りどころにして五経全般を貫通する解釈学）として劉歆・揚雄（→83頁）と交遊を結んだ。特に揚雄の学問に深い理解を示し，「絶倫」と称揚した。後漢に大流行した讖緯説（予言説）を批判したことが，図讖好きの光武帝の逆鱗に触れたが，危うく死を免れた。王充は桓譚の著述に大きな影響を受けた1人である。

◗ より深く学ぶために

〈原典・訳〉
大瀧一雄『論衡──漢代の異端的思想』（平凡社，1965年）

99

Ⅱ　秦漢〜隋唐

＊『論衡』の抄訳本（自紀・物勢・異虚・雷虚・芸増等，計14篇）。現代日本語訳のみ。平易で馴染みやすい日本語訳がなされており，読みやすい。

山田勝美『論衡　上・中・下』（新釈漢文大系68・69・94，明治書院，1976・1979・1984年）

＊『論衡』の全訳本。原文・書き下し文・通釈・校異・語釈が掲載されている。

綿貫誠『論衡』（明徳出版社，1983年）

＊『論衡』の抄訳本（逢遇・累害・命禄・気寿等，計８篇）。原文・書き下し文・現代日本語訳の構成。

〈入門・解説書〉

佐藤匡玄『論衡の研究』（創文社，1981年）

＊『論衡』の成立をめぐる諸問題および王充の事跡・思想全般にわたって詳細な考察が行われている。

戸川芳郎『漢代の学術と文化』（研文出版，2002年）

＊王充の命定論・人格論などの諸思想に対する考察と共に，『四庫全書総目提要』の『論衡』の訳注が掲載されている。巻末に井ノ口哲也編「王充・『論衡』関係研究論著目録」が付されている。

（辛　賢）

◆コラム◆ 許 慎（きょしん：30〜124）

　許慎は後漢中期から後期にかけての人物であり，字は叔重という。彼の伝は『後漢書』儒林伝に見えるが，至って簡素なものである。ゆえに，その経歴については息子の許沖が奏上した「上説文解字表」に依拠する部分が大きい。許慎の師である賈逵は，白虎観会議にも出席した古文学の大儒であった。そのため，許慎の学問的立場もまた古文学に位置づけられている。彼の博学ぶりは当時より「五経無双」と評されていた。

　彼の著作には『五経異義』『淮南子注』『説文解字』がある。そのうち『五経異義』と『淮南子注』は断片的にしか残存していないが，『五経異義』は後漢中期の経学を考える上で重要な文献の1つである。その内容は，古来経義が明らかでない部分について今文・古文の両説を勘案し，解釈を加えたものである。一般に古文学派と評される許慎だが，古文よりも今文が解釈としてすぐれる場合には，今文の解釈を採用することもあった。彼の今古文兼修の態度は，後に馬融，鄭玄（→102頁）によって継承され，大成されることとなる。なお，許慎の『五経異義』に対して『駁五経異義』を著し，その説に反駁したのが鄭玄であった。

　許慎の代表的著作は『説文解字』である。『説文解字』は漢字の字形と字義について体系的に示した中国史上最初の字書である。全15巻から成り，永元12（100）年に完成し，建光元（121）年，子の許沖によって安帝に献上された。部首は540部，親字（見出し字）は9353字に上る。

　字書の制作理由について，許慎は『説文解字』の序文（許序）において「文字というものは，経典の根本であり，王者の政治の基礎であり，前代が後世に規範を示し，後の人が古代をよく理解する素材となるもの」と述べている。儒教は聖人が文字によって記した経典を原基とする。したがって，それを明らかにすることは，聖人の意志を明らかにし，聖人の意志に基づいた政治を行うことに繋がる。ゆえに「政治の基礎」なのである。

　また，文字について体系的な書物を著すことは，1つの宇宙観を提示するという側面をもつ。同じく許序には「文とは物や象の本であり，字とは（そこから）生成展開してしだいに派生していくもの」とあり，『説文解字』が経書『周易』の思想に依拠して記された書物であることがうかがえる。『周易』では「易」の六十四卦によって万物を象徴的に表わそうとしたが，それに対してより詳細緻密なものとして個別的・具体的に敷衍したものが「字」であった。許慎による『説文解字』の制作は，このような意義を有していた。

　なお，こうした文字の解釈についての学問を総称して「小学」といい，経義を明らかにするという点で経学の内部に位置づけられている。 （関　俊史）

鄭　玄

（じょうげん：127～200）

🌙 生涯と思想

　鄭玄，字は康成。北海郡高密県（山東省高密市）の生まれである。若くして
郷里の嗇夫（訴訟を聞き届け賦税を徴収する役人）に就いたものの役人生活を楽
しむことはなく，休暇を得る度に学官に赴いては勉強していた。官吏として生
きるよりも，ひたすらに知識を追い求めたのである。そのような生活を送る息
子を，父親は何度も怒鳴りつけた。高密の鄭家といえば，前漢哀帝（在位前7
～前1年）の時に尚書僕射（文書を掌る尚書の副官）に任用された鄭崇（鄭玄の
8世祖）を輩出したことのある家柄である。若くして官職を得た息子に，父な
りの期待もあったであろう。それでも鄭玄の勉学を止めることはできなかった。
　現在では散佚してしまった『鄭玄別伝』には，正史『後漢書』の本伝には
収載されない，幼き鄭玄の勉強ぶりを示す逸話が残っている。玄が齢11，12
になろうとするときのことである。母親に付き従って郷家に帰ると，折しも正
臘（冬至の時期に催される祭り）の集まりがあった。十数人が顔を並べる宴席で
は誰もがきらびやかに着飾り，あちこちで話が飛び交う中，玄は独りぼんやり
と見ているだけで，その賑わいには加わらずにいた。母親がこっそり参加して
はどうかと勧めると，「これはわたしのやりたいことではなく，望むことでも
ありません」と答えた。そうしてついに太学（国立大学）へと進み，鄭玄の修
学はさらに進展することとなる。
　このほか『鄭玄別伝』によると，13歳にして五経を諳んずると共に天文に
通じ，占候（天体の運行から吉凶を占う）・風角（八方の風気を観て吉凶を占う）
などに達者で，16歳になると神童と呼び名されたという。21歳には官吏生活の
かたわらであらゆる書を究明し，暦や河図・緯書ばかりか，算術にも造詣が深
かったとある。太学への入学を果たしたのも，このころとされる。

102

鄭玄

　太学のある都洛陽へと着いた鄭玄は，まず京兆出身の第五元先という師に就いて，『京氏易』（京房の易学）『春秋公羊伝』『三統暦』（劉歆整理による太初暦の増補書）『九章算術』（周の制度に照らした算術書）を学ぶ。また東郡出身の張恭祖からは『周官』『礼記』『春秋左氏伝』『韓詩』『古文尚書』について教授された。太学でひととおり学び終えると，既に山東に学を問い質す人物無しと思い，盧植の紹介により，扶風の馬融に師事するため山西へと向かった。延熹3（160）年，鄭玄33歳のことである。

　さて馬融のもとに至ると，そこは既に門下生400人あまりがつどい，堂（師が直々に講座をする部屋）に昇って学ぶことが許される生徒は50人ばかりであった。そこで鄭玄は，3年あまり門下で馬融への面会を待つもかなわず，ひとまず堂に入っている高弟のもとで学ぶ。そこで日夜に討論を重ね，書物を諳んじては，少しの暇も怠ることがなかった。あるとき馬融が門下生を集めて河図と緯書について議論させていたところ，鄭玄が算術に明るいことを聞き及んで，初めて自らの前に招いた。玄はここぞとばかりにこれまでの疑問点を逐一問い質し，終わりしだい別れの口上を述べて帰っていった。馬融はため息をつき，「いま鄭君は去り，わたしの学問は東へ行ってしまった」と門人にもらしたという。

　10年ほどの遊学ののち，既に40歳を過ぎた鄭玄は帰郷する。父母を養うためである。東萊郡（山東省龍口市）に田地を借りて農業を営むが，そのかたわらで塾講師のようなことを行っていたらしい。彼の学徒として付き従った人々は，数百から千にのぼるといわれる。鄭玄が晴耕雨読の日々を送るさなか，洛陽の太学では党錮の禁が起こっていた。

　これより前の延熹2（159）年，桓帝（在位146〜168年）は宦官（宮中を仕切る側仕え）の助力を得ることで外戚梁冀を誅し，政治の実権を取り戻した。以後，権力を伸長させた宦官は次第に政治を専横するようになる。このころの後漢帝国の政治闘争とは，宦官と外戚との主権争いであった。こうした事態を受けて李膺・陳蕃といった太学出身の官僚が宦官批判を強めると，さらに郭泰・賈彪などの太学生らがこれに呼応し，党派を結成して朝廷批判をした。延熹9（166）年12月，ついに宦官たち朝廷側は李膺らを国家秩序を乱す「党人」

103

Ⅱ　秦漢〜隋唐

と見なして逮捕，出仕停止処分にして彼らを仕官の道から閉め出した（第一次党錮の禁）。その恩赦が出たのは半年後のこと。しかしこれ以降も，知識人官僚・太学生らに対する拘禁や弾圧はしばしば行われ，そのありさまは苛烈を極めていく。この波紋の及ぶ先は鄭玄の暮らす山東も例外ではない。党人摘発の対象は，その活動に直接荷担せずとも，党人と何らかの関わりのある人物であればよかった。

　建寧 2（169）年，43歳の鄭玄は，党錮の禁に連座することとなる。かつて鄭玄が嗇夫であったとき，太学へと進学するための口利きをしてくれた元北海国の相（王を補佐する大臣）杜密が，李庸と共に党人として槍玉にあげられたためである。党人に関わりがあると見なされた者およそ600〜700人が全国規模で摘発され，禁固，流刑，獄死といった惨苦をこうむることとなった（第二次党錮の禁）。このとき召見された杜密は，自殺したと伝えられる。これより鄭玄はいっさいの出仕を禁じられ，蟄居（自宅謹慎処分）を余儀なくされた。この禁固が解かれたのは14年後，光和 7（184）年初め，全国で一斉蜂起した黄巾党の反乱をおさえるため，各地の豪族や有能な官僚の助けを得ようとした朝廷が恩赦を出してのことであった。ときに鄭玄57歳。

　黄巾の乱は，蜂起したその年の 8 月に首領 張 角が病死し，12月にはほぼ鎮圧された。反乱が平定したのち，中 平と改元されるが，ただしその残党は長く各地にはびこることとなる。また後漢帝国の弱体化が露わになったことにより，これ以降は実質的な権力をもたない霊帝（在位168〜189年），献帝（在位189〜220年）の下，各地の豪族が領域を争う群雄割拠の時代へと移っていく。豪族たちは自勢力の増強を図るため有能な人材を欲した。党錮の禁から一転，学識豊かな士人の才とその人脈とが求められるようになったのである。既に禁固が解かれた鄭玄にも，何進，董卓，孔融，袁紹といった名だたる人物があるいは礼遇し，あるいは強引に召し出そうとするなどしたが，彼は誰の招きにも応じなかった。戦乱を避けるため山東の間を流浪しながらも，ひたすら講学と著述活動に専念したのである。

　東萊郡に客 耕（出稼ぎ農業）し，党錮の禁に見舞われたころより，鄭玄の学問は著述へと移行していた。そこには，十数年にわたる遊学や弟子たちに講学

104

する中で研ぎ澄まされていった，独自の古典理解を後学に伝える意図があったであろう。しかしまた，自身が謹慎生活を送るきっかけとなった党錮事件に象徴される政治不安，それに巻き込まれた人々の末路を耳にするたび，憂いを募らせてもいたはずである。当時の凄惨な世情と，鄭玄が読み解いた古典世界とは，あまりにもかけ離れていた。

　その葛藤の昇華であろうか。鄭玄はあらゆる経書・緯書に注釈を施す。彼の注釈書を繙くことによって読み解かれる理想的世界像とは，孔子（→5頁）も仰いだ聖賢，周公旦によって大いなる平和が実現された周王朝である。鄭玄が後年になって自らに課した責務とは，人道的にまっとうな政治が行われることを直接に意見表明することではなくして，古典の注釈を通じてかつて実現された太平世界を発明し，後学にそのモデルを提示することであった。

　建安5（200）年の春，鄭玄は夢に孔子を見る。夢中の孔子は告げた。「起きよ，起きよ。今年は庚辰の歳，来年は辛巳の歳である」と。眠りから覚め，お告げにあった歳の巡りと図緯とを照らし合わせると，自らの余命が幾ばくも無いことを悟った。間もなくして鄭玄は病に伏せる。ちょうどこのとき，河北一帯に強大な勢力を有していた袁紹は，名声ある人物を幕客に迎えることで，有力な人材を集めようとしていた。献帝を擁することで後漢政府の実質的権力者となった曹操に対抗するためである。袁紹は病床の鄭玄を賓客として招く。しかし，その招きに応じられるほど鄭玄の容体は思わしくなかった。それでも袁紹は子の袁譚に命じ，迎えの車を上がらせてなかば強引に鄭玄を召し出した。やむなく家を出立した鄭玄だが，病状が悪化し，療養のため元城県に留まることとなる。この間にもなお『周易注』を書き終えるなど，自らの学問の集大成に全力を注いでいた。夏6月，当地にて鄭玄は息を引き取る。享年74歳。彼の学問は1000人余りと称される弟子に受け継がれ，後代，「礼こそは鄭玄の学説にしたがう」と評された。

鄭玄との対話

 どのように勉強してきたのですか。

105

Ⅱ 秦漢～隋唐

 各地の有名な学者のもとを遊学しました。

廝役の吏を去りて，周・秦の都を游学し，幽・并・兗・豫の域を往来す。在位の通人，処逸の大儒に覯ゆるを獲て，意を得る者は咸従いて捧手し，受くる所有り。遂に博く六芸を稽え，粗伝記を覧て，時に秘書緯術の奥を覩る。(『後漢書』鄭玄伝「益恩を訓戒するの書」)

【訳】卑賤の官職を捨て，かつて周・秦の都があった地を遊学し，幽州・并州・兗州・豫州の地域を行き来して学んだ。高官にある博識の人物や，在野の大学者と会い，(わたしが)納得のいった方にはいずれも拱手の礼をとって，学業を受けた。そうして経書を広く考究し，あらまし経典の解説書を読み，時には神秘の書物や占術書の極意も観覧した。

▶「益恩を訓戒するの書」は，鄭玄が70歳のころ病が重くなったとき，その一子益恩に与えた戒めの手紙。文中では，自身の生涯を振り返りながら不肖のわが子のために家政・農事に務めよとの忠告を遺す。しかし益恩は孝廉(孝行者と清廉潔白な者を登用する選挙科目)にあげられて北海国相孔融に仕え，黄巾の残党に攻められたときに亡くなる。彼の遺児は鄭玄の手相とそっくりだったことから，小同と名づけられた。後漢後期の学術界は，古代文献資料の収集とその充実により，今文・古文テキストの校訂やその学説上の論争が活発になった時期である。前漢武帝期の博士官制度から始まり，後漢章帝期の白虎観会議に経義の統一を見た太学の学問は熟化し，また形式化していた。学生は太学に留まることなく，各々の地で自ら学塾を開いた学者のもとを渡り歩いた。これには当時普及しはじめていた軽量な記録媒体，紙の存在も大きく寄与している。鄭玄が師事した馬融は「通儒」と称されていた。「通」とは，あらゆる学問に兼ねて通じていることを指す。賈逵・馬融・鄭玄など後漢の思想家に共通する経書解釈の特徴とは，兼通による学の総合化と体系化にある。太学での学問に加え，前漢以来の今文学と王莽(→92頁)・劉歆ら以降盛んになった古文学を兼修して，学術的，政治的により正しい解釈を主張しあう時代であった。例えば許慎(→101頁)が古文説に基づいて白虎観会議の経義に異論を唱えたのに対し，鄭玄はさらに『駁五経異義』を著して，許慎の見解の一々に反駁を加えて今・古両説を勘案した経義を証明している。また『春秋公羊解詁』の著者何休は自ら得意とする公羊学の意を闡明するため，『左氏膏肓』『穀梁廃疾』『公羊墨守』の3部作を著した。左氏伝は不治の病に陥り，穀梁伝は立ち上がりようもなく，公羊伝だけが『春秋』の伝統を守っているとする論文である。そこに鄭玄は『鍼膏肓』『起廃疾』『発墨守』を著して論駁す

106

鄭　玄

る。これにより，古文学の方が解釈・論証ともに優れることがはっきりしたといわれる。

 なぜあらゆる経典に注釈をつけたのですか。

 周王朝のような平和的国家像を表わすためです。

吾れ自ら忖度するに，此に任うる無し。但だ先聖の元意を述べんことを念い，百家の斉しからざるを整えんことを思い，亦た以て吾が才を竭くすを庶幾う。故に命を聞くも従うこと罔し。(『後漢書』鄭玄伝「益恩を訓戒するの書」)

【訳】わたし自身（の資質）を省みれば，この（国政を支える）役職は務まらない。ただかつての聖人の本意を祖述し，数多の思想家（の解釈）が一様でないのを整理しようと志して，そこにわたしの才力を出し尽くすことを願った。だから（官位に就く）命令も耳に届いてはいたが承諾することもなかった。

太平の嘉瑞は，図書の出ずるところ，必ず亀龍銜え負うなり。黄帝・堯・舜・周公は，是れ其の正なり。(『六芸論』「総論」)

【訳】大いなる平和を示す吉兆は，河図・洛書に現れ出るもので，それは必ず龍が銜え亀が背負っている。黄帝・堯・舜・周公らは，その（瑞祥を受けた）正しい者たちである。

▶『六芸論』は，党錮の禁を受けて蟄居生活に入るより前の鄭玄が，経書の由来や性格を整理するために書いた注釈設計図ともいうべき総論。題にある「六芸」とは，ここでは易・書・詩・礼・春秋・孝経の6つの経書のこと。「河図」「洛書」とは，黄河・洛水から現れた緯書で，そこには天神の言葉が示され，王となるべき者に天命を託宣する媒介とされる。ここで特異なのは，六芸が河図・洛書を根幹とする，つまり経書よりも緯書が先立つと見る鄭玄の見解である。緯書は王朝交替を予言する革命思想を含むために，国家から禁書扱いを受けるものでもあった。天命を受けた聖人周公の制作とうたわれる『周礼』に，禁書の所説をもち出してまで注釈をつける鄭玄の考えは，どこにあったのであろうか。

 六天説とはどのようなものですか。

107

Ⅱ　秦漢〜隋唐

　宇宙の最高神昊天上帝と太微五帝の意を受けて天下を治めることです。

凡そ大祭を禘と曰う。自は由なり。大いに其の先祖の由りて生まるる所を祭る，天を郊祀するを謂うなり。王者の先祖は皆大微五帝の精に感じて以て生まる。蒼は則ち霊威仰，赤は則ち赤熛怒，黄は則ち含枢紐，白は則ち白招拒，黒は則ち汁光紀。皆正歳の正月を用いて郊に之を祭る。蓋し特に尊ぶ。孝経に曰く「后稷を郊祀して以て天に配す」とは，霊威仰に配するなり，「文王を明堂に宗祀して以て上帝に配す」とは，汎く五帝に配するなり。(『礼記』大伝篇鄭玄注)

【訳】およそ大祭を禘という。「自」とは「由る」という意味である。王の先祖に連なる神を盛大に祭り，天帝を南の郊外で祭ることをいう。王の先祖はいずれも太微五帝の精気と感応して生まれる。蒼ならば霊威仰，赤ならば赤熛怒，黄ならば含枢紐，白ならば白招拒，黒ならば汁光紀（が配当される）。（この五帝は）夏暦の正月を用いて郊で祭る。思うに（感生した）天神だけを尊ぶ。『孝経』に「后稷（周の始祖）を郊祀して天に配する」とあるのは，蒼帝霊威仰に配祀すること，「文王を明堂に宗祀（御霊屋で祭ること）して上帝に配する」とは，あまねく五帝に配祀することである。

▶昊天上帝とは，北辰（北極星）に象徴される最高神のこと。「政を為すに徳を以てするは，譬えば北辰の其の所に居りて，衆星之に共うが如し」(『論語』為政篇)とのように，星々の中でも常に中心に位置する北極星は，古くから統治者を象徴する星として尊ばれていた。昊天上帝の下位には太微五帝（蒼帝霊威仰・赤帝赤熛怒・黄帝含枢紐・白帝白招拒・黒帝汁光紀）が置かれる。五帝はその名に表わされる色から木・火・土・金・水の五行に配当され，太微五帝のそれぞれと感生して生まれた王は，五行相生の巡りに応じて交替する。昊天上帝は冬至に，太微五帝は正月に祭祀し，王者はこの２つの祭礼によって天子への即位を天神に報告する。つまり六天説では，昊天上帝と五徳の巡りに合致する五帝を祭り，かつて位に即いた聖王の徳になぞらえることで，受命者は天子としての正統性を明示するのである。緯書『**尚書中候**』に基づいて周を蒼帝霊威仰の神意を受けた木徳の王朝と見なし，周公の太平招来や『周礼』の制作は昊天上帝の天啓によると考えたことに，鄭玄の思想の独自性がある。六天説を背景に完成させた『周礼注』を中核として他の注釈にも引用し，その体系下に置くことで，周の礼制によって統治される太平国家像を古典世界の中に構想したのである。そこには，後漢帝国の衰退を目の当たりにしながらも，やがて太平が実現されることを嘱望する想いがうかがえよう。ところでこのような宗教的解釈に満ちた鄭玄の説は，

決して後漢学術界の共通の見解ではなかった。馬融は五帝を史書上の5人の帝と見なし，彼の学問を尊んで鄭玄学を相剋しようとした魏の王粛もまた，天神は唯一である（一天説）として他の神々を認めない合理的天神観を提出し，鄭玄説を激しく批難している。六朝期には，王粛説は南方の学域において支持を集めたが，北方では鄭玄説が優位を得ていた。結果，唐代に『五経正義』が選定される際，『礼記』と『毛詩』には鄭玄の注釈が採用された。現在鄭玄の注釈書で完存するものは，『周礼』『儀礼』『礼記』の「三礼注」と『毛詩箋』のみで，これらは『十三経注疏』に合刻される。それ以外のものは他書に引用されたり，20世紀初めに敦煌で唐の龍紀2（890）年の写本『論語鄭氏注』が部分的に発見されるなど，断片的に伝わっている。

🌑 用語解説

盧植（？〜192）　後漢末の学者・政治家。字は子幹。涿郡涿県の生まれ。馬融に師事して古文学を修めた。性格は剛毅にして才能は文武を兼ね備え，霊帝期の初め博士に任用されて以降，黄巾の乱などで戦功を上げた。主著に『礼記解詁』がある。

馬融（？〜166）　後漢末の学者。字は季長。扶風の茂陵県の生まれ。明徳皇后の従姪（いとこの子ども）という外戚であり，『論語』『孝経』「三礼」などに注釈をつけ，諸学問を兼ね通じた「通儒」とも称される大学者である。主著に『周官伝』がある。

黄巾の乱　「蒼天已に死し，黄天当に立つべし。歳は甲子に在りて，天下大吉」をスローガンとして起こった大規模な農民反乱をいう。社会不安が増大する中で病気治療によって信仰を広め，太平道をおこした張角とその信徒らが中心となった。

『尚書中候』　孔子の刪定と伝えられる『尚書』の緯書。実際は王莽のころに作られ，後漢のころに流行したと見られる。堯以来の聖王に現れた瑞祥について記す。20篇の断片的文章が鄭玄の注釈と共に残っている。

🌑 より深く学ぶために

〈原典・訳〉

孔広林『通徳遺書所見録』（中文出版社，1973年，中国書）

＊鄭玄の著作の大半は注釈であり，現在は断片的にしか伝わらない。その欠片の文章を集め，出典をも併記する輯本は必携の工具書である。他に袁鈞が輯めた『鄭氏佚書』などがある。

（黒﨑恵輔）

蔡 邕

(さいよう：132/133〜192)

🌓 生涯と思想

　蔡邕は，後漢の政治家，礼学者。字は伯喈。儒教経典の欽定テキストである「熹平石経」を揮毫したと伝えられるほか，後漢の同時代史である『東漢観記』の編纂に参与し，制度史である『十意』を撰述し，さらに諸制度の名称や由来を解説した『独断』を著している。娘の蔡琰も文人として名高い。

　蔡邕は，焦尾琴を作ったこと，考女曹娥碑に讃辞を寄せたこと，王充（→96頁）の『論衡』を秘蔵していたことなど，その才芸に関する逸話を多く残す。だが蔡邕の同時代人が感歎し，高く評価したのは，それらに対してではない。若き日の蔡邕は，病に伏せた母のため，季節が変わろうと衣服を着替えず，寝台に横たわることもなく介護を尽くし，母の死後は墓側に小屋を建てて3年の喪に服した。この母に対する〈孝〉こそが，蔡邕の評判を決めたのである。

　服喪を終えた蔡邕は，胡広に師事する。胡広は，生涯に6帝に仕え6たび三公に登った大政治家であり，『漢制度』を著し後漢の有職故実の淵源を明らかにした礼学者でもあった。その師の下で学びながらも，蔡邕は後漢の礼制に批判的であった。儒教経典に則らない劉氏独自の礼が多かったためである。ところが「上陵の礼」に参加したとき，その考えは一変する。上陵の礼は，時の皇帝が毎年の正月に，百官や郡国の会計報告者，周辺国の使節を引き連れて世祖光武帝の陵墓に詣で，光武帝を通じて天に年次報告を行う年始の儀礼である。本来，儒教には，陵墓で行う儀礼は存在しない。しかし上陵の礼は，光武帝の子の明帝が父母を慕う〈孝〉の気持ちから始め，天子たる者の〈孝〉を公に示す儀礼として確立されていた。蔡邕がその気づきを師に告げると，胡広は記録して後学に示すようにと勧めた。以来，蔡邕は，儒教の理念と現実の後漢の制度とをすり合わせた，あるべき理想の漢の制度を模索していくようになる。

110

政界に身を投じた蔡邕は，礼学者としての評価こそ高かったが，中道を貫いた師とは異なり，〈孝〉を濫用する者や，皇帝の私的な寵遇を背景に政治を壟断する宦官と鋭く対立した。結果として，宦官によって辺境に流罪とされた。政治家としては，大きな挫折を味わわされたのである。その蔡邕に，理想の漢の制度を実現する機会を与えたものは，黄巾の乱を契機に，混乱する後漢の実権を掌握した董卓であった。

董卓は辺境防衛に従事してきた軍人であった。したがって，政権を掌握したものの，それを運用するための経験も人材ももちあわせなかった。そこで，宦官と対立して，悪い仲間として禁錮されていた「党人」や，名声を存立基盤とする知識人である「名士」を積極的に登用した。それらの中でも，有職故実の知識をもつ蔡邕を最も優遇したのである。しかし，やがて董卓は，少帝を廃して献帝を即位させる暴挙に出たため，袁紹らが打倒董卓を掲げて蜂起する。董卓が洛陽を焼き払い，長安に遷都すると，蔡邕は2つの改革を行う。

1つは，儒教の「**天子七廟**」に合わせ，功績の高くない皇帝から宗廟で常祭される資格を除くこと，もう1つは，皇后の嫡妻権を明確にするため，死後に追贈された3皇后の位を除くことである。時勢を鑑みれば，喫緊の課題ではない。しかし，いずれも皇帝が，私情によりあるべき制度を曲げたものである。董卓の台頭も，そもそもは皇帝が私情により宦官に権力を与え，政治を腐敗させたことに原因がある。蔡邕は，漢の威光を取り戻すために，皇帝が率先して私情を排し，正道に立ち返る姿勢を示すべきだと判断したのである。

しばらくして，董卓は王允と呂布により誅殺された。その報せを聞いた蔡邕は，思わず哀悼の意を示す。いくら暴虐でも，蔡邕にとっては，自分を抜擢して政策を取り上げてくれた人物だったからであろう。それを見た王允は怒り，周囲の制止を聞き入れずに蔡邕を処刑する。蔡邕の死を聞き知った鄭玄（→102頁）は，「漢世の事，誰か与に之を正さん」と嘆いた。鄭玄が最も優れた礼学者であることは後世に明らかであるが，存命中に国政に携わった経験は乏しい。身につけた礼学を実践に移し，現実に漢の制度を変革してのけた蔡邕に，鄭玄は理想の儒者の姿を見ていたのであろう。

Ⅱ　秦漢～隋唐

🌙 蔡邕との対話

Q どうして宗廟と皇后を正さなければならないのですか。

A 皇帝は功績と恩徳により〈宗〉とされ，皇后は正嫡であることにより〈后〉と定まるもので，その時の皇帝の私情で定めるべきではないからです。

是の歳，有司奏すらく「和・安・順・桓の四帝は功徳無く，宜しく宗と称すべからず。又恭懐・敬隠・恭愍三皇后は並びに正嫡に非ず，合に后と称すべからず。皆尊号を除かんことを請う」と。（『後漢書』献帝紀）

【訳】この年（初平元 [190] 年），有司が「和・安・順・桓の4帝には功徳が足りないので，（有徳者の廟号である）〈宗〉と呼ぶべきではありません。また恭懐・敬隠・恭愍の3皇后は（死後の追贈であり）正皇后ではないので，皇后と呼ぶべきではありません。いずれも尊号を除かれますように」と上奏した。

▶有司とは，役人という意味の一般名詞であるが，この上奏は蔡邕に依拠する。蔡邕は洛陽の宗廟が焼き払われ，新たな地で宗廟祭祀を始めるにあたり，儒教の「天子七廟」を実現し，皇后の名を正すことで，理想の漢を作ろうとしたのである。

🌙

Q なぜ漢は「天子七廟」制を取らなかったのですか。

A その時々の皇帝の判断により「廟号」を附したため，儒教の原則から逸脱してしまったのです。

漢は亡秦学を滅ぼすの後を承け，宗廟の制に，周の礼を用いず。帝の即位する毎に，輒ち一廟を立て，七に止まらず，昭穆を列べず，迭毀を定めず。……後王莽の乱に遭い，光武皇帝は，命を受け中興し，廟を世祖と称せらる。孝明皇帝は，聖徳聡明にして，政は文・宣に参じ，廟を顕宗と称せらる。孝章皇帝は，至孝烝烝にして，仁恩博大なれば，廟を粛宗と称せらる。方に前世に比ぶるも，礼の宜しきを得たり。此より以下，政事に釁多く，権は臣下に移り，嗣帝は殷勤にして，各々至親を褒崇せんと欲するのみ。……今聖朝，古を尊び礼に復りて，以て厥の中を求め，誠に事宜に合わん。……孝和より以下，穆

112

蔡 邕

宗・恭宗・敬宗・威宗の号は，皆宜しく省き去るべし。五年にして再び殷し，太祖に合食して，以て先典に遵わん。(『続漢書』祭祀志注引袁山松『後漢書』)

【訳】(蔡邕は議して)漢は亡秦が儒学を滅ぼした後を受け継いだため，宗廟の制度に，周の礼制を用いておりません。帝が即位するごとに，1つの廟を立て，7に止めず，昭穆を並べず，(七廟になるよう廟を)殷つかどうかを定めておりません。……後に王莽の乱に遭い，光武皇帝は，命を受け中興して，廟を世祖と称されました。孝明皇帝は，聖徳かつ聡明であり，政治は文帝・宣帝に準えられ，廟を顕宗と称されました。孝章皇帝は，至孝・仁恩で，廟を粛宗と称されました。(これらは)前世に比べましても，礼にかなった(廟の)称され方です。これ以降は，政事に誤りが多く，実権は臣下に移り，後を継がれた皇帝は，それぞれ(外藩より帝位を継承しながら自らの生父などの)至親を尊崇しました。……今こそ聖朝は，古を尊重して礼に戻り，その正しきを求め，誠に事宜にかなうべきであります。……孝和帝以下，穆宗・恭宗・敬宗・威宗の廟号は，みな除き去るべきであります。5年ごとに殷祭を行い，太祖に合食するようにして，先典に遵われますように。

▶蔡邕は，洛陽から長安に遷都した直後の「天子七廟」として，一祖「世祖」，二宗「顕宗・粛宗」，近帝四「安・桓・順・霊」の七帝を仮設する議を施行させた。

🌑 用語解説

天子七廟　天子が宗廟で祭る先祖は7人までとした儒教の規定。かつて周では太廟内に7つの廟をかまえ，国家の基盤を築いた〈祖〉と，高い功績があった2名の〈宗〉を常祭とし，残る4廟を順次入れ替えていたとされ，蔡邕はそれにならった。

🌑 より深く学ぶために

〈原典・訳〉

福井重雅『訳注 西京雑記・独断』(東方書店，2000年)

＊蔡邕が著した『独断』の詳細な訳注で，蔡邕の思想に触れることができる。

(池田雅典)

諸葛亮

（しょかつりょう：181〜234）

●生涯と思想

　諸葛亮は，字の孔明で有名な三国 蜀 漢の丞 相である。思想家ではないが，その行動は，後世の多くの人々の思想に影響を与えた。また，諸葛亮が学んだ荊 州 学は，漢の儒 教を集大成した鄭 玄（→102頁）に対する異議申し立ての始まりであり，〈理〉を尊重する王 肅の思想の起源となった。荊州学を牽引した宋 忠・司馬徽の著作が散佚している現在，諸葛亮を通じて荊州学のあり方を考えることは，あながち不当とは言えまい。

　諸葛亮は，徐 州 琅邪郡陽都県の出身で，光和 4（181）年に生まれた。父の珪は，泰山郡の丞（次官）に至った「世々二千石」（代々郡太守を輩出する）と称される，琅邪郡を代表する豪族（大土地所有者）の出身である。14歳で父を亡くした諸葛亮は，荊 州 牧（荊州の行政長官）の劉 表と係わりがあった伯父の玄に連れられて荊州に赴く。しかし，17歳のときに玄も卒する。諸葛亮は弟の均と共に，襄 陽郡の隆 中で晴耕雨読をしながら勉学に励んだ。

　諸葛亮が学んだ荊州では，劉表の保護の下，荊州学と呼ばれる新しい儒教が生まれていた。荊州学は『周礼』『儀礼』『礼記』の「三礼」，特に『周礼』により諸経を体系化した漢代儒教の集大成者である鄭玄に対して，『春 秋 左氏伝』と『周 易』を中心に据えて対抗した。とりわけ，戦乱の春秋時代を歴史的に描いた『春秋左氏伝』は，乱世を治めるための具体的な規範を多く含んでいた。諸葛亮も，行動規範を多く『春秋左氏伝』に仰いでいる。

　また，荊州学は，人間中心の合理的な経典解釈を行う。具体的には，鄭玄の経典解釈で大きな役割を果たしていた緯書（経書を補うと共に，作成者の意図をその中に含めた偽書）の宗教性に，大きな疑問を投げかけた。やがて，荊州学を継承する王肅によって，緯書は否定されるに至る。

114

諸葛亮

　司馬徽が，自分たちを「俊傑」と称し，単なる儒者とは区別していたように，荊州学は，経学の習得だけを目的とはしない。訓詁学（経典の文字を解釈する学問）を踏まえながらも，それを生かして乱世を収めるための実践を重んじていたのである。諸葛亮は，自らを管仲・楽毅に比し，天下・国家を経綸したいと考えていた。そうした志が尊重され，諸葛亮は司馬徽の友人である龐徳公より「臥龍」（まだ伏せていて世の中に顕れていない龍）という人物評価を受けた。帝王の秘策を好んで論じた「鳳雛」龐統と並称されたのである。

　諸葛亮は志を実現するため，三顧の礼を尽くした劉備に出仕し，基本戦略として「隆中対」を披露する。隆中対（草廬対ともいう）は，よく天下三分の計と言われるが，三分は手段であり目的ではない。したがって天下三分を実現した後にも，諸葛亮が曹魏への北伐を止めることはなかった。諸葛亮は，あくまでも漢による中国統一を目指したのである。劉備と共に建国した国家は漢，あるいは季漢（季は末っ子という意味）が正式名称であり，蜀は地域名に過ぎない。「聖漢」の「大一統（一統を大ぶ）」は，『春秋公羊伝』の冒頭，隠公元年に示される「春秋の義（守るべき規範）」である。荊州学は，『春秋公羊伝』を乗り越えるための経義をもつ『春秋左氏伝』を尊重していた。それでも「**聖漢の大一統**」を目指した志において，諸葛亮は漢代的精神の忠実な継承者であった。後世，朱熹（→187頁）がその義を高く評価する理由である。

　華北を統一した曹操が荊州に南下すると，諸葛亮は，孫権と同盟を結び，孫権の部将である周瑜が赤壁の戦いで曹操を撃破した。戦いの後，劉備が荊州南部を領有できたのは，荊州を貸すという論理で，目的としての天下三分を目指す呉の魯粛が，孫権政権内の輿論を納得させたことに加え，諸葛亮が多くの荊州知識人を劉備に仕えさせたことに依る。諸葛亮に推挙された龐統・馬良・習禎たちは，その名声により豪族の支持を集め，劉備の荊州支配を安定させた。こうして劉備は，挙兵以来初めて根拠地を確保できたのである。

　劉備が益州に進攻すると，軍師として龐統を随行させ，諸葛亮自らは**関羽**・張飛・趙雲と共に荊州に残った。しかし，龐統が戦死し，劉備は包囲される。やむを得ず諸葛亮は，張飛・趙雲と共に劉備を支援して成都を落とした。さらに劉備は，漢中に出て曹操の部将夏侯淵を斬り，救援に来た魏王曹操を撃破

115

Ⅱ　秦漢～隋唐

して，漢中王に即位する。しかし，これに呼応して北上した関羽は，曹操と結んだ孫権の部下呂蒙に殺害され，荊州は失われた。激昂した劉備は，呉を攻めるが，夷陵の戦いで陸遜に敗れ，白帝城で死の床に就く。

　曹丕に滅ぼされた後漢を受け継ぎ，劉備は既に漢（季漢）を建国して，皇帝に即位していた。国是である曹魏の打倒と漢の復興を後回しにし，隆中対に反して孫呉と戦うことの不可を，諸葛亮はよく知っていたはずである。しかし，諸葛亮は，劉備の東征を止めなかった。君臣でありながら，兄弟と称された関羽・張飛と劉備との関係は，諸葛亮のそれとは異なっていたからである。

　成都より駆けつけた諸葛亮は，劉備から「もし劉禅に才能が無ければ，君が代わって君主になってほしい」と遺言を受ける。『三国志』を著した陳寿は，これを「君臣の至公」と絶賛する。これに対して，明の王夫之（→247頁）は，これを君主が出してはいけない「乱命」であり，「劉備は関羽に対するような信頼を諸葛亮には抱いていない」と言う。そのとおりであろう。関羽・張飛は亡く，挙兵以来の兵力は夷陵で壊滅した。劉備には，諸葛亮の即位に釘を指す遺言を残すしかなかった。それほどまでに，諸葛亮の勢力は万全であった。最後はやはり関羽・張飛と行動を共にした劉備の暴走に対して，「聖漢」による「大一統」という自らの志を実現するため，信頼できる知識人を次々と要職に就けていたのである。こうした状況の中で出された「乱命」，それには従わず，諸葛亮は，才能に乏しい劉禅を懸命に支えて，志の実現に努めていく。

　劉備の死後，孫呉が煽動する反乱が南中で起こるが，諸葛亮は国境を閉ざし，内政を立て直すことを優先した。後漢の支配は，儒教を媒介に地域の豪族と妥協する寛治であったが，それは豪族の力を伸長させ，行き詰まっていた。そこで諸葛亮は，寛治から脱却して国家権力を再編するため，法刑を重視する猛政を行った。猛政が基づく「寛猛相済（平和な時期には寛容な政治を行い，戦乱の時期には厳しい政治を行う）」という理念は，『春秋左氏伝』昭公伝20年を典拠とする。荊州学の政治理念は，諸葛亮により現実の政治に生かされた。その成果の1つが法典の「蜀科」である。

　また，諸葛亮は，益州出身者を政権の要職に抜擢していく。そのために，諸葛亮を中心とする荊州知識人の集団に益州知識人を組み込んで，蜀漢知識人社

会を形成した。諸葛亮は，人物評価の積み重ねにより，益州知識人を蜀漢知識人社会に位置づけた上で，知識人の名声に相応しい官職に就けた。曹魏では，陳羣の献策により，これに似た仕組みを九品中正制度とした。科挙まで続いた官僚登用制度である。諸葛亮は，これを制度化することはなかったが，こうして益州知識人の規制力を統治の支柱と成しえた。

　蜀漢知識人社会に参入するための人物評価には，多くの価値基準があった。その中で最も重んじられたものは儒教である。諸葛亮が学んだ司馬徽のもとには，益州からも尹黙と李仁が留学に来ていた。ただし，2人は益州の蜀学の古さを嫌って荊州に来た。蜀学は，讖緯思想（未来の予言を記す緯書を解釈する）を中心に置く。荊州学が批判した儒教である。それでも諸葛亮は，蜀学の振興に努めた。蜀漢後期の蜀学を代表する譙周は，五丈原で諸葛亮が陣没した際，真っ先に弔問に訪れて敬愛の情を表わした。諸葛亮の振興により蜀学が復興したことを象徴的に物語る逸話であろう。

　建興3（225）年，諸葛亮は，国是である曹魏への北伐に向かう。その際，劉禅に捧げたものが「出師の表」である。第一次北伐は，おとりの趙雲軍が曹魏の主力の曹真軍を引きつけ，順調に進んだ。天水・南安・安定の3郡を取り，涼州を曹魏から遮断したのである。しかし，街亭を守る馬謖が，命令を無視して敗退する。諸葛亮は，泣いて馬謖を斬り，自らをも罰して丞相から右将軍に格下げされ，敗戦の責任を明らかにした。勝機は，この第一次北伐にしかなかった。それでも，諸葛亮は，使命感に突き動かされるように，蜀の桟道を通る困難な北伐を続けた。建興12（234）年，諸葛亮は第五次北伐の途上，持久戦を強いる司馬懿の前に，五丈原で陣没したのである。

　漢は，ローマ帝国とよく比較される。漢とローマは，それぞれ中国とヨーロッパの「古典」古代なのである。したがって，漢の復興にすべてを賭けた諸葛亮は，「古典中国」を守ろうとした者と位置づけられ，朱熹をはじめ歴代の知識人から高い評価を受けた。規範としての「漢」の重要性のゆえに，漢の復興を目指した諸葛亮は，評価され続けたのである。

Ⅱ　秦漢～隋唐

◐ 諸葛亮との対話

　なぜ，漢を復興しなければならないのですか。

　それはわたしの志で，成さねばならぬことだからです。

先帝 創業 未だ半ばならずして中道に崩殂せり。今 天下は三分し，益州は疲弊す。此れ誠に危急存亡の秋なり。……今 南方 已に定まり，兵甲已に足れば，當に三軍を奬率し，北のかた中原を定むべし。庶わくは駑鈍を竭し，姦凶を攘除し，漢室を興復し，旧都に還らん。此れ臣が先帝に報いて，陛下に忠なる所以の職分なり（『三国志』諸葛亮伝）。

【訳】先帝（劉備）は始められた事業（漢の復興）がまだ半分にも達していない中道で崩殂されました。いま天下は三分し，益州は疲弊しております。これは誠に危急存亡の秋です。……いま南方は既に平定され，軍の装備も既に充足しましたので，三軍を励まし率いて，北に向かって中原の地を平定するべきであります。願わくば愚鈍の才をつくし，凶悪な（曹魏の）者どもをうち払い，漢室を復興し，旧都（洛陽）に帰りたいと思います。これこそ臣が先帝のご恩に応え，陛下に忠義を尽くすために果さねばならぬ職責なのです。

▶「出師の表」の冒頭，劉備亡き後の蜀漢は，「危急存亡の秋」にあるとの認識が示される。注目すべきは，諸葛亮が先帝劉備の死去を「崩殂」と表現することである。「崩」は，天子の死去に用いる言葉であるが，「殂」は『尚書』で，堯の死去に用いる言葉である。後漢末，漢は堯の子孫と考えられていた。諸葛亮は，劉備の死去を「崩殂」と表現することで，劉備が「堯の子孫」（殂）である「皇帝」（崩）であったことを高らかに宣言する。諸葛亮の決意は，こうして聖漢の復興を目的とすることが正確に伝えられた。その崇高な目的のためには，たとえ益州が疲弊していようと，国賊である曹魏を打倒するために軍を進めなければならない。それが「危急存亡の秋」なのである。そして，南征が終わり，後顧の憂いのない今こそ，北伐により中原を回復し，漢の旧都（洛陽）に戻ることが，諸葛亮が劉備の恩に報いて劉禅に忠を尽くす職務であると述べられる。この「漢室を興復」すること，すなわち「聖漢の大一統」の実現こそ，後漢「儒教国家」に生まれた諸葛亮の志であった。

118

Q 行動規範とした経典は何ですか。

A 「聖漢の大一統」は『春秋公羊伝』ですが、具体策は『春秋左氏伝』です。

臣敢て股肱の力を竭し、忠貞の節を効し、之に繼ぐに死を以てせん。(『三国志』諸葛亮伝)

【訳】臣は手足となって力を尽し、忠節をささげ、これを死ぬまで貫き通します。

▶劉備の遺言に対する諸葛亮の答えである。『春秋左氏伝』僖公伝9年に、晋の荀息が、重病の献公から子の奚斉を託されたときに「臣其の股肱の力を竭し、之に加うるに忠貞を以てせん。其し済らば、君の霊なり。済らざれば、則ち死を以て之を継がん」と言ったことを踏まえて、諸葛亮は、劉禅の手足となって力を尽くし、忠節をささげ、これを死ぬまで貫き通すことを誓っている。諸葛亮が、荊州学の尊重する『春秋左氏伝』を自らの行動規範としていることを理解できよう。

吾武を統べて師を行るに、大信を以て本と為す。原を得て信を失うは、古人の惜しむ所なり。(『三国志』諸葛亮伝注引郭沖『五事』)

【訳】わたしは兵を統率して軍を動かす際には、大いなる「信」を根本に置いている。原城を手に入れるために「信」を失うことは、古人の惜しんだところである。

▶建興9 (231) 年、第四次北伐で、精兵30万を擁する曹魏の司馬懿・張郃軍と対峙した諸葛亮は、祁山に布陣していた。その際、蜀漢の兵力は2割ずつの交代制であったため、現有勢力は8万に過ぎなかった。部下たちは、曹魏軍の多さを恐れ、仮に1カ月ほど交代を中止して、兵力を増強すべきであると具申する。諸葛亮はこれに対して、軍の統率には「信」が必要であるとの原則を示す。ここでの「古人」とは晋の文公である。『春秋左氏伝』僖公伝25年によれば、晋の文公は、兵士に3日と限って原城を攻めさせたが、3日経っても原城は落ちなかった。あと少しで落ちることは分かっていたが、文公は兵士との約束を守るために軍を退いた。文公は「信は国の宝である。原城を得ても信を失えば、何によってそれを取り戻せばよいであろうか」と言った。諸葛亮の言葉は『春秋左氏伝』を踏まえている。

Q 運命を信じますか。

Ⅱ　秦漢〜隋唐

　その実現については量りかねますが，背負い続けるべきものです。

臣鞠躬尽力し，死して後已まん。成敗利鈍に至りては，臣の明の能く逆覩する所に非ざるなり。(『三国志』諸葛亮伝注引張儼『黙記』)

【訳】臣は身をかがめ敬い慎み力を尽くして，死ぬまで止めることはありません。(それでも）成功するか失敗するか，勝利を得るか敗北するかは，わたしの洞察力では予測できるものではありません。

▶建興6（228）年，第二次北伐に際して，諸葛亮が上奏したという「後出師の表」の末尾の文章である。「鞠躬尽力し，死して後已まん」との決意は，劉備の遺言への答えの中にある「之に継ぐに死を以てせん」という表現に呼応する。「鞠躬」は，『論語』郷党篇を典拠とし，「死して後已む」も，『論語』泰伯篇を典拠とする。後者は，曾子が仁を体得し実践していくことの任の重さと道の遠さを述べた文章で，徳川家康の「人の一生は重き荷を負ひて遠き道を行くが如し。急ぐべからず」という遺訓の典拠でもある。その重き荷とは，曾子には〈仁〉であり，諸葛亮には北伐とその結果としての「聖漢」の「大一統」であった。ただし，この文章はそれが実現できるとは言い切らない。運命に対する懐疑が見られるのである。それでも，諸葛亮の「聖漢の大一統」の志が折れることはなかった。成功への確信がもてなくとも，それは死ぬまでその重任を担い続けねばならない理想であった。「聖漢」の滅亡時に生まれた諸葛亮の運命と言い換えてもよい。諸葛亮は，病に冒された身体に鞭打って，漢中を拠点に北伐を続けていく。

　志はどのようにすれば実現できますか。

　あっさりして無欲であることです。

夫れ君子の行いは，静以て身を修め，倹以て徳を養う。澹泊に非ざれば以て志を明らかにすること無く，寧静に非ざれば以て遠きを致すこと無し。(『諸葛氏集』誡子書)

【訳】そもそも君子の行いというものは，（心を）静かにして身を修め，（身を）慎んで徳を養うものである。あっさりして無欲でなければ志を明らかにすることはできず，安らかで静かでなければ遠方まで思いを到達させることができない。

120

諸葛亮

▶諸葛亮の「誡子書」（諸葛亮が子に与えた教えの書）は，朱熹が編纂した『小学』
外篇嘉言第五立教にも「諸葛武侯子を戒むるの書」として収録されている。一般には，
志を立てると，がむしゃらに前に進んでいこうとするものであるが，学問は心を静か
にして行うべきである，という。欲に溺れると志が濁り，静かに考えなければ先を見
通すことができないからである。襄陽で晴耕雨読の日々を送りながら，荊州学を究め
ようとしていた。その静かで充実した学問の日々の重要性，これを諸葛亮は子孫たち
に伝えたかったのであろう。

🌑 用語解説

王 肅（195〜256）　体系的・宗教的な鄭玄の経典解釈に対し，〈理〉を中心に据えた経典
解釈を行う。外孫の司馬炎が三国を統一して西晋を建国したため，西晋・南朝の経学の
中心となったが，北朝に伝わった鄭玄の経学にやがて駆逐された。

『春秋左氏伝』　『春秋公羊伝』が『春秋』の訓詁（解釈）から〈義〉（正しい原理・原則）
を導くことに対し，〈事〉（歴史）から〈義〉を導く。荊州学を継承する西晋の杜預
（222〜284）が注をつけ，「五経正義」に収められ科挙の教科書となる。

聖漢の大一統　後漢末の何休（129〜182）が，『春秋公羊伝解詁』で示した理想。孔子
は漢が中国を統一する法を伝えるために『春秋』を著したのであり，孔子の理想である
漢による中国統一を実現しなければならないという考え方である。

関羽（？〜220）　劉備の武将である関羽は，やがて塩を扱う山西商人の守護神となり，
明代には関聖帝君（関帝）として国家の祭祀を受け，清代には孔子の文廟と並び武廟に
祀られた。今も横浜の関帝廟などに商業神として祀られ，信仰されている。

🌑 より深く学ぶために

〈入門・解説書〉

渡邉義浩『諸葛孔明伝──その虚と実』（新人物往来社，2011年）

＊諸葛亮の伝記。陳寿の『三国志』に描かれたもの，歴史小説の『三国志演義』のそれ，
　そして史実という3種の諸葛亮像をそれぞれ描いている。

渡邉義浩『三国志──演義から正史，そして史実へ』（中央公論新社，2011年）

＊曹操・関羽・諸葛亮という『三国志演義』の3人の主人公を中心に，『三国志演義』か
　ら正史・史実の三国志像を明らかにする。

（渡邉義浩）

II　秦漢〜隋唐

◆コラム◆　阮　籍（げんせき：210〜263）

「真夜中，眠ることができないでいる。やがて起座して琴を弾き，心を静めようとする。薄い帳には月光が柔らかく射し，爽やかな風が襟元を揺らす……」

阮籍による連作『詠懐詩』（五言82首）其一は，具体的には語られない混迷した現実をあらかじめ抱え込んでいる。だが『詠懐詩』其一は，現実からの逸脱を志向している。決して俗塵にまみれることのない，清高で純真な世界への切実な希求である。

魏晋交迭という暗澹とした時代状況のさなか，政争からは一定の距離を保ちつつ，多分に隠逸的傾向を備える知識人たちが出現する。阮籍や嵆康（→123頁）らで，彼らは竹林に集い，飲酒や弾琴，そして非世俗的で抽象的な談論──清談──に明け暮れていたとされる。東晋期になると，その言動は「竹林七賢」の名のもとに伝説化され，多くの信奉者が現れた。ただ，阮籍たちの高踏的な，その時代にしては奔放ともいえる言動は，当時の体制にとって危険な抵抗に見えた。だがそれを行う側からすれば，圧倒的な権力を前にして自らを眩ませる，韜晦の方法でもあった。それゆえに彼らの詩文は晦渋を極めるが，それは困難な境遇の中にあってなお，自立的で本来的な自己を真摯に模索したがためであった。

阮籍の思想基盤は，このころに盛行していた『老子』『荘子』『周易』のいわゆる「三玄」にあった。彼は「通老論」「達荘論」「通易論」の3論を著して，当時の形而上学の最深奥を理知として把捉しようとしていた。だが，その一方で阮籍には理知的探究とは別に，あらゆる哲学的思弁をも撥無してしまうような神秘的な直接体験があったと見られている。阮籍は「清思賦」において「無形」「無聴」という時空を超えたその果てにおける美女との邂逅に託しつつ，「何者かが現れて一体に交わったかのようであり，何者かが去ろうとして別れられずにいるかのようでもある。心は恍惚として節度を失い，情は散漫となっておさまることを知らない。どうしてはっきりとその〈真〉を明らかにすることができようか」と述べている。ここに提示されている神秘的合一は極めて内的かつ純粋であり，またその〈真〉の実相は分析的には記述できないものとされる。阮籍の体験の内実は，あくまでも語りえないのである。このような通常の思索では及びえない境位を直接的に把持・体認する理念的存在として，阮籍は〈大人先生〉を仮構し，その架空の「伝」を制作した。そこに描かれる〈大人先生〉の飛翔は「必ずや世俗を超越して群生に隔絶する。俗塵を忘れ去ってなお独り往く。始源のさらにその前にまで到達し，茫漠とした原初を眺めわたす」（「大人先生伝」）と，まことに超絶的なものであった。そしてそれは，阮籍が生涯にわたって希求した形而上的至高へと突破・貫通する，そのような営為でもあった。

（和久　希）

嵇 康

（けいこう：224〜262）

◖生涯と思想

　大伴旅人が「古の七の賢しき人どもも欲りせしものは酒にしあるらし」
（『萬葉集』巻三・340）と思慕していた竹林七賢とその飲酒は，後世には伝説
的なものとなる。彼らは飲酒のみならず，弾琴に興じ，また様々な話題につい
て議論を戦わせてもいた。その議論は，政治的俗塵とは一定の距離を置き，抽
象度高く行われたために「清談」と呼ばれた。当時の清談において中心的人物
とされたのが，阮籍（→122頁），そしてとりわけ嵇康であった。

　嵇康（字は叔夜）は，譙国銍（安徽省）の人である。三国魏の宗室と姻戚関
係にあり，中散大夫を拝命したために，嵇中散とも呼ばれた。『晋書』嵇康伝
によると，彼は幼少期から周囲に卓越した才智をもっていたが，みだりに他者
とは交わらなかった。老荘を好み，長生を願って丹薬を服し，琴を弾き，詩を
詠じた。仙薬を求めて山沢を散策する風姿は，神仙に見紛うほどであったとい
う。竹林七賢の１人である王戎は，嵇康について「二十年来，喜びや怒りが
顔色に現れたことがない」と評していた。

　竹林七賢の中で嵇康が特に親交を深めたのは，山濤であった。だが山濤が吏
部を退官し，後任として嵇康を推薦すると，彼は「与山巨源絶交書（山濤宛絶
交書）」を著してその推薦を拒絶した。この書簡には自身の７つの欠点（七不
堪）と２つの不適切な信条（二不可）が掲げられ，自身が役人としていかに不
適格であるかが自責的に記されていた。その文中に「毎に湯（湯王）武（武王）
を非として周（周公旦）孔（孔子）を薄んず」との言があった。これは儒教の
聖人を批判するものであり，さらに露骨に言えば，当時権勢を得て曹魏からの
禅譲を画策していた司馬昭を周公旦に擬えて，これに抵抗する意志をも露呈
してしまうものであった。曹魏の遠戚であった彼は，このことの遺恨も重なり，

123

Ⅱ　秦漢～隋唐

ついにこの翌年，友人呂安の裁判に出廷した際に捕縛された。獄中では『詩経』以来の伝統的四言形式による長編「幽憤詩」を著して自身の生涯を回顧し，刑場では太陽を振り仰ぎ，七弦琴を求めて琴曲「広陵散」を弾じ，その旋律を後世へ伝えられなかったことを一言悔やんで逝去した。それは司馬昭が晋公となる前年のことであった。

　嵇康の思想的特徴は，すぐれて鋭敏な論理性・合理性にある。例えば問答体で著された「声無哀楽論」では，政治の治乱興亡は音楽に反映するため，民心は音楽の中に表われる，ゆえに音楽それ自体の中には哀楽の情が備わっている，と主張する質問者に対して，音楽に哀楽があるのではない。音楽は感情を振起させるものであり，哀楽は音楽により心に生ずるものである，と答えた。また魏の張叔遼「自然好学論」を反駁する「難自然好学論」では，人間の本来的な姿は経書を学ぶことにあるとする張叔遼の主張に対し，そもそも太古質朴の世界においては好学は必須ではなかった，ならば好学の極致である経書を学ぶことは，経書はむしろ「抑引（抑制）」を主とするものであるから，人間の本来的「自然」を毀損することになってしまう。そして人間とはもともと「従欲」を喜びとするものである，と指摘する。このほか「釈私論」では，通常の公／私概念を論理的に根底的なところまで突き詰めて解体し，そこからあらためて自己と世界との関係を再検討して〈至人〉へと向かう可能性を模索する。「明胆論」の議論もまた，常人の明（明知）／胆（胆力）の実態について仔細に分析しつつ，「至明至胆」としての〈至人〉を見据えるものであった。このように，嵇康の議論は執拗なまでに提題を分析的に処理し，結果に結びつけようとする，鋭い論理性・合理性を特徴としている。だが実際に彼が究極的に志向するのは，むしろそうした論理・理知を超脱するところにあった。それは，彼の神仙に対する態度に表われている。嵇康は生来，不老不死の神仙の実在を確信していた。そしてその確信に基づきつつ，彼は「養生論」において，修養の徹底により神仙に匹敵する長生は可能であると論じている。その主張には客観性・合理性に欠けるところがあり，向秀による反論「難養生論」も著された。しかし彼の神仙への情熱には，変わるところがなかった。なお，神仙に対する嵇康の態度については，六朝仏教の精神的先駆であるとする見解もある。

嵇　康

🌙 嵇康との対話

 1000年持続する生命は，どのようにしたら獲得できるのでしょうか。

 適切な養生法によります。心が安定し〈無為自得〉であることが重要です。

導養に理を得て，以て性命を尽くすに至りては，上は千余歳を獲て，下は数百年可りは之れ有る可きのみ。（嵇康「養生論」）

【訳】養生法に〈理〉を得て，それによって天寿を全うするなら，上は千年以上の生命を獲得し，下は数百歳ほどの長生が可能となる。

清虚静泰にして，私を少なくし欲を寡なくす。名位の徳を傷なうを知るが故に，忽せにして営まず。……厚味の性を害なうを識るが故に，棄てて顧みず。……外物は心を累わすを以て存たず。神気は醇白を以て独り著らかなり。曠然として憂思無く，寂然として思慮無し。（嵇康「養生論」）

【訳】（心は）清浄安寧を保ち，恣意を少なくして我欲を減却させる。栄誉や地位は〈徳〉を損なうことが知られているので，重視せずにおこなわない。……美味は〈性〉を損なうことが知られているので，遠ざけて関心を払わない。……外界のものごとは〈心〉を乱すから（心に）留めおかない。精神は純真潔白であるからひたすらに明瞭である。広々として憂慮はなく，ひっそりと静かにして余計な思索はおこなわない。

然る後に，蒸すに霊芝を以てし，潤すに醴泉を以てす。晞かすに朝陽を以てし，綏んずるに五絃を以てす。無為自得なれば，体妙心玄なり。歓を忘れて，而る後に楽しみ足り，生を遺れて，而る後に身存らう。（嵇康「養生論」）

【訳】その後，霊芝（瑞草）を蒸して食し，甘泉で喉を潤す。朝日に身体を晒し，弦楽に精神を安らげる。ことさらに作為せずに自己に充足するならば，身体も精神も深遠微妙なものとなる。日常的な愉楽を忘却してこそ，（超俗的）安楽に満ち足り，現実の生を忘却してこそ，その後に身体は長生するのである。

▶神仙に匹敵する長寿のために，嵇康は〈養神〉すなわち精神を育むことに言及する。まずは外界を遮断して〈心〉の不動を目指すのである。その上で適切な〈養形〉すなわち身体的修養を経て〈無為自得〉の境涯に達するという。

Ⅱ　秦漢〜隋唐

Q 〈君子〉の理想的な生き方とは、どのようなものですか。

A あらかじめ是非を考えず、名教を越えて自然のままにまかせることです。

夫(そ)れ君子と称する者は、心は是非に措(お)くこと無くして、行は道に違(たが)わざる者なり。……夫れ気静にして神虚なる者は、心は矜尚(きょうしょう)に存せず。体亮にして心達する者は、情は欲する所に繋(つな)がれず。矜尚心に存せざるが故に、能(よ)く名教(めいきょう)を越えて自然(しぜん)に任ず。情欲する所に繋がれざるが故に、能く貴賤に審(あき)らかにして、物情に通ず。物情順通するが故に、大道(たいどう)違うこと無し。名を越え心に任ずるが故に、是非措くこと無し。(嵆康「釈私論」)

【訳】そもそも「君子」と称せられる存在は、(何か行動するときに)心に前もって是非を考えるということがなく、それでいてその行為は道からはずれない者である。……いったいに気と精神とが静虚であると、心は外部に出し惜しみするということがない。また、身体と心とが調子よくのびやかであると、情は欲望につながれるということはない。出し惜しみすることが心にないので、名教を越えて自然のままに行動することができる。また、情は欲望につながれないので、価値の貴賤がはっきりと分かり、物事の実情に通じることができる。物事の実情に通じるから、「大道」からはずれることはないのである。(また)名分を越えて心のままにするから、(何か行動するときに)前もって是非を考えることがないわけである。

＊本訳文は、大上正美「嵆康「釈私論」試釈稿」(三国志学会編『林田愼之助博士傘寿記念三国志論集』汲古書院、2012年)による。

より深く学ぶために

〈原典・訳〉
魯迅『嵆康集』(文学古籍刊行社、1956年、中国書)
戴明揚『嵆康集校注』(人民文学出版社、1962年、中国書)
〈入門・解説書〉
後藤基巳『ある抵抗の姿勢——竹林の七賢』(新人物往来社、1973年)
大上正美『言志と縁情——私の中国古典文学』(創文社、2004年)

(和久　希)

王　弼

（おうひつ：226〜249）

🌓 生涯と思想

　漢代経学（経書解釈学）は，鄭玄（→102頁）の壮大かつ緻密な文献学的方法により集大成された。そのため，その後の経学は従来の文献学とは異なる新たな方向性を模索しなければならなかった。三国魏・荀粲は「思うに〈理〉の深遠微妙なるところは，ものやかたちで突き詰めることのできるところではない。……形象を超えた真意（象外の意），言語の外へと志向することば（繋表の言）は本来奥深く隠されていて，目に映るかたちでは現れない」（何劭「荀粲伝」）と，形象や言語を超えたところに儒教の究極的真理（理）を見ようとしていた。その真理は深遠微妙で，形而上的至高というべきものであった。それを契機として，魏晋期の儒教は老荘思想の形而上学と結びつき，そこに新たに〈**玄学**〉と呼ばれる学問思潮が形成されることになる。その魏晋玄学の旗手が，王弼であった。

　王弼（字は輔嗣）は，山陽（安徽省）の人である。『三国志』には彼の専伝は立てられていないが，裴松之は『三国志』魏書鍾会伝の注において，何劭「王弼伝」を引用している。これによると王弼は，幼少期から洞察力に優れており，10歳あまりで『老子』を好み，また弁舌に巧みであったという。一説には，彼の家には後漢の大儒蔡邕（→110頁）の万巻にも及ぶ蔵書が伝わっており，それが彼の学問形成における基礎をなしていたという。そしてその卓越した才能は，若くして彼を気鋭の論客として世に知らしめることとなった。『世説新語』文学篇には，若き日の王弼が論壇の主導的人物の**何晏**を論破したという逸話が載る。何晏は王弼より30歳以上も年長で，地位も名望も高い当代随一の知識人であった。その何晏を，まだ20歳に満たない王弼が即座に論破してしまったのである。このときの王弼の弁論は，一座に居合わせた誰もが反論でき

Ⅱ　秦漢〜隋唐

るものではなかったという。かくして王弼は，論壇の寵児として活躍することになる。特に何晏との学問的交流は深く，何晏が『老子』の注釈を制作していた際，王弼にそのことを伝えると，王弼は彼自身の『老子』注釈を何晏に示した。王弼の注釈があまりにも精妙であったため，何晏は自身の注釈を破棄して，あらためて「道徳論」という論文に作り替えた。このとき何晏は「王弼のような人こそが，ともに天人の際（形而上学）を語るのにふさわしい人物である」との言を残したとされる。また，何晏・王弼の間には「聖人には喜怒哀楽の情があるか」という主題をめぐって，議論の応酬がなされたとの記録もある。三国魏・正始年間（240〜249年）の言論界において一世を風靡し，玄学の気風を牽引した2人の議論は，後世から「正始の音」と呼ばれて尊崇された。ただし彼らの言説は多くの信奉者を生み出した反面，抽象的な議論に耽溺して実務に従事しない知識人の腐敗をもたらしたとして，非難の対象となることもあった。特に東晋の范寧は，何晏・王弼について「美麗な言辞を粉飾しては実質を覆い隠し，複雑な文章を展開しては世間を惑わせた」（『晋書』范寧伝）と述べ，両者の罪は亡国の暴君である桀・紂よりも深いと断罪した。

　宮中で育てられた何晏とは異なり，王弼の生涯は，立身栄達とは無縁であった。王弼が初めて任官した際に，曹爽と面会する機会があり，そのとき彼は周囲の者を退室させて密談することを求め，曹爽もこれに応じた。しかし王弼が語ったことは，ただ〈道〉についての抽象的な議論のみであった。当時，司馬懿との権力闘争の渦中にあった曹爽には，こんな話題は少しも重要ではない。ゆえに曹爽は冷笑するだけであったという。この逸話が示すように，王弼は現実的才覚には乏しかった。あるいは「人柄は浅薄で，他人の情の理解に欠ける」（何劭「王弼伝」）と評される彼の人格も，出世の障害となっていたであろう。王弼の登用には何晏が尽力していたものの，王弼自身は，さほど出世に関心を払わなかった。そして正始10（249）年，病を得た王弼は，24歳にしてその短い生涯を閉じることになる。奇しくもその年は，反曹爽一派の司馬懿が反乱を起こし，曹爽，そしてその側近である何晏が誅殺された年でもあった。

　王弼はわずか二十数年の生涯において，意外にも数多くの著作を残している。特に『周易注』『老子注』は，いずれも『周易』『老子』各々の解釈史におけ

128

る最重要文献として，後世に多大な影響を与えてきた。なお『周易』について
は，その解釈の理念・原則を示す論文「周易略例」があり，『老子』につい
ては，その語彙と思想とを踏まえつつ，王弼自身の独創的思索を『老子』と対
峙させた論文「老子指略」がある。また王弼は『論語』にも注釈（『論語釈
疑』）を施していたが，これは現在に伝わらない。ただ皇侃『論語義疏』など
に見えている数十条の引用から，その断片をうかがうことができるのみである。
このように王弼の著述は多く，その内容も多岐にわたっている。このことは，
経書『周易』と道家系典籍『老子』『荘子』とを合わせて「三玄」と呼ぶよう
に，儒教思想と道家（老荘）思想との複合体として展開した魏晋玄学の思想的
特徴を示している。実際に若き日の王弼は，儒教的聖人と老荘をめぐって「聖
人は〈無〉を体得しているものの，〈無〉はことばで説明できるものではない。
だからこそことばが必然的に〈有〉に及ぶのである。老荘はまだ〈有〉にとら
われており，それゆえ常に自身の不足するところ（無）に言及してしまうの
だ」（『世説新語』文学篇）という屈折した論理を展開していた。この発言は，
儒教的聖人こそが道家思想の核心である〈無〉を体認していると見ており，老
荘はむしろそれに及ばないがために，語りえないはずの〈無〉について述べ立
てている，とするものである。つまり，儒教的聖人は老荘以上に道家思想の深
奥を体得している存在だというのである。そこで王弼は，まずは合理的思弁を
徹底的に突き詰め，その尖鋭化された論理のさらに先にある形而上的至高へと
迫接する方途を模索していた。彼の各著作には，こうした思索の痕跡が随所に
見えている。

　王弼の『周易』解釈は，漢代以来の易学に対して，それを一変させるもので
あった。従来の主流的な易学では，各卦が象徴するものを直接的に現実の事態
に対応させ，また四季や，年間の月数，日数などの具体的な〈数〉と結びつけ
ながら，複雑な数理的解釈が行われた。これを象数易という。これに対して
王弼は『周易』繋辞伝に基づきつつ，卦を〈時〉として，また各卦を構成する
爻を〈変〉として捉えた。そしてこれを根幹に据えることで，経書『周易』全
体の意義を貫通させ，論理において統合的・一貫的なものとして理解しようと
したのであった。さらには「（解釈言語の）意味がまことに剛健ということにあ

Ⅱ　秦漢～隋唐

るならば，どうして必ずしも（比喩的に提示された）馬そのもののこととして
理解することがあろうか。道理が従順ということにあるならば，どうして必ず
しもそれを（比喩としての）牛そのものと理解してよいだろうか」（「周易略例」
明象篇）と述べるように，卦の全体の意義方向が把持されたならば，各々の
解釈の言辞や具体的な卦象などに固執してはならないと主張した。このような
王弼の『周易』解釈の態度は，義理易と呼ばれた。

　王弼の『老子』解釈における最大の特徴は，〈道〉と〈無〉とを同一とする
従来の道家思想の見解に対し，両者をわずかに区別して〈無〉を〈道〉の上位
に設定したことにある。そもそも一般的な理解において〈道〉とは，万物の存
在に対して生成者的性格を有している。しかしその一方で〈道〉それ自体を形
容するにあたっては，否定的にしか立言できないものである。このことは道家
的伝統における〈道〉の説明として，あるいはまた〈無〉の説明としても一般
的であった。しかし王弼の場合は，この〈道〉についての説明をそのまま並行
移動して〈無〉に当てはめることはできない。王弼は〈無〉を〈無称〉である
と措定した。これこそが，概念的把握を超え，万物に一切関与することがない
——純然たる〈無〉を観念的に設定するものであった。王弼によれば〈無〉と
は〈道〉のような万物の直接的生成者ではなく，存在者の深底においてそれを
超出する形而上的至高として，あくまでも理念的に設定されるものであった。

　なお王弼は，聖人こそが〈無〉を体認する存在であると述べていた。それは
聖人が形而上的至高の最深奥へと到達することを意味している。そのような聖
人の境位をわれわれは理解しうるのだろうか。このことは当時，言尽意・言不
尽意問題として論壇の主要な関心事となった。これは〈言〉が聖人の〈意〉を
直接把持できるかを問う論争であったが，王弼は『周易』解釈に依拠しつつ，
両者の関係のうちに〈象〉を挿入した。すなわち言語（言）により語ることの
できる領域に加えて，記号（象）により示すことのできる領域を視野に含むこ
とで，聖人の〈意〉を把捉する可能性をより高く考えていたのである。

　王弼の形而上学は，極めて尖鋭犀利な思弁性を徹底的に発揮した上で，なお
その向こう側を志向するものであり，最終的には言語・論理からも奔出してし
まうところのある，そのような性格を有するものであった。

王　弼

王弼との対話

　玄学とは，どのようなところを目指す学問なのですか。

　言語的に規定できない究極的根源を探究するものです。

玄(げん)とは，冥(めい)なり。黙然(もくぜん)として有(ゆう)とすること無きなり。始(し)・母(ぼ)の出づる所なり。得て名づくべからざるが故に，言うべからず。同じく名づけて玄と曰(い)う。而(しこう)して「同じく之(これ)を玄と謂う」と言うは，得て之を然(しか)りと謂うべからざるに取ればなり。得て之を然りと謂うべからざれば，則(すなわ)ち以(もっ)て一玄(いちげん)に定(さだ)むべからざるのみ。若し一玄に定(さだ)むれば，則ち是れ名づくれば則ち之を遠きに失(も)う。故に「玄の又(ま)た玄」と曰うなり。(『老子注』第1章)

【訳】〈玄〉とは，視覚的に把握できないということである。(また)聴覚的にも把握できずに〈ある〉とすることのできないものである。「天地の始」「万物の母」(『老子』第1章)に対してそれらのさらなる元基をなすところである。(それは)言語的に規定することができないので，(分析的に)語ることができない。これらを(暫定的に)〈玄〉と命名しておく。(『老子』第1章に)「同じく之を玄と謂う」と述べているのは，言語的に規定することができないと(いう意味に)とっているためである。だが言語的に規定することができないならば，そこで〈玄〉と命名してしまって1つの概念に固定してしまってはならない。もしも命名したことで1つの〈玄〉に固定してしまったならば，これは命名したことで実態を大きく損なうことになる。だから(『老子』第1章では)「玄の又た玄」すなわち命名された〈玄〉よりもさらなる奥深い〈玄〉ということを述べているのである。

▶『老子』第1章の注釈において，王弼は〈玄〉を論ずる。〈玄〉は万物の根源(始・母)のさらなる始源であり，言語的に説明可能ではない。ゆえに〈玄(奥深く判然としないという意)〉と命名されるのであるが，言語的に説明可能でないものを「玄」と名づけることは，その〈玄〉としての本来的地位(言語的に説明可能でない)に反することになってしまう。そこで王弼は，『老子』は単に「玄」というのではなく「玄の又た玄」と呼称することにより，その論理的陥穽を免れようとし，それに成功していると解釈する。

131

Ⅱ　秦漢〜隋唐

Q 万物の存在する根拠となる〈道〉は，形而上的至高ではないのですか。

A まだ〈道〉と命名されている限りにおいて，究極者ではありません。

吾の之に字して道と曰う所以の者は，其の言うべき称の最大に取ればなり。
（『老子注』第25章）

【訳】わたしがこれに名づけて〈道〉とした理由は，言語的に記述できる名称のうち
最大のものという意味にとっているからである。

凡そ物に称有り名有れば，則ち其の極に非ざるなり。道と言えば則ち由る所
有り。由る所有りて，然る後に之を謂いて道と為す。然らば則ち道は是れ称中
の大なり。無称の大に若かざるなり。（『老子注』第25章）

【訳】すべて物に名称があるならば，それは究極（的至大）なるものではない。〈道〉
と言い表わすとなると依拠するところがある。（言語以前に）依拠するところがあっ
て，その後にこれを〈道〉と命名する。そうであるならば〈道〉は言語的に規定でき
るものの中での最大なるものである。（いかなる言語表現をも超える）命名しようの
ない最大なるものには及ばないのである。

▶王弼によれば，言語のもつ分節的機能は，対象の全体性を分断してしまう。それゆ
え対象の〈真〉を損なうという。したがって〈道〉として言語的に固定することは，
言語的制約の内部に止まるという点において，究極者たりえないのである。

Q 言語による分節を超えたところは，理解可能なのでしょうか。

A 言語の〈語る〉機能のみならず記号の〈示す〉機能を振起させるのです。

夫れ象とは，意を出だす者なり。言とは，象を明らかにする者なり。意を尽く
すは象に若く莫く，象を尽くすは言に若く莫し。言は象に生ずるが故に，言を
尋ねて以て象を観るべし。象は意に生ずるが故に，象を尋ねて以て意を観るべ
し。意は象を以て尽くされ，象は言を以て著る。故に言とは象を明らかにする
所以にして，象を得て言を忘る。象とは意を存つ所以にして，意を得て象を忘
る。猶お「蹄とは兎を在る所以にして，兎を得て蹄を忘れ，筌とは魚を在る所

132

以にして，魚を得て筌を忘るる」がごときなり。然らば則ち言とは象の蹄なり。象とは意の筌なり。(「周易略例」明象篇)

【訳】そもそも〈象〉とは〈意〉を表出するものである。〈言〉とは〈象〉を明確にするものである。〈意〉を十全に表わすには〈象〉にまさるものはなく，〈象〉を十全に表わすには〈言〉にまさるものはない。〈言〉は〈象〉から発生したので〈言〉を探究することで〈象〉を詳細に理解することができる。〈象〉は〈意〉から発生したので〈象〉を探究することで〈意〉を詳細に理解することができる。〈意〉は〈象〉によって完全に明らかにされ，〈象〉は〈言〉によって明瞭なものとなる。したがって〈言〉とは〈象〉を明らかにする手段であり，〈象〉を獲得した後に〈言〉を忘れる（ことが可能となる）。〈象〉とは〈意〉を保全する手段であり，〈意〉を獲得した後に〈象〉を忘れる（ことが可能となる）。（このことは）ちょうど「罠とは兎を獲得する手段であり，兎を獲得した後には罠を忘れ去り，籠とは魚を獲得する手段であり，魚を獲得した後には籠を忘れ去る」(『荘子』外物)ことと同様である。そうであるならば〈言〉とは〈象〉に対する罠（手段）であり，〈象〉とは〈意〉に対する籠（手段）である。

是の故に言を存つ者は，象を得る者に非ざるなり。象を存つ者は，意を得る者に非ざるなり。象は意に生ずるも，象を存てば，則ち存つ所の者は乃ち其の象に非ざるなり。言は象に生ずるも，言を存てば，則ち存つ所の者は乃ち其の言に非ざるなり。然らば則ち，象を忘るる者は乃ち意を得る者なり。言を忘るる者は乃ち象を得る者なり。意を得るは象を忘るるに在り。象を得るは言を忘るるに在り。(「周易略例」明象篇)

【訳】このことから（既に〈象〉を獲得した後に）〈言〉に固執する者は，〈象〉を獲得する者ではないのである。（既に〈意〉を獲得した後に）〈象〉に固執する者は，〈意〉を獲得する者ではないのである。〈象〉は〈意〉から生じたものであるが，（既に〈意〉を獲得した後に）〈象〉を保持するならば，その保持しているところの〈象〉は（〈意〉そのものに完全に合致する）〈象〉ではないのである。〈言〉は〈象〉から生じたものであるが，（既に〈象〉を獲得した後に）〈言〉を保持するならば，その保持しているところの〈言〉は（〈象〉そのものに完全に合致する）〈言〉ではないのである。そうであるならば，〈象〉を忘却する者こそが〈意〉を獲得する者である。〈言〉を忘却する者こそが〈象〉を獲得する者である。〈意〉の獲得は〈象〉の忘却により完成し，〈象〉の獲得は〈言〉の忘却により完成する。

II　秦漢〜隋唐

▶〈言〉→〈象〉→〈意〉という認識の階梯を経ることで〈意〉の把握は可能である。ただ王弼は，それが手段の忘却をもって完成すると述べ，〈意〉の純粋性を保全した。

🌑 用語解説

玄学　魏晋期に盛んに行われた抽象的な主題を有する学術をいう。そもそも「玄」とは，『説文解字』によれば，赤みを帯びた暗い色調をいう。そこから派生して，何か見えにくいもの，奥深くてはっきりとしないものを含意するようになった。「玄学」の呼称は，『老子』第1章に深遠なる〈道〉を形容して「玄の又た玄」とあることに基づく。すなわち〈玄学〉とは，それ自体では必ずしも判然としない〈道〉や〈無〉についての根源的探究であり，今日でいう広義の形而上学的思索に相当する。思想史上〈玄学〉とは，漢代儒教の達成と窮途の果てにおいて，新たに道家系の形而上学を積極的に取り入れることにより，儒教思想の内的拡充・発展をはかるものであった。

何晏（190？〜249）　字は平叔。母親が曹操の妾であったために宮中で育てられた。王弼と共に魏晋玄学の旗手として知られる一方，奔放な言動が批判の的となった。代表的業績には，先行する『論語』注釈を集大成した『論語集解』がある。何晏は『論語』に記された儒教的〈道〉に対して道家系の形而上学に基づく解釈を施すことにより，儒道を綜合した。かかる彼の解釈態度，そして〈有〉と〈無〉や〈道〉を主題とする存在論は，魏晋玄学の典型として後世に継承されることとなった。

🌑 より深く学ぶために

〈原典・訳〉

楼宇烈撰『王弼集校釈　上・下』（中華書局，1980年，中国書）

＊王弼による『周易』『老子』注釈をはじめ，「周易略例」「老子指略」の各論文ほか，『論語釈疑』の逸文をも広く収載している。

〈入門・解説書〉

堀池信夫『漢魏思想史研究』（明治書院，1988年）

和久希『六朝言語思想史研究』（汲古書院，2017年）

＊いずれも研究書ではあるが，王弼の形而上学と言語思想について各々詳細に論及している。

（和久　希）

郭象

（かくしょう：252〜312）

🌓 生涯と思想

　西晋期には「唯だ老荘を談ずるを事と為す」（『晋書』王衍伝）と指弾された王衍をはじめ，政務を顧みずに清談的空理空論に耽溺する政治家が出現し，それが国家混迷の原因となっていた。その清談的空理空論とは，三国魏の何晏や王弼（→127頁）らが活発に論じていた〈無〉の思想を承けるものであった。だが，そこにそうした思想傾向を憂慮して，現状を打開しようとする思想が登場する。その思想とは〈無〉に対して〈有〉を中心に据えるものであり，その先導者には，**裴頠**や郭象がいた。彼らを何晏・王弼らの「貴無派」に対して「崇有派」と呼ぶ。

　郭象（字は子玄）は，河南（河南省）の人である。『晋書』郭象伝に「少くして才理有り。老荘を好みて，能く清言す」とあるように，彼は幼少期から理知的な才能に優れ，老荘思想に親しんでいた。そしてその才能と嗜好は，清談において発揮されたという。当時，清談的空理空論派の領袖であった王衍は，郭象の言説は，勢いよく流れる河水のようによどみなく，尽き果てることがない，「懸河瀉水の注ぎて竭きざるが如し」と評した。このことから，時人は彼を「王弼の亜」すなわち王弼を亜ぐ者と見て，西晋期の玄学を牽引する者と捉えていた。彼自身もまた「常に閑居して，文論を以て自ら娯しむ」というように，思索や著述に沈潜する生活を好んでいた。

　ところが，郭象の生涯は後半生において一変する。沈潜どころか，司徒掾に辟せられ，黄門侍郎となり，後には東海王・司馬越のもとで太傅主簿となって大いに権勢を振るうのである。『晋書』郭象伝は「素論之を去る」と，彼の政治活動と平生の言説とは一貫するものではなかったと述べている。また『世説新語』文学篇は，郭象の人格について「薄行なれども儁才有り」として，

Ⅱ　秦漢〜隋唐

品格はやや重厚さに欠けるが，才能には確かなものがある，と批評している。

　郭象の代表的業績は，『荘子』への注釈である。郭象の「荘子注」は歴代の『荘子』解釈において筆頭に位置づけられ，後世に多大な影響を与えてきた。一説には郭象「荘子注」は，先行する向 秀による『荘子』解釈の剽 窃であると批判されてもいる。しかし実際には，郭象は向秀を継承しつつも，新たに補足整理を行い，彼自身の解釈を提出しているのであって，その批判は当たらない。郭象「荘子注」は，単に『荘子』の字句解釈に止まらず，郭象独自の哲学的思弁を『荘子』と対峙させる，そのような独創的内容をもつものであった。

　郭象「荘子注」の特徴は，まず第1には，存在論における形而上的根源者を排除したことにある。一般に道家系典籍においては，万物の背後に〈道〉〈無〉などの何らかの究極的な根源を措定してきた。しかし郭象はそのような立場を取らずに，存在者にとっての造物主などはなく，万物は〈自然〉に——自ずから然るままに存在している，と主張する。そして「万物が自然であるということは，万物それぞれが〈性〉を有しているということである」（『荘子』天運注）と述べ，個別的・相対的に異なる諸事物のありようを〈性〉と規定した。彼の『荘子』解釈に沿って述べるならば，大鵬には大鵬の，小鳥には小鳥の〈性〉があり，それに充足することを〈逍 遥遊〉と見たのであった。また郭象によれば，人間も〈自然〉なる存在であり，各々の〈性〉を〈自得〉すべきであるという。そしてそのためには〈人為〉を否定して〈無為〉であることが関鍵をなすとする。このような人間観については，〈自然〉や〈自得〉を自己の絶望や不安を超克する原理であると捉えて，新たな『荘子』解釈の立場を示したとする見解がある。

　郭象の言説は，かたちあるこの世界をあるがままに見据えようとするものであった。それは，存在者の背後に何らかの形而上者を措定する「貴無派」の言説をその根底において批判しつつ，知識人の責務は空理空論ではなく，現実に根ざした議論を行うことで，現実に対する責任を果たすことにあると見るものであった。

郭　象

郭象との対話

 万物がそれぞれ存在していることの根拠は，どこにあるのですか。

 存在者の外部に造物主などはなく，万物は自立的に生成存在します。

世或いは謂う，罔両は景を待ち，景は形を待ち，形は造物者を待つと。請い問わん，夫れ造物者は有なるか無なるかを。無なれば則ち，胡ぞ能く物を造さんや。有なれば則ち，以て衆形を物とするに足らず。故に明らかならんや，衆形の自ずから物たりて，而る後に始めて造物と言うを与すべきのみを。……故に造物者は主無くして，物は各おの自ずから造るなり。物は各おの自ずから造れば，待つ所無し。（『荘子』斉物論注）

【訳】世の中のある者は「幽かな影は影があってこそ成立し，影は形があってこそ成立し，形は造物者があってこそ成立する」という。ならば「そもそも造物者は〈有〉であるのか〈無〉であるのか」を問いたいものだ。（造物者が）〈無〉であるならば，〈ない〉ものがどうして万物を生成できるだろうか。〈有〉であるならば，その時点で万物（有）と同等のものになってしまい，万物を生成するに値しない。ということは，万物はひとりでに物（有）となったのであり，それが物となったのちにはじめて〈造物〉の議論が現れてくる，というのは自明である。……だから造物者が主宰するなどということはなくして，万物はそれぞれがひとりでにそのようになっているのである。万物はそれぞれ自立的に成立しており，その外に依拠するところなどはないのである。

▶存在の根源をめぐる思索において，郭象は，造物主は措定できないとする。仮に「造物者」が「無」であれば，「無」は「ない」ので，「有」の根拠にはなり得ない。「造物者」が「有」であれば，すでにその時点でそれは１つの存在者であり，あらゆる存在者に関与してその根拠となることなどはできない。ゆえに存在者の外部に「造物者」を措定することはできず，すべての存在者は自立的に成立するのである。

初め未だ有らずして欻として有り。故に物初に遊びて，然る後に物の為さずして自ずから有ること有るを明らかにするなり。（『荘子』田子方注）

【訳】最初の段階にあっては〈存在している〉ということはまだないので（万物は）突発的に〈存在する〉ことになるほかはない。だから存在者の開始地点に立ち返り，その開始の後に万物は一切の作為・行為なくして自立的に〈存在する〉ことがある，

137

Ⅱ　秦漢〜隋唐

ということを明らかにするのである。

　『荘子』思想の核心は，どこにあるのでしょうか。

　〈逍遥遊〉にあります。具体的には，あるがままに〈自得〉することです。

夫れ荘子の大意は，逍遥遊放，無為にして自得するに在り。(『荘子』逍遥遊注)

【訳】そもそも『荘子』の主旨は，〈逍遥遊〉すなわち物事のあるがままに任せることにあり，(それは) ことさらな作為なく自己充足することである。

夫れ小大殊なると雖も，而れども自得の場に放たるれば，則ち物は其の性に任じ，事は其の能に称う。各おの其の分に当たり，逍遥するは一なり。(『荘子』逍遥遊題下注)

【訳】そもそも小／大（各々の存在の様態）は異なっているが，しかしそれぞれが自己充足の境域に至っているのであれば，万物はその本来的〈性〉のままにあり，物事はその所与の〈能〉に合致する。各々はその分限である〈分〉に即応しつつ，あるがままに任せているという点では一致している。

▶郭象は『荘子』の主眼は〈逍遥遊〉にあると見ており，それは存在の様態に拘らず，各々がその個別・固有のありのままに〈自得〉することであるとしていた。

用語解説

裴頠（267〜300）　西晋期の思想家である。その言説は郭象と共に「崇有派」に位置づけられる。裴頠は「崇有論」を著して「虚無はどうしてすでに存在する事物に対して意味をなすことがあろうか」と述べ，いたずらに形而上学的思索にふけるのは無用であると指弾した。また『老子』の再解釈を通じて「貴無派」に対する反論を試みた。

より深く学ぶために

〈原典・訳〉
郭慶藩『荘子集釈（新編諸子集成）』（中華書局，1961年，中国書）
＊『荘子』本文と郭象注および唐代の成玄英による疏（注釈に対する注釈）を収載。

(和久　希)

◆コラム◆ 葛　洪（かっこう：284〜343？）

「私の命は私自身のものであり，天によって決定するものではない。不老長生は，
学んで到達できるものである。」（『抱朴子』内篇黄白）

　葛洪の代表的著作である『抱朴子』内篇の中には，不老不死は自己の努力によって実
現することができるという，神仙可学説が見られる。葛洪のこうした主張の背景には，
彼の生きた晋の社会状況と，彼の置かれた境遇とがあるのだろう。

　葛洪は丹陽の句陽（南京近郊）の人で，代々呉に仕えてきた家柄である。だが当時，
枢要なポストは永嘉の乱（307〜312年）に際して南遷してきた北人貴族か，ごく一部の
上層の江南貴族に占有され，葛洪のような呉出身の地方豪族たちは政治的中枢から疎外
されていた。

　葛洪によれば，神仙は社会的境遇の如何に拘らず，誰でも努力次第で到達可能である
という。神仙思想は中国において古い伝統をもつが，初期の神仙思想において，神仙は
人境を遠く離れた地に住み，皇帝のような選ばれた人間のみが接触できる存在であった。
しかし，葛洪の神仙思想は，たとえ天賦の才の無い凡人であっても，行いを善くして修
行に専念すれば，不老不死を実現できるとするのである。

　さらに葛洪は，江南に北人貴族たちの軽佻浮薄な風潮が蔓延し，自分たちの土着文化
が蔑視され衰退していくのを目の当たりにした。葛洪が様々な神仙術に精通していたの
には，葛氏がもともと江南の神仙思想と関わりの強い家柄であったことが影響している。
葛氏は代々，同じく丹陽の地方豪族であり，『真誥』の制作者である許謐・許翽父子を
輩出した許氏と通婚関係を結んでいた。また，彼の従祖（祖父の兄弟）である葛玄は，
後漢末の有名な神仙術者である左慈の弟子で，葛仙公とも呼ばれる。

　そのような環境にあって葛洪は，様々な神仙術の中で，不老不死を実現するための最
上の方法は金丹術であると述べる。それは，左慈から葛玄，葛玄からその弟子である鄭
隠，さらに鄭隠から葛洪へと，師から弟子へ，口述によって極めて狭い範囲で伝えられ
てきた伝統的な実践法なのだろう。

　彼の神仙像は，嵆康（→123頁）の思想を継承し，展開するものであると言われる。
嵆康は「養生論」で，神仙になれるかは生まれつき決定しているが，人は努力次第で生
命を延ばすことができると述べる。葛洪は，東晋の建国に際して政治的理想を挫かれ，
江南文化の危機を目にしたとき，江南に伝わる神仙術に基づきながら嵆康の説を推し進
め，自らの生命を超克し理想的な生を実現しようと願ったのだ。

（冨田絵美）

Ⅱ　秦漢～隋唐

◆コラム◆　陳寿（ちんじゅ：233～297）・范曄（はんよう：398～445）

　陳寿が『三国志』で扱う三国時代は，魏・蜀・呉の三国が並び立った，中国史で最初
の分裂時代である。古代中国では，中華に君臨する国家（皇帝）はただ１つでなくては
ならないとされていた。ゆえにこうした分裂期をどう考えるか，換言すれば並存したど
の国家を正統な国家と見なすかが問題とされた。これを正統論という。陳寿は，この問
題に直面した最初の史家と言ってよい。

　これに対し陳寿は，三国のうち魏のみを正統とし，蜀・呉の正統性を認めない態度を
示す。彼の仕える西晋が魏の正統を継ぐ国家であったためである。むろん陳寿も，蜀の
劉備や呉の孫権が皇帝を称した現実それ自体は記録する。ただ，微妙な体裁や表現の差
によって，両者の正統性を否定する。こうした記録者が僅かな表現の差異で歴史評価を
下す手法を，中国では「春秋の筆法」という。

　ただ，陳寿の非凡さは，西晋の臣として魏を正統化するだけでなく，自身の祖国であ
る蜀にも配慮を凝らしたことにある。陳寿自身が蜀を正統とすることはできずとも，蜀
がいかなる理論で自身を正統化していたかを記録することで，蜀なりの正統論の存在を
後世に伝えたのである。陳寿の努力は，やがて宋代に本格化する正統論争に少なからず
影響を与えた。

　この『三国志』の前時代にあたる後漢の正史が，劉宋の范曄が編纂した『後漢書』で
ある。しかし范曄の生没年を見てのとおり，当時は後漢滅亡から約200年が経過してお
り，その間には既に多くの後漢の史書が編纂されていた。それにも拘らず范曄があえて
『後漢書』をまとめたことには，いくつかの理由が考えられる。

　１つは，表現である。既存の後漢の史書は，繁雑でまとまりがないと批判されるもの
が少なくなかった。他方，自らの『後漢書』の賛を「吾が文の傑作にして一字の無駄も
ない」と誇ったように，范曄は文章表現に対し並々ならぬ拘りを懐いていた。范曄はそ
うした先行する後漢の史書を整理し，自己の文章に改めることによって『後漢書』を著
したという。おりしも六朝時代は，〈文〉の意識の自覚されつつあった時代である。『後
漢書』という史書にもそうした文章意識の高まりが及んでいたのである。

　動機の第２は，劉宋期の貴族制と関わる。当時，軍門出身の皇帝劉氏のもと寒門層が
台頭しつつあり，貴族は従来の地位を揺るがされつつあった。この社会背景を受けたか，
『後漢書』では，六朝貴族のルーツである後漢末の士人が国家を護って殉死した義士と
して評価される。范曄は彼らを美化することで貴族の価値を問い直し，また貴族のある
べき姿というものを『後漢書』で描き出したのではないだろうか。

（袴田郁一）

◆コラム◆　陶淵明（とうえんめい：365〜427）・謝霊運（しゃれいうん：385〜433）

　隠逸詩・田園詩で有名な陶淵明と，山水詩で有名な謝霊運。この2人には20の年齢差があり，家柄も南方の土着士族と北来の名門貴族で格差がある。直接会ったこともなかったであろうとされているが，詩人として「陶謝」と併称される。

　魏晋交替期の清談が詩の世界に入り込み，典型的な姿で現れ盛行したのは，東晋前半期であった。老・荘・易の哲理を綴る玄言詩の表現は，思想の言葉遊びのようで詩としての味わいが少ないと評される。しかし，そこで得られた自然に対する関心が，東晋後半期から劉宋にかけて生きた2人の卓越した詩人によって，それぞれ違う形で発展的に受け継がれることになった。隠逸詩人の宗と評される陶淵明の詩句のうち，最も人口に膾炙するのは，夏目漱石も『草枕』で「採菊東籬下，悠然見南山」とその一節を引用する「飲酒」其五であろう。この詩には〈真〉や〈忘言〉など玄言詩に連なる語彙も用いられているが，作品全体は玄言詩から脱皮して，田園で隠遁する陶淵明の姿がはっきりと浮かび上がる。一見素朴だが噛めば噛むほど味が出る深みを備えた佳篇といえよう。「池塘春草の夢」といえば，日本では教科書や辞書に朱熹の詩の一節として載っていた時期もあり有名である。「池塘春草」は謝霊運の詩，「夢」はその詩にまつわる風説があり，それを適当に使ったものが朱熹の作とされたのであろう。生え初める春草を描写した謝霊運の秀句は，夢の中で才能豊かな族弟に会った瞬間に得られたのだと，まことしやかに囁かれていた。その「池塘春草生ず」の句を含む「池上楼に登る」詩には，玄言詩に連なる語彙もあり形而上的部分もある。しかし，仕上がりは玄言詩と一線を画す。謝霊運は自然の中を跋渉した。玄言詩の思弁性に，自分が体感した山水の美を乗せて表現したのである。ともかくも，ほぼ同時代に生き，共に玄言詩を引き受けた2人の詩風は全く異なっている。その違いは，自然描写と関わらない作品に表われた，彼らの思想面における傾きと響きあう。陶淵明は『論語』の愛読者でもあった。それは，追いつめられたときに取り乱さないのが立派な人間であるとした孔子（→5頁）の言葉「固窮」など，『論語』に由来する語彙を好んで詩作に取り入れていることから明らかである。一方，謝霊運は仏教に深く傾倒していた。経典の翻訳をし，仏教論文も書いている。廬山の慧遠法師の白蓮社に入ることを望むも謝霊運の人柄を理由に拒絶されたと伝えられるが，彼が刑死に際して詠んだ「臨終詩」は，仏教思想を反映する作品として，唐代に編まれた『広弘明集』に収められた。「陶謝」は，時代が用意した思想的基盤を共有しつつ，それぞれの感性を色濃くにじませて詩作したのである。

（稀代麻也子）

II 秦漢〜隋唐

◆コラム◆　沈約（しんやく：441〜513）・劉勰（りゅうきょう：460年代〜6世紀前半）

　南朝の沈約は，政治の中枢にあって梁朝建国の功臣ともなった大物である。沈約より四半世紀ほど遅れてこの世に生をうけた劉勰は，沈約に引き立ててもらえたことにより世に出て文名を馳せ，僧侶として没した人物である。2人とも宋・斉・梁3代にわたって生き，梁の武帝の時に没した。2人に共通しているのは，貧しく苦しい幼少期を過ごし，勉学によって人生を切り拓いたことである。

　沈約の父親は宗室の権力闘争に巻き込まれて殺された。沈約は，数え年13歳の謀反人の子として逃亡生活を余儀なくされる。苦しい生活を脱する唯一の道は，学問であった。彼は，身体を壊すのではないかと母親が本気になって心配するほど勉学に励んだ。ただでさえ沈氏は，武門出身の新興士族に過ぎなかった。六朝貴族制の中にあって，家柄に恵まれない者が名を成すには，洗練された詩文が書けることが必要だった。また，宋の文帝が国家の学問として四学（玄・儒・文・史）を並べ立てたことが象徴するように，当時，高度な学問的素養は，成り上がるための手段となりえた。沈約は幅広く学び，遂に政治的権力と密接な関係にある文壇の領袖となる。

　劉勰も幼少期に父を亡くし，寺に身を寄せて学問に励んだ。その成果は，中国最初の体系的な文学理論書『文心雕龍』として結実した。沈約がこれを高く評価したため劉勰の文名が上がるが，認めてもらうにあたって彼のとった行動は，物乞いのようだと揶揄されるような卑屈なものであったという。話の真偽はともかく，劉勰の『文心雕龍』は，完全に近い形で今に伝わる名著である。

　沈約も劉勰も，身を立てる手段として幅広い教養を身につけた。特に沈約は，政治の中心近くにいて，時の政権の動向を見つつ，儒・道・仏の三教交渉に関する論文を含め，変幻自在に様々な思想的背景をもつ詩文を書いている。彼は永明文学の領袖であり，蕭衍（のちの梁武帝）と共に竟陵八友の一であった。蕭衍即位の後，太子詹事に任じられ，昭明太子と関わりをもつ。中国語の音韻の特徴を詩文に利用して近体詩確立に貢献したことで名高いが，仏教を学問として扱う際に外国語である梵語と接して気づきを得たと言われる。『宋書』の謝霊運伝につけられた沈約による評論は音韻論を含む文学論となっている。そこで沈約は，謝霊運（→141頁）が玄言詩の風を改めたことを高く評価する。論説の基底に儒教的文学観が存在する沈約の文学論は，劉勰『文心雕龍』で洗練され，拡大された。劉勰が何らかの形で編纂に関わったとされる2種の書物がある。昭明太子の『文選』は日本文学にも大きな影響を与えた詩文アンソロジー，僧祐の『出三蔵記集』は現存最古の経録，共に歴史に残る名著である。

（稀代麻也子）

陶弘景

（とうこうけい：456〜536）

🌑 生涯と思想

　　現在，道教経典の多くは『正統道蔵』などの道教経典集に収録されている。道教経典の内容は多岐に及ぶが，それらを分類する最も基本的な枠組は三洞である。三洞とは，洞真・洞玄・洞神であり，それぞれが上清経・霊宝経・三皇経という経典群に基づいている。道教経典は東晋時代から盛んに制作され，六朝後期になると三洞の区分が成立し，**陸修静**や陶弘景らによって整理と体系化がなされたと考えられている。

　　陶弘景，字は通明。劉宋の孝建3（456）年，丹陽秣陵（南京市）の豪族陶氏に生まれた。10歳のときに葛洪（→139頁）の『神仙伝』を読んで養生の道を志した。若いころには南斉に仕官していたものの，37歳で官を辞し，華陽隠居と号して茅山（南京市南東）に隠棲し，俗縁を絶った。しかし，永元2（500）年に蕭衍が挙兵すると，彼は自ら交渉を求め，蕭衍に上表してその前途を慶賀した。翌年，蕭衍が即位して梁朝を建てると，陶弘景は新王朝受命の正統性を図讖（自然現象などに表われる予言）を用いて立証した。武帝（蕭衍）の彼に対する信頼は絶大で，国家の大事に際して必ず事前に諮問があったため，時人は彼を「山中宰相」と呼んだという。彼が梁の大同2（536）年に死去すると，中散大夫を贈られ，貞白先生と諡された。

　　『隋書』経籍志には，陶弘景の著作として儒教経典についての多くの注釈書が著録されている。さらに，天文，医学，本草学（薬物学）などに関するたくさんの論著もある。しかし陶弘景の最大の事蹟は，『真誥』をはじめとする上清経の収集整理によって，道教思想の組織体系化に寄与したことにある。

　　『真誥』は，東晋の興寧年間（363〜365年），丹陽の許謐・許翽父子が，霊媒の楊羲を通じて茅山にて神降しを行い，神仙によるお告げを書き残したことで，

Ⅱ　秦漢～隋唐

初めて世に現れた。その記録は彼らの死後に散逸したが，永明6（488）年，陶弘景は茅山へ行って楊・許の手跡を入手すると，その後も浙越地方の名山を訪ねて手跡の収集を続け，筆跡の真贋を判定して注記を付し，『真誥』を編纂した。『真誥』とは真人（神仙のこと）のお告げを意味し，真人が詩詞により教えを発揚する「運題象」，修行学道を励まし教義に背く者を戒める「甄命授」，実修の要領を述べる「協昌期」，真人や仙人の地位と住んでいる洞天（名山景勝の奥深くにある神仙の居所）について明らかにする「稽神枢」，鬼神の宮殿官府及び職掌や出自を説明する「闡幽微」，許父子らの生前の記録や書簡を収録した「握真輔」，該書成立の経緯を陶弘景自身が記した「翼真検」の全7篇から成る。なお，陶弘景が編纂した上清経には他にも，得道の実践方法を記した『登真隠訣』や，弟子の周子良が死ぬ前に行った神仙との交流記録に基づく『周氏冥通記』などがある。

　陶弘景が関与した文献は，上清経の教義の核心を形成している。上清経とは，従来の神仙思想における諸仙人のさらに上位に，新たに真人を位置づけ，そのお告げを重視するものである。その修行法は，体内にいる神々を存思することを中心に据え，それに服気（呼吸法）や誦経（経典の誦読）などを組み合わせるものである。また，独自の世界観に基づく新しい救済理論を提示しており，世界は仙・人・鬼（死者）の3部から構成されていて，人は行為の善悪によってその3つの世界を往来し，鬼さえも救済の対象であるとする。

　このほか，陶弘景の功績には『本草経集注』の編纂がある。現存する最古の本草書は，後漢ごろに成立した『神農本草経』であるが，この伝本には混乱があった。そこで陶弘景は，他の本草関連諸本を参酌して『神農本草経』を校訂し，『名医別録』を付して注釈を施した。

　なお，陶弘景は書にも深い関心を有しており，『真誥』編纂のために筆跡鑑定を行ったほか，武帝との間で法帖の貸借や書論の応酬などがなされていた。

　陶弘景は上清経の教義を集大成したが，その基盤には，本草学や書法も含む幅広い知識による裏づけがあった。その後，道教は唐王室と密接な関係を築いて盛行し，中でも上清経の教義は，道教組織において特に高い地位を得ることになるが，そこには陶弘景が大きな役割を果たしていたのであった。

陶弘景

●陶弘景との対話

 善行を積めば，みな等しく神仙になれますか。

 神仙には低い位階から高い位階まで多くの種類があり，それは本人と祖先の生前の行いや修行によって決められます。

世に在りて陰功密徳を行い，道を好み仙を信ずる者は，既に浅深軽重有り，故に其の受報も亦た皆同じきを得ず。身に即して地仙となり死せざる者有り。形に託して尸解して去る者有り。既に終えて洞宮に入り学を受くるを得る者有り。先に朱火宮に詣り形を煉る者有り。先に地下主者と為りて乃ち品を進む者有り。先に鬼官を経て乃ち遷化する者有り。身の去るを得ざる者も，功は子孫に及び，道を学ばしめ，乃ち抜度する者有り。諸々の此くの如く例は，高下数十品ありて，一概を以て之を求む可からず。(『真誥』闡幽微 陶弘景注)

【訳】在世中に人知れず密かに功徳を行い，仙道を好み信ずる者は，そこに深浅軽重の違いがあるのであるから，それによって受ける果報も，すべて同じというわけにはゆかない。ある者は，生身のままで地仙（天に昇らず名山を遊行する仙人）になって不死を得る。ある者は，肉体を何かに託して尸解（死体から心や魄だけ抜け出すこと）して仙去（仙人となること）する。ある者は，死んでから洞天の宮殿に入って修行の道を授かることができる。ある者は，まず朱火宮（死者が再生する所）に赴いて肉体を錬化する。ある者は，まず地下主者（仙去して冥府の文官となった者）となったうえで神仙の階位をすすんでゆく。ある者は，まず鬼官（仙人になれず冥府で働く死者）の位を経たうえで神仙に変化する。ある者は，本人は仙去することはできないが，功徳が子孫に及んで仙道を学ばしめることとなり，そのことによって済度される。このような諸例は，高下数十の種類があって，ひとしなみにたずね求めることはできない。

＊訳文は吉川忠夫・麦谷邦夫編『真誥研究訳注篇』による。括弧内は筆者による補足。

 存思はどのように行うのでしょうか。

 身体の各所にいる神の名前や姿形を，順番に思念します。

Ⅱ　秦漢〜隋唐

三八景二十四神，次を以て之を念ず。亦た一時に頓に三八を存す可く，亦た平旦に上景を存し，日中に中景を存し，夜半に下景を存す可し。人意に在りて之を為すなり。若し身を幽巌に外し，人事を屏絶し，内に神関を念じ，真を摂り気を納れんとすれば，平旦に頓に三八景を存し，二時に又た各〻重ねて一景を存す可きを将て，益は当に佳なるべきなり。（『真誥』協昌期）

【訳】身体の上中下の３部にそれぞれ居る８神，計24神を，順番に思念する。一時に24神を一気に存思してもよいし，また朝方に上部の神を存思し，日中に中部の神を存思し，夜半に下部の神を存思してもよい。人それぞれ思いどおりにやればよいのである。もし深山幽谷に身を隠し，俗世間との関わりを絶ち，心中に神の守る関所を思念して，真を養い気を取りこもうとするならば，朝方に３部各々８神の計24神を一気に存思し，日中と夜半の２回に繰り返し１神ずつを存思すると，その効能は素晴らしいであろう。

▶存思は，精神を集中して神や事物の姿を思念する道術である。その方法は数多くあるが，ここでは身体における上中下３部の各８神，あわせて24神を思念するやり方を説く。なお，この文は陶弘景の撰述ではなく，楊羲もしくは許父子の手跡に基づく。

用語解説

陸修静（406〜477）　斎醮儀範（罪過を告白し神々を祀る儀式の方法）の整備や，自らが収集した道教経典に基づいた『三洞経書目録』などの作成を行い，その道教史上における重要性は，儒教史上の孔子や，仏教史上の釈道安と比擬されることもある。

より深く学ぶために

〈原典・訳〉
石井昌子『真誥』（中国古典新書続編14，明徳出版社，1991年）
吉川忠夫・麦谷邦夫編『真誥研究訳注篇』（京都大学人文科学研究所，2003年）
〈入門・解説書〉
吉岡義豊『永生への願い』（吉岡義豊著作集４，五月書房，1990年）

（冨田絵美）

顔師古

（がんしこ：581〜645）

🌑 生涯と思想

　顔師古は，『顔氏家訓』の著者として有名な顔之推の嫡孫である。もともと
は，諸葛亮（→114頁）と同じ徐州琅邪郡（山東省臨沂市）を本籍地としてい
たが，顔之推の9世祖の顔含の時より江南にわたり，東晋の首都建康で暮らし
たが，顔之推のとき，北朝に連れ去られて万年県（陝西省西安市）に居住した。
顔師古は，隋の仁寿年間（601〜604年）に，安養県（湖北省襄陽市近郊）の県尉
（警察所長）となったが，辞して都の長安に戻り，家学の『周礼』と『春秋
左氏伝』，そして何よりも『漢書』を修めた。

　唐が建国されると（618年）仕官し，皇帝の詔勅を起草する中書舎人などを
歴任した。その詔勅文は，当代随一と称されたという。第2代太宗李世民が即
位すると（626年），中書侍郎に遷り，琅邪県男に封建された。貞観4（630）
年には，太宗の命により「五経正義」の定本づくりを始め，3年後に上呈し
た。そののち，国家の図書を管理する秘書省の次官である秘書少監となり，
諸本を校勘した。貞観11（637）年には，魏徴・房玄齢らと共に「五礼」の修
定を行い，『大唐儀礼』100巻を撰した。貞観12（638）年より開始され，貞観
16（642）年に完成した，儒教経典の正しい解釈を定める「五経正義」でも，
その学問は遺憾なく発揮されたのである。

　このほか，顔師古には単著として『匡謬正俗』や『急就篇』の注もある。
しかし，顔師古の名を後世に残したのは，皇太子である李承乾の命により，
『漢書』100巻の注釈を作成して，貞観15（641）年に完成させたことにある。
そののち，貞観19（645）年，顔師古は65歳のとき，秘書監・弘文館学士のま
ま世を去った（『旧唐書』顔師古伝）。

　顔師古の『漢書』注の特徴の第1は，顔氏の家学の継承にある。祖父の顔之

147

II　秦漢〜隋唐

推が著した『顔氏家訓』の勉学篇と書証篇には，『漢書』への言及があり，10
カ所の顔師古注に反映している。また，叔父の顔遊秦は『漢書決疑』12巻を著
したが，『旧唐書』の顔師古伝は，顔師古の『漢書』注が多く『漢書決疑』に
依拠していると明記する。事実，裴駰の『史記集解』に残る『漢書決疑』は18
例，うち15例までが，『漢書』顔師古注に取り入れられている。顔遊秦を「大
顔」，顔師古を「小顔」と称する所以である。

　第2の特徴は，漢魏の旧注の行っていた訓詁の学（文字の音と意味を解釈する
学）を高く評価する点にある。劉宋の裴松之が陳寿（→140頁）の『三国志』
に史学独自の方法論に基づいて注を付すまでは，『漢書』の注も経書への注の
つけ方である訓詁の学に基づいていた。顔師古『漢書』注の第3の特徴である，
裴松之の方法論を継承する南朝『漢書』学への批判は，漢魏の旧注を評価する
第2の特徴の裏返しである。顔師古の『漢書』注は，史学の方法論に基づく注
から，経学（儒教）の方法論に基づく注へと回帰することを目指したのである。

　第4の特徴は，『漢書』本文に対する厳格な校勘にある。これも後漢末の鄭
玄（→102頁）に代表される経学が，本文の校勘を極めて厳格に行っていた方
法論への回帰である。そして第5の特徴は，内容について解釈する際に，でき
る限り『漢書』の中で解釈を行う点にあるが，これも西晋の杜預が『春秋左
氏伝』への注で確立した拠伝解経法（左氏伝に基づき春秋を解釈する方法）の援
用である。こうして『漢書』は史学独自の方法論を放棄し，経学のそれに回帰
することで，国家の「正史」としての正統性を高めようとしたのである。

　加えて，こうした顔師古注の特徴の背景には，史学を家学とする貴族を打倒
する意図が垣間見られる。裴松之のほか，『史記集解』の裴駰を輩出した「河
東の裴氏」は，南朝史学の中心であったが，これへの批判は既に見た。『漢書』
を家学とし，『梁書』『陳書』を著した姚察を出した「呉興の姚氏」へは，彼
らが尊重する譜学を批判することで攻撃を加えている。さらには，皇太子を狙
い，『括地志』を編纂させた李泰を牽制するための地理書への批判もある。客
観的に見える注釈の中には，唐初の貴族社会の中を党派的な学問により強かに
生き抜いていこうとする顔師古の戦略が隠されているのである。

顔師古との対話

 Q 後世「班孟堅(班固)の忠臣」と呼ばれますが,いかがですか。

 A 本望です。班固の採用しなかった異聞は取るべきではなく,『漢書』は『漢書』の中で,解釈すべきなのです。

蔡謨は臣瓚の一部を全取し,漢書に散入す。此より以来,始めて注本有り。但だ意は浮き功は浅く,隠括を加えず,属輯は乖舛し,錯乱は実に多し。或いは乃ち本文を離析し,其の辞句を隔て,穿鑿の妄起こるは,職ら此の由なり。未だ注せざるの前と大いに同じからず。謨も亦た両三の処に意を錯じうる有るも,然れども学者に於て竟に弘益すること無し。……近代の史に注するは,競いて該博を為し,多く雑説を引き,本文を攻撃す。言辞を詆訶し,利病を掎摭し,前修の紕僻を顕らかにし,己の識の優長を騁べる有るに至る。(『漢書』叙例)

【訳】(いま通行している『漢書集解』を著した東晋の)蔡謨は臣瓚(の注)一組をすべて横取りし,『漢書』(の本文の中)にばらまいた。これより後,初めて(本文と注が一体となった)注本が現れた。しかし(蔡謨の)考えは浮薄で仕事は浅薄で,慎重な点検を加えず,編纂は破綻し,錯乱した箇所は実に多い。時には(間違った箇所に注を入れて)本文を離ればなれにし,その辞句を隔て,(その結果,もとの意味を)穿鑿する妄説が起こっているのは,専らこのためである。(『漢書』の本文は)注をつける前とたいへん変わった。蔡謨自身もまた2,3箇所に意見を加えるが,しかし学者には全く役に立つことはない。……近ごろの史書に注をつける方法は,該博を競い,多く雑説を引用して,本文を攻撃している。(中には本文の)言辞を批判し,善し悪しをあげつらい,先人の間違いを明らかにし,自分の見識の優秀さを述べるものまである。

▶顔師古は,『漢書』に注をつける際に,裴松之から始まる南朝系の史学の方法論を取らなかった。裴松之は,陳寿の『三国志』に注をつける際に,陳寿が採用しなかった様々な書籍を引用し,陳寿の本文を外的に史料批判すると共に,本文の矛盾を指摘する内的史料批判までを行った。ここに,史学は経学とは異なる学問の方法論を確立し,史学は経学から自立したのである。しかし,顔師古は,こうした異聞を集め,本文を批判する方法論を批判し,経学と同様の訓詁を重視したのである。

149

Ⅱ　秦漢〜隋唐

Q なぜ多くの史書の中で，特に『漢書』を尊重するのですか。

A 皇太子さまが，漢を規範とされ，また経学の成り立ちが，『漢書』から明らかになるためです。『漢書』は，祖父顔之推以来の家学でもあります。

儲君上哲の姿を体し，守器の重を膺し，三善を俯降して，九流を博綜す。炎漢の余風を観，其の終始を究め，孟堅の述作を懿め，其の宏瞻を嘉す。……六芸は残欠し，全文を観ること莫く，各々自ら家に名づき，鑣を揚げ路を分つ。是を以て向・歆・班・馬・仲舒・子雲の引く所の諸経，或いは殊異有り，近代の儒者と訓義同じからず。前賢を追駁し，妄りに瑕類を指し，曲げて後説に従い，苟くも局塗に会す可からず。(『漢書』叙例)

【訳】皇太子殿下は（君主に相応しい）上哲の姿を体得し，（国家を）守るべき器の重さを備え，3つの優れた徳を示し，諸子九流に通じておられます。（理想の国家として）赤徳の漢の余風を観察し，漢の終始を究め，班固の述作（である『漢書』）を褒め，その博宏を良しとされました。……（儒教経典の）六芸は残欠であり，全文を見ることはできず，それぞれ一家を名乗って，袂を分かち道を異にしている。そこで劉向・劉歆・班固・司馬遷・董仲舒・揚雄が引く経書は，時に違いがあり，近代の儒者と意味解釈を同じにしていない。先賢を批判し，むやみに傷を指摘し，むりやり後世の説に従って，いい加減なこじつけをするのはよくない。

▶火徳の隋はもとより，当初，火徳を称していた唐も，自らに先行する統一国家の漢を「古典中国」として尊重した。それを記録した『漢書』が尊重された理由である。

🌑 用語解説

裴松之(372〜451)　劉宋の史家。陳寿の『三国志』に注をつける際，補闕・備異・懲妄・論弁という4つの方法を採用して，史学を経学から自立させた。

🌑 より深く学ぶために

〈原典・訳〉

小竹武夫訳『漢書』（全8冊，筑摩書房，1997年）

＊『漢書』本文に加え，顔師古注を翻訳している。　　　　　　　　　　　　（渡邉義浩）

150

劉知幾

（りゅうちき：661〜721）

🔵 生涯と思想

劉知幾は，字を子玄といい，唐の全盛期，おおよそ則天武后から玄宗の治世に活躍した。劉知幾の著した『史通』は，中国で初めての体系立った史学理論の書として，今日に至るまで高く評価されている。

劉知幾の史学への憧憬は，幼少期から既に現れていた。幼き劉知幾は，他の儒教経典をなかなか憶えることができないなか，ためしに読んだ『春秋左氏伝』には俄然興味を示し，わずか1年ですべて暗誦してしまった。「書物がみなこうであったら，わたしも怠けなかったのに」と後年の劉知幾は回想する。

その初心のもと，20歳で科挙に及第した劉知幾は，史館（史書編纂を行う部署）への配属を希望する。41歳でそれは叶い，『唐書』『高宗後修実録』『則天実録』『中宗実録』などの編纂に携わった。ところが，念願を叶えたはずの劉知幾は，同時に史館の現実も目の当たりにした。史館の好待遇にあずかろうと，史才のない者までが殺到したためである。『史通』はその有様を「実際に筆を執る者は十のうち一，二人なのに，史書が完成するとそろって編者に名を連ねようとする」「穀潰しの巣窟，禄盗人の吹き溜まり」と痛烈に批判する。幻滅した劉知幾はやがて史館を去ろうとするが，そのたびに才を惜しまれて留意され，結局61歳で没する直前まで史職に留まった。

『史通』は，史学の堕落に失望した劉知幾が史職から一時離れた時期に著された。内篇と外篇各10巻からなり，その論点は史書の形式論，方法論，表現論，史学史，史官のあり方など多岐にわたる。古今の史書の具体例を取り上げ，緻密な理論でその長短を明らかにする学問態度は，今日でもなお色褪せない。

ところで古代中国における〈史〉は，客観性・科学性こそを第一とする近代歴史学とはあり方が大きく異なる。春秋時代，史官は単に事実そのものをあり

Ⅱ　秦漢～隋唐

のままに記録するだけでなく，記録によって為政者を批判することを使命とした。国家の正義と悪行を記録することを通して，あるべき秩序や倫理規範を追い求めたのである。「勧善懲悪」のための歴史叙述こそが，中国史学の根本であった。ゆえにやがて儒教が中国思想の中核となると，史学はその影響を大きく受ける。魯国の年代記に過ぎない『春秋』が儒教経典の１つに目されるようになったことは，それを端的に象徴する。儒教が示す倫理規範が，すなわち史学が追及すべき倫理規範となったのである。

　こうした史のあり方は，魏晋南北朝時代に画期を迎える。約370年に及ぶ分裂時代は，従来とは比較にならない膨大な数の史書を生み，新たな史学意識を醸成した。例えば**正史**『三国志』に注釈を施した裴 松 之は，大量の史書を引用して『三国志』の記事を補うと共に，それらに批判的な分析を行った。より多くの記録を利用して科学的な批判を行うことで，「史実」に接近することを重視したのである。儒教とは異なる，史学独自の方法論の萌芽である。

　劉知幾は，中国史学の伝統と新たな潮流の集大成者であった。劉知幾の方法論の中には，近代歴史学の史料批判に近い精神を見ることができる。劉知幾は，合理的かつ客観的な史料の吟味を史書編纂上の重要な基礎作業と考えていた。先の裴松之を継承する，新たな史のあり方をここに見ることができよう。他方，次頁「劉知機との対話」で示すように，史の本質を倫理性の追求と理解していたことは，やはり伝統的な史学意識の継承と言ってよい。劉知幾は「直筆」の重要性を力説する。この「直筆」とは，事実をありのままに記録することではない。時として権力と対峙してでも，叙述によってあるべき倫理の形・国家の秩序を追い続ける春秋以来の史官精神を言うのである。

　ただ，劉知幾の理想が実現されることは難しかった。

　唐は，本格的な史館制度を初めて整備した国家であった。国家による制度の拡充は，より多くの史料の採集・保存を可能にし，充実した歴史叙述を支える。だがその反面，編纂される史書には当然国家の方針が強く働く。劉知幾がその辞表で「史書に１字でも貶褒を加えれば，たちまち朝野に知れわたる始末です。……権勢者の圧力を感じずにはいられません」と述べるとおりである。「直筆」の精神，客観性の追究は大きく損なわれた。かくして『晋書』以降，正史編纂

は国家事業として行われ，史学は国家権力の強い影響下に置かれるようになる。
ゆえに彼は，史館に辞表を叩きつけたのであった。

● **劉知幾との対話**

 歴史書には何を記録すべきなのでしょうか？

 道義や，国家の興亡，制度に関わることです。

一に曰く沿革を敍し，二に曰く罪悪を明らかにし，三に曰く怪異を旌わす。何者、礼儀の用舍・節文の升降は則ち之を書し，君臣の邪僻・国家の喪乱は則ち之を書し，幽明の感応・禍福の萌兆は則ち之を書す。是に於いて此の三科を以て，諸を五志に参ずれば，則ち史氏の載する所，闕無きに庶幾し。
(『史通』書事篇)

【訳】1に沿革を叙述すること，2に罪悪を明らかにすること，3に怪異を書き記すこと。つまりは，儀礼の存廃や礼典の相違，邪悪な君臣や国家の滅亡，幽明の感応や禍福の兆しを記すのである。よってこの3点を，先の5つの心得に加えれば，史家の記載する項目は，完璧に近い。

▶劉知幾は，史書に記録すべきことについて，先人が挙げる「5つの心得」に足して上記3点を挙げる。それらの主旨をまとめるならば，①勲功や罪悪などの道義，②礼や法の制度の変遷，③賢君と能臣，④国家の興亡を予兆する怪異となる。国家の秩序や興亡，あるべき道義を明らかにすることで，後世に「善を勧め悪を懲らす」ための鑑をなす。これが劉知幾が遵守する中国史学の根本であった。

 歴史書の体裁はどういうものがいいのでしょうか？

 『漢書』のような断代紀伝体です。

史記は，紀は以て大端を包挙し，伝は以て細事を委曲し，表は以て年爵を譜列し，志は以て遺漏を総括すること，天文，地理，国典，朝章に逮び，顕隠必ず該え，洪纖失う靡し。(『史通』二体篇)

Ⅱ　秦漢～隋唐

【訳】史記（紀伝体）は，本紀は大綱を漏らさず述べ，列伝は細事を扱い，表は年代
と爵位を順序立て，志は遺漏を総括して，天文，地理，朝廷の制度にまで，大小すべ
てを記載する。

漢書が如きは，西都の首末を究め，劉氏の廃興を窮め，一代を包挙して一書を
撰成す。言は皆精練たり，事は甚だ該密たり。（『史通』六家篇）

【訳】漢書は，前漢の終始を網羅し，劉氏の興亡を追究し，漢の一代を包括して一書
としている。文辞はよく練られ，事柄は非常に詳細である。

　▶劉知幾は史書の体裁として，『史記』を起源とする**紀伝体**を重視する。紀伝体のも
つ高い網羅性が前掲対話での要求に応えうるためであろう。そして紀伝体の中でも，
一国家の終始をまとめた『漢書』の断代紀伝体を最も評価した。それこそが中華帝国
の史，つまり「正史」にふさわしい体裁であった。

🌑 用語解説

正史　二十四史とも呼ぶ。いずれも紀伝体。宋代に国家が公認する特定の史書を正史と
称するようになり，清代の乾隆帝期に『史記』より『明史』までの24種が正史と定めら
れた。「国家の正統を示す」ゆえに「正史」なのであり，「正しい史実の記録」ではない。
編年体・紀伝体　編年体とは，出来事を年代順に叙述するスタイルで，『春秋左氏伝』に
代表される。紀伝体は，皇帝（国家）の動向を記す「本紀」と，臣下の伝記である「列
伝」を中心とし，さらに諸々の制度を記す「表」「志」などから構成される。劉知幾は両
者の長所を尊重しつつ，より後者を評価した。

🌑 より深く学ぶために

〈原典・訳〉
西脇常記『史通 内篇・外篇』（東海大学出版会，1989・2002年）
＊『史通』の全訳書。原文・訓読・補注・現代語訳に加え，外篇末尾には『新唐書』劉
　知幾伝の全訳が付される。
〈入門・解説書〉
稲葉一郎『中国の歴史思想』（創文社，1999年）
＊劉知幾に最も紙幅を割きつつ，春秋戦国期から唐代までの史学史を的確にまとめる。

（袴田郁一）

韓　愈

（かんゆ：768～824）

🌑 生涯と思想

　韓愈は河南河陽（河南省）の出身。字は退之，諡は文という。そのため，韓退之や韓文公とも称す。また，韓氏一族の出身地を用いて韓昌黎と称することもある。彼は生後間もなく母を失い，3歳のときには，地方官を歴任した父をも失う。彼を育てた長兄の韓会も韓愈が14歳のときに没し，親族を転々として育てられた。貞元8（792）年に進士に及第するも，吏部の博学宏詞科に3度落第し，ついに合格することはなかった。29歳のときに地方下級官の職を得た。35歳のときには四門博士に任命され，中央の役職を得る。その後は中央官を転々とするが，後述の仏骨論争のために地方官に左遷された。時に韓愈52歳のことである。数年の内に中央への復帰は認められたが，間もなくして韓愈は没してしまう。長慶4（824）年，57歳の生涯であった。

　韓愈が生きた時代は，唐代史における1つのターニングポイントとなる安史の乱の後であった。安史の乱は，節度使であった安禄山とその部下の史思明による唐王朝への反乱であり，一方では胡族を中心とする異民族節度使の蜂起という側面もある。そもそも，唐は漢民族だけではなく異民族を登用するという姿勢を取っていた。しかし，安史の乱はそれがうまく機能しなくなったことを表面化させたともいえる。また唐代は，思想面から見れば，仏教や道教に加えマニ教やゾロアスター教などを容認する国際色が豊かな時代でもあった。しかし，国際化を進めることは漢民族自身の民族意識の相対化にも繋がった。そこに韓愈は危機感を抱き，民族意識の回復のために，種々の思想的営為を図った。

　韓愈はこの目的を達成するために，まず，自分自身が儒教の正統を継承している存在であることを証明しようとした。それが**道統論**である。韓愈にとって儒教の正統な伝承は孟子（→22頁）以来途絶え，それを継承するのが自身であ

155

Ⅱ　秦漢～隋唐

ると考えた。そこで彼は孟子を尊崇し，聖賢の道に連なることを自らに課した。

　韓愈はまた，文章とはあくまでも道を載せる器（載道）であるとし，修辞に偏重していた六朝以来の四六駢儷文（しろくべんれいぶん）を否定し，漢代以前の文，すなわち古文に立ち戻ろうというテーゼを提示した。「古文」とは，先賢が紡いだ言葉であり，それらには先賢の卓越した意があらかじめ含まれており，それを践（ふ）むことが先賢の意を継承することになると，韓愈は考えたのである。

　韓愈は儒教の正しい教えが伝わらなくなったのは，老荘思想や仏教が流入したからであり，とりわけ仏教の影響が大きいと考えた。そのため，特に仏教に対しては嫌悪感が強く，憲宗（けんそう）が仏舎利（ぶっしゃり）を宮中に迎えようとしたときに「論仏骨表」（ろんぶっこつひょう）を上表して激しく抗議した。一方で，禅師と対話するなど，仏教に全く理解がなかったわけではなかったが，それでも韓愈自身は儒教復興の意識を優先した。仏教は韓愈にとっては夷狄（いてき）の文化であり，それを受容することは民族意識の回復を目指す韓愈には到底承服しかねることであった。

　このような韓愈の思想的営為は，漢民族意識の復興のために行われたものであり，北宋・南宋の思想家たちの思潮に大きく寄与することになった。**古文復興運動**は北宋に至って蘇軾（そしょく）・欧陽脩（おうようしゅう）により完成する。また仏教への危機感および道統論の思考は南宋の朱熹（→187頁）に継承される。朱熹は韓愈に対し孟子などのように「韓子」と敬称を用いており，かかる呼称からも朱熹が韓愈の思想を重視していたことが分かる。

　韓愈は，単に科挙及第のためのものに陥りつつあった経典より，聖人の意を汲み取ろうという宋代道学への先鞭をつけたことに重要な意味をもっている。

 韓愈との対話

 なぜ，古文復興運動を提起したのですか。

古文にこそ聖人の志が込められているからです。

始めは三代・両漢の書に非ざれば，敢えて観ず。聖人の志に非ざれば，敢えて存せず。（韓愈「答李翊書」（とうりよくしょ））

156

韓愈

【訳】（わたしは）最初夏・殷・周の３代・前漢・後漢の書物でなければ，読もうとしなかった。聖人の志でなければ，心にとめておこうと思わなかった。

▶韓愈は聖人の行った理想的な統治モデルである「古典中国」の理念を語る文章に重点を置いている。

〈性〉についての考えを教えてください。

〈性〉の等級は変化しませんが，教化によって上方を目指すことはできます。

曰く，上の性は学に就きて愈々明らかなり。下の性は威を畏れて罪寡なし。是の故に上なる者は教うべくして下なる者は制すべきなり。其の品は則ち孔子移らずと謂うなり，と。（韓愈「原性」）

【訳】（わたしが）考えるに，上の性の者は学問によってより一層賢明になる。下の性の者は他人の勢威をおそれて犯罪が減少する。だから（〈性〉が）上の者は教育するのがよく（〈性〉が）下の者は統制するべきである。（〈性〉の上下の）品（等級）は孔子が変えようのないものであると言っている。

▶〈性〉は孔子（→５頁）が言うように先天的で変えようがないものであるが，〈性〉が上の者は学問によってさらなる上方への可変性を有していると韓愈は考える。

＊訓読・訳は清水茂（訳）『韓愈Ⅰ』を参照した。

用語解説

道統論　道統とは，儒教における「道」（古代の先賢により行われてきた規範）の自覚と意識の下，その伝統を継承した聖賢の系譜のこと。では「道」とは何か。韓愈によれば，それは老荘でも仏教でもなく聖人たる先王のやり方である。すなわち「道は純粋なる伝承そのもの」である。韓愈は『孟子』を基にして堯→舜→禹→湯王→文王・武王・周公旦→孔子→孟子という伝承の系譜を描き，孟子以来荀子と揚雄は一部継承しているが，その正統は途絶えたと考えた。

古文復興運動　六朝以前の文，具体的には漢代の文（漢文）の復興を提唱したこと。韓愈と共にこの運動に参与した人物に，同時代を生きた柳宗元（→160頁）が挙げられる。韓愈は明確には古文復興という語を用いていない。しかし，それを文章の実作の場で行

Ⅱ　秦漢〜隋唐

い，古文の表現による文章を遺すことが韓愈にとっての運動であった。

載道思想　韓愈が直接述べたことではないが，『韓昌黎文集』の李漢の序文に「文は道を貫くの器なり」という言がある。文は道を載せる器であり，文は道を表現するという考え方。「載道」という語自体は周敦頤（→166頁）によるものであるが，韓愈は古の道を復興するにあたり，その意が込められた文の復興を唱えたのである。

より深く学ぶために

〈原典・訳〉

馬其昶校注『韓昌黎文集校注』（上海古籍出版社，1986年，中国書）

＊韓愈の文を集めた『韓昌黎文集』の註釈書。『韓昌黎文集』については，清水茂（訳）
　『韓愈Ⅰ・Ⅱ』（世界古典文学全集30a・30b，筑摩書房，1986・1987年）が出版されて
　いる。

〈入門・解説書〉

中島隆博『残響の中国哲学──言語と政治』（東京大学出版会，2007年）

＊韓愈の思想を中国哲学史における言語と政治という側面から描いており，韓愈の行っ
　た古文復興運動とその思想について触れている。

小野四平『韓愈と柳宗元──古文復興運動序説』（汲古書院，1997年）

＊韓愈に至るまでの古文復興の兆しと韓愈と同時代の柳宗元の作品から中唐における古
　文復興運動を捉えた専門書。

（関　俊史）

◆コラム◆ 李　翺 (りこう：774〜836)

　李翺，字は習之。韓愈（→155頁）と共に中唐期を代表する思想家である。彼の思想が存分にかつ体系的に表われているのは「復性書」である。世の多くの者の関心が荘（『荘子』）・列（『列子』）・老（『老子』）・釈（仏教）へと傾斜したため，儒教の『易』『中庸』のような「性命の書」の内実を明らかにするものがいない。そこで自らが明らかにする，というのが「復性書」執筆の動機である。「復性書」は，人を聖人たらしめるものが〈性〉であり，それを惑わすものが〈情〉であると規定する。〈性〉と〈情〉との関係を上記の如きものとして規定するのは，必ずしも李翺独自の着想によるものではないが，「聖人の性と百姓の性とは豈に異ならんや」と述べ，「聖人」と「百姓」とに備わる〈性〉が同一のものであると定義づけたのは「復性書」の特筆すべき点である。それゆえに根底にある〈性〉が同一である以上，百姓も〈情〉を取り除くことで聖人に至ることができる，というのが「復性書」の基本的な立場となる。もっとも，李翺によれば，聖人には〈情〉は起こらないのであり，「賢人」や「百姓」のごとき聖人以下の人間がいかにして〈情〉を抑制し，善なる〈性〉に〈復〉していくかということが，あくまでも「復性書」の主眼となるのである。

　さて，この「復性」の達成には以下の如き段階がある。

①　〈性〉を惑わす〈情〉は「慮ること弗く，思うこと弗」ければ生じることはない。この状態を〈正思〉とする。

②　内面を静なる〈正思〉に保っても，その静は，動の不成立が前提とされる以上，これではまだ動静という相対的な状態から抜け出せていない（「猶お未だ静を離れず。静有らば必ず動有り，動有らば必ず静有り，動静息まず，是れ乃ち情なり」）。

③　そこで，心が本来〈無思〉であることを悟ることが要請される。〈無思〉であれば，相対的な次元にある動静を超えた絶対的な静の境地を経て〈寂然〉として動かずという意境〈至誠〉に達することができる。ここにおいてはじめて「復性」が達成されるのである。

　李翺は，動と静という単純な二項対立を超克したところに，「復性」の本質を見ようとしていた。この着眼点は，儒家に由来するものではなく，仏家から得たのであろう。ただ重要なのは，必ずしも仏家的発想によって「復性」を捉えたことではなく，あくまでそれと同一の構造を儒家の「性命の書」の内部に見出し，当時の仏教的思惟を媒介に儒家の主体性を主張したことである。

(加藤文彬)

Ⅱ　秦漢〜隋唐

◆コラム◆　柳宗元（りゅうそうげん：773〜819）・劉禹錫（りゅううしゃく：772〜842）

　柳宗元は，韓愈（→155頁），蘇軾らと共に唐宋八大家に数えられる。また韓愈と共に古文運動の推進者としても著名である。

　彼は合理主義者として知られており，屈原の「天問」に答える形で書かれた「天対」，『国語』に対する「非国語」，天からのめでたいしるしの発現を受けて，封禅等の政事を執り行うとする符瑞思想を断絶した「貞符」や，恩賞・刑罰や政策には執り行う時季があるとする説を否定する「時令論」「断刑論」等にその思想が表われている。その中でも合理的観点が存分に示されているのは「天説」である。「天説」は冒頭で韓愈の説を引く。人の禍福は天が司っているとし，天人相関を支持するのが韓愈の説である。それに対して柳宗元は「其れ烏んぞ能く功を賞し禍を罰せんや。功ある者は自ら功あり。禍あるものは自ら禍あり。其の賞罰を望まんと欲する者は大いに謬てり」と述べ，天が功を賞し禍を罰することは決してなく，功や禍はあくまで人間が招くものであるとする。彼の人間主体的・合理的な観点は，やがて欧陽脩をはじめとして宋学へと発展していくことになる。

　劉禹錫は，白居易と同年の大暦7（772）年に生まれた。韓愈，柳宗元と並ぶ散文家として著名である。彼の思想的立場が最もよく表われているのは「天論」である。「天論」はまず，人の禍福は天によって規定されているという「陰騰の説勝つ」立場と，天と人とは何の関係もないとする「自然の説勝つ」という対蹠的立場を提示する。前者の所謂天人相関は，董仲舒（→73頁）以来の伝統的な考え方である。後者は，柳宗元「天説」のごとく合理的立場から天人相関を否定した論説を指すものである。

　劉禹錫「天論」は，柳宗元から「吾が説（「天説」）の伝疏のみ。異道なし」として，同一の内容をもつと評されている。しかし「天論」には確かに劉禹錫独自の思想が表明されている。それこそが「天と人と交々相勝つ」という認識であった。人間が法などの社会的秩序によって善悪・賞罰を決定することになれば，天の権威は薄れていき，秩序が崩壊したときには再び天の権威は強まる。前者のように人間が理知的な方法により社会秩序を構築できる場合には「人が勝」ち，それが弛緩した場合には「天が勝」つと見たのである。

　人間の理知による合理的秩序，そしてそれに基づいた社会生活によって天の主宰性に勝つことができるというのは，伝統的な解釈からすれば特異なものであることは疑いようがない。劉禹錫はこれまで見逃されてきた人間の理知や主体性に着眼し，その上で天との関係性を論じようとした。これこそが「天論」に示された彼の独自的観点である。

（加藤文彬）

宋・元・明

朱　熹（新刻歴代聖賢像賛）

陸象山（新刻歴代聖賢像賛）　　　　王陽明（聖廟祀典図考）

	宋・元・明	日　本
五代十国	907　朱全忠の即位，梁（後梁）の建国 　　　　華北五王朝（五代）と地方国家（十 　　　　国）の興亡	平将門の乱（935）
北宋	960　趙匡胤の即位，宋（北宋）の建国 979　北漢の滅亡，宋による中国統一	
北宋	1069　王安石による新法の立案 1086　司馬光による新法の廃止	前九年の役（1051） 後三年の役（1083）
北宋	1115　女真族の阿骨打による金の建国 　　　　金軍の南下（靖康の変），宋（北宋）の 　　　　滅亡 1127　趙構の即位，宋（南宋）の復興	保元の乱（1156） 平治の乱（1159） 鎌倉時代
南宋	1130　朱熹，生まれる 1206　チンギス・ハンによるモンゴル統一	鎌倉幕府開設（1192） 承久の乱（1221）
南宋	1234　モンゴルの侵入による金の滅亡 1271　クビライが国号を元（大元ウルス）と改 　　　　める 1279　元による中国統一	文永の役（1274） 弘安の役（1281）
元		建武の新政（1334） 室町時代 室町幕府開設（1338）
元	1351　紅巾の乱	
明	1368　朱元璋の即位，明の建国	南北朝統一（1392）
明	1399　靖難の役 1421　南京から北京への遷都	
明	1449　土木の変	応仁の乱（1467）
明	1550　庚戌の変 1583　マテオ・リッチの広州居住	桶狭間の戦い（1560） 長篠の戦い（1575） 本能寺の変（1582） 秀吉，天下統一（1590）
明	1618　サルフの戦い	関ヶ原の戦い（1600） 江戸時代
明	1644　李自成の乱による明の滅亡	江戸幕府開設（1603）

時代概説

　唐衰退の契機となった安史の乱は，唐に打撃を与えただけではなく，中国の社会構造を大きく変える転換点となった。これを機に，個別人身支配を目指す律令体制に代わって，形勢戸―佃戸制を容認する国家が形成されていくのである。形勢戸―佃戸制とは，士大夫と称される宋以降の支配者を輩出する形勢戸（大土地所有者）が，佃戸（隷属民）を使役する社会体制である。租庸調制の崩壊後，徳宗の宰相楊炎によって制定された両税法は，1人ひとりに等しく税を課した租庸調制とは異なり，貧富の差を容認した税制であり，資産の差により税に差をつけた。形勢戸からは多くの税を取る代わりに，形勢戸が支配する佃戸から取る税を少なくしたのである。両税法は，国家による形勢戸の佃戸支配黙認の具体的な現れであった。これ以降，中国で個別人身支配が回復することはなかった。その過渡期は，安史の乱から，唐の滅亡により始まる五代十国の時期を経て，北宋の成立まで続く。唐宋変革と呼ばれるこの社会構造の変容を経て，「古典中国」は「近世中国」へと姿を変え，思想・宗教も大きく変貌していく。例えば，朱熹は，漢から唐に至る時期を暗黒時代と評している。西欧近世において，中世を暗黒と称したことに似た朱子学の歴史観は，「古典中国」の否定の上に，新たな枠組みを創造しようとした朱熹の思想的営為を象徴している。

　「古典中国」における国家の正統性で最も重要な天と天子との関係は，天人相関説で理論化されていた。それを儀礼により視覚化した最大のものが南郊の円丘で行われた昊天上帝（神格化された天）への祭祀である。南郊での祭天儀礼の基礎を定めたのは王莽であり，「古典中国」が成立した後漢より，本格的な祭祀が始まった。遼が行わなかったことを唯一の例外として，南郊の祭天儀礼は，すべての中国国家に継承された。現在，北京に残る天壇公園は，その跡地である。ただし，後漢から唐までは，南郊の祭天に参加するものは，皇帝および一部の高級官僚だけであった。「古典中国」において，皇帝や皇帝の支配を受ける人々がつくる共同体に共属意識を抱いていたのは，支配階級や国家から利益を得ている裕福な階層に限られていた。ほとんどの農民は，自分たちを統治する人々について，関心ももたないことが多かった。「古典中国」では，少数の知識人の間で，同じ国家に属しているという意識を共有できれば，国家の正統性を作りあげることができたのである。

　これに対して，「近世中国」である北宋になると，首都開封の南郊祭祀は，宮殿→大慶殿→太廟→景霊宮→円丘へと続く豪華なものとなり，商業都市でもある開封の都市構造とも相まって，王都全体を巻き込み，城内の住民を熱狂させる，華麗な野外劇として機能するようになる。明代に本格化する儒教の民衆への普及などにより，国家が正統

163

Ⅲ 宋・元・明

性を主張する範囲が，民衆にまで拡大していくのである。

　南郊での祭天儀礼の参加者が唐から宋の間で変化したように，様々な変貌が唐宋変革期に起きている。国家の正統性に最も深く関わる天観念も，「古典中国」のものから大きく変容した。「古典中国」の天は，超越的で不可知的な所与の自然としての天であり，天により正統化される皇帝の神秘性を支えていた。前漢の董 仲 舒が述べた，皇帝が善政を行うと天は瑞祥によりそれを褒め，皇帝が無道であると天は地震や日食などの災異により君主を譴責するという，天人相関説で述べられる天譴は，その端的な現れである。

　これに対して，宋以降の天は，「天とは理である」との北宋の程顥の規定を承けて，天理という概念が広がるように，宇宙を秩序づける可知的な合理性をもつようになる。当時日常的に用いられていた理という語に，世界の原理・真理の意味を担わせることにより朱子学の哲学体系は構築された。程顥が定立した「性即理」説は，『孟子』の性善説を正統化する。すべての人は，天から命として性を附与されている。天には理があって，これが世界の全体を統一し，秩序づけているのであるから，これらの個々の性はすべて天理の一部として同質である。これが『孟子』の性善の意味とされた。ここにおいて，人はみな学んで「聖人」に至れるようになった。「古典中国」のように王が聖人であるのではなく，「近世中国」では，士大夫が統治者として民に臨むことが，聖人の社会的あり方と見なされるようになったのである。

　唐が衰亡した後の混乱期を経て，宋は再び中国を統一したとされる。しかし，北方の遼との並立，あるいは軍事的劣勢は，宋代の士大夫たちに強く意識されざるをえない事態であった。南宋になると，中原の地を金に奪われて南方に逼塞するに至る。このように，宋は現実には「大一統」を成し遂げていない。それにもかかわらず，これを夏・殷・周の３代に並ぶ「盛世」として自画自賛する動きが生まれる。それらの中で最も成功を収めたものが朱子学であり，中華文化の精髄である儒教を純化・復興するために，孔・孟の精神に帰ることを標 榜し，後漢以来の経学を批判して「古典中国」モデルに代わる別様の「近世中国」モデルと呼ぶべき思想体系を樹立したのである。

　元代には，チベット仏教が宮廷で重んじられたが，他の宗派の仏教や道教が排除されることはなかった。一時停止された科挙では，朱子学がその出題の基準となった。また，元では，雑劇が発達するなど庶民文化が栄えた。明代には，文化の世俗化・庶民化はさらに進展し，大衆性が広範な分野に拡大した。そうした中で凡人・愚夫であろうとも聖人になることができると説いた王陽明の陽明学は，共鳴と反発を招いた。一方で，朱子学は，官学としての地位を不動のものとし，「古典中国」モデルに代わる新たな体系が，国家体制を支える理念として確立していた。こうして「古典中国」は「近世中国」へと展開していたのである。

（渡邉義浩）

◆コラム◆ 邵 雍（しょうよう：1011〜1077）

　邵雍，字は堯夫，諡は康節。先天易の創案者である。周敦頤（→166頁）・程顥・程頤（→177頁）・張載（→168頁）と共に北宋の五子として称された。著述に『皇極経世書』『伊川撃壌集』がある。

　祖籍は范陽（河北省涿州市）であるが，父の邵古に連れられ，衡漳（河南省林州市）に移住した。邵雍が12歳のとき，再び父に随って共城（河南省揮州市）に移ることになるが，この地で，彼の学問人生を決定づける師，李之才（字は挺之，？〜1045）に出会う。李之才は，道士の陳搏の学統を受け継いだ人物で共城の長官として赴任していた。「冬，炉にあたらず，夏，扇をつかわず，夜，席につかざること数年」（『伊洛渊源録』）と，邵雍の研鑽ぶりを耳にしていた李之才は，自ら邵雍を訪ね，義理学，物理学，性命学のほか，図書先天象数学を授ける。このとき，李之才から授った「先天図」というものは，上古の伏羲が制作した『易』の最も原初的な形態とされ，のちに独自の先天易を切り開く重要な手がかりとなった。39歳のとき，洛陽に移り住み，この地で余生を送った。終生官途にはつかず，伊水のほとりに安楽窩という庵を構え，貧しいながらも自由な生活を送った。洛陽では，富弼（1004〜1083）・司馬光（→167頁）・張載・程顥・程頤など，当代の傑出した官僚・文人たちと交遊を深めた。

　著述『皇極経世書』は，邵雍自身が書いた「観物内篇」と，門弟子たちが師の平生の論説を記した「観物外篇」とに分かれる。「観物内篇」には，堯帝の即位から唐・五代に及ぶ歴年表（年譜）が収められ，邵雍独自の時系列（元・会・運・世）によって組み立てられている。邵雍は，宇宙が生成し消滅に至るまでの時間を「1元」（12万9600年）とした上，1元は1年のサイクルと同期すると考え，1年・12月・360日・4320時（間）の時系列に従って，1元・12会・360運・4320世という宇宙的規模の時系列を打ち立てた。それは，元（1）・会（1＊12）・運（1＊12＊30）・世（1＊12＊30＊12）・年（1＊12＊30＊12＊30）・月（1＊12＊30＊12＊30＊12）・日（1＊12＊30＊12＊30＊12＊30）・時（1＊12＊30＊12＊30＊12＊30＊12）という数の自律的な展開の発見によるものであった。それを基礎づけたのは，『易』繋辞伝の「易に太極あり。是れ両儀を生じ。両儀，四象を生じ，四象，八卦を生ず」によって体系づけられた先天易であった。邵雍は，自然言語では知りえない宇宙の生成・消滅の過程を，数の自律的な生成・変化（1→2→4→8→16→32→64）の過程として捉えたのである。

　邵雍の先天易は，のちの朱熹（→187頁）・蔡元定（1135〜1198）によって推奨され，宋学の発展と共に，中国の算学史に大きな影響を与えた。

（辛　賢）

Ⅲ　宋・元・明

◆コラム◆　周敦頤（しゅうとんい：1017〜1073）

　「無極にして太極」，これは周敦頤の主著『太極図説』の冒頭の一節である。この書は「太極図」と呼ばれる陰陽や五行（木火土金水）を表わす図と，それに対する250字ほどの解説文から成る。そこでは宇宙の生成起源から，人間の存在根拠が論じられたが，のちに朱熹（→187頁）がその重要性を指摘したこともあって，中国思想史上の主要な資料の1つとなった。

　そもそも周敦頤は，宋代以降の新儒学（道学）の実質的な創立者である程頤（→177頁）の師と見なされてきた。周敦頤は二程（程顥［→177頁］，程頤）の父である程珦と交流があり，その縁で少年期の程顥・程頤兄弟を教えたのである。それゆえ周敦頤は，しばしば道学の祖として顕彰されてきたのであるが，実際には，二程やその門弟たちは彼をさほど重視していなかったという。「周敦頤から程頤へ」という道学の系譜（周程授受）は，朱熹によってことさらに強調されたものだったのである。

　ところで上述の「無極にして太極」という一節を，朱熹は「万物の根本（太極）」かつ「その基底にある無（無極）」という〈理〉の二側面を表現したものだと解釈する。けれども朱熹のライバルであった陸象山（→200頁）は，「無極」という語が①『老子』を典拠とするもので，②四書五経などの儒教の経典には見えず，③周敦頤のもう1つの主著である『通書』にも見えず，④周敦頤を師としたはずの程顥・程頤兄弟の著作にも見あたらないことから，そもそも『太極図説』が周敦頤の著作であるということ自体に疑いの目を向ける。また『太極図説』には，現行本の他に，文字が異なるテキストも存在していたという。そこでは，冒頭の一句を「無極よりして太極となる」とするのであるが，これによるならば，朱熹のような解釈は成り立たず，「無極」と「太極」には時間的な先後関係（無から有へという万物の生成過程）が想定されていたことになる。

　さらに「太極図」には，（極めて疑わしいものの）周敦頤が陳摶という道士（道教の僧）から授けられたものだという伝承があるように，古来周敦頤には，道教（や仏教）からの影響があると指摘されてきた。そもそも周敦頤は儒者を自任し，儒教の純粋化を目指した人物であったが，心の静を重んじて無欲を唱えたところなどに，仏道2教の修養法に類似した発想がうかがえるためである。

　なお周敦頤は，はじめ「惇実」といい，のちに北宗の英宗の初名（趙宗実）を避けて「惇頤」と改名した。それゆえ正しくは「周惇頤」と表記すべきであるが，さらに南宋の光宗（趙惇）の諱を避けて「周敦頤」と表記されるのが一般的である。

（中嶋　諒）

◆コラム◆ 司馬光（しばこう：1019～1086）

「私のすべての力はこの書の作成に使い尽くしました……」

司馬光「『資治通鑑』を進むる表」には，治平3（1066）年から19年の歳月をかけて完成させた『資治通鑑』に対する苦心の跡がうかがえる。『資治通鑑』は，周の威烈王23（前403）年に晋が趙・魏・韓の3国に分裂したときから，後周の顕徳6（959）年までの編年史である。この書には，司馬光の為政者としての治国への問題意識がうかがえ，歴史を鑑として，善を模範とし，悪を戒めとすべきだということも述べられている。

北宋の欧陽脩・程顥・程頤（→177頁）・蘇軾という名だたる士大夫が百花繚乱としていた時代，特に政策面では王安石（→169頁）の「新法」との対立が次第に激化し，「新法」に批判的な立場をとった者たちは，都の開封（汴京）を離れ洛陽に移り住んだ。司馬光は朝廷を離れてから15年に及ぶ洛陽での生活の中で，司馬康・范祖禹・劉恕・劉攽等と共に『資治通鑑』を編纂した。このように政治の中央から離れざるをえなかった苦境と国を憂える気持ちが『資治通鑑』の編纂の原動力となっていたと考えられる。

司馬光の思想としては「中（中和）」を特徴とすることができる。この「中」には大別して2つの意味がある。1つ目は，程頤の「敬」と対比される，心に「中」を思うという修養法を指す場合であり，2つ目は，志向すべき境地を指す場合である。後者である「中」の境地については，『資治通鑑』の完成と同年である元豊7（1084）年に書かれた「中和論」がある。そこでは「君子は博く学ぶことを重んじ，道を求めることは要を重んじる。道の要とは心を治めることである」というように，心を治めることに主眼を置いている。また「君子は中和の心を守る」というように，理想とされている君子とは，心が中であり調和した状態を保つことができる人物を指している。このような徳としての「中」を求める思考は，『資治通鑑』の論賛（「臣光曰く」で始まる論評）の中にも見える。巻1「周紀一」では，晋の分裂の引き金となった，晋の実権を握っていた智伯が滅ぼされた原因として，徳が才に及ばなかったことを指摘する。才と徳は異なっているのに世間では区別せずに賢者だと見なすが，それが間違いであるという。「聡明で意思が堅固であることは才であり，実直で中和（調和を保つこと）であるのは徳である。才は徳の素材となるものである。徳は才を導くものである」と，才と徳を区別し，才智よりも「中」である徳を重んじることを強調している。このように『資治通鑑』では，史実だけではなく「中」という調和した状態を希求する司馬光の思想も看取することができる。

（田村有見恵）

Ⅲ 宋・元・明

◆コラム◆ 張 載（ちょうさい：1020〜1077）

　〈気〉に基づいてあらゆる事柄を説明する思想家，張載。彼は大空や宇宙空間のように果てしなく無限に広がる〈太虚〉を，万物が現れては融け込み，また現れる舞台と捉えた。そこに去来する万物は，意味もなく生じ，跡形もなく消滅するものではない。なぜなら，万物の活動の場である〈太虚〉も，そこにおいて浮沈する万物も，すべて一種の活力，能動的質料である〈気〉から成り立っているからである。〈太虚〉とは〈気〉の無限定なあり方であり，万物は〈気〉の特定の限定された姿である。つまり宇宙天地万物は，生命力としての〈気〉によって相互に繋がりあっているのであって，すべての差異は，見方の違いがもたらしたものに過ぎないのである。

　張載は〈気〉の変化によって万物のありようを解説する。その書『正蒙』太和篇は「天地を成り立たせる〈気〉は，様々な形で離合集散し，能動受動の姿を示すが，その〈理〉は規則的で，でたらめではない。〈気〉のあり方は，散逸すれば形はなくなるが，そのときわれわれの本来的な体（本体）と合致するわけだし，集合すれば形象をなして，恒常性を失わない。〈太虚〉は〈気〉無しにありえず，（活動への傾向をもつ）〈気〉は集合して万物にならずにはいられず，万物は（いずれ）散逸して〈太虚〉にならずにはいられない。……（われわれのいわゆる生死もその実，〈気〉の様態であり）集合してもわれわれの本体であり，離散してもわれわれの本体である。……〈気〉が〈太虚〉の場に集散するのは，あたかも氷が水から凝縮したり溶け込むようなものであり，〈太虚〉が〈気〉であると知るならば（消滅・断滅としての）〈無〉などないことが分かる」という。すなわち大小含めた万物が，入れ子式に互いに関わり合いつつ，死滅することのない生命の活力に繋がりあっていると見るのである。

　こうした張載の思想からは，極端な形での生命の連鎖と連帯・共感の世界観が導出されることになる。その著『西銘』は「乾（天の発展する性質）を父と見なし，坤（地の受容する性質）を母と見なす。ちっぽけなこのわたしも，してみればこの天地の作用の間で渾然一体となって，その中に位置する存在なのだ。……天地を充満するもの（気）こそがわれわれの体であり，天地を導く志向性は，他でもないわれわれの本性の裏づけである。（そうした観点からすれば）民はわれわれの同胞であり，万物はわれわれの友である」という。このような規模において他者を見るならば「老衰した人，身障者・病人，身よりなき人・孤児，男の一人者・寡婦は，皆われわれの兄弟でありながらも困苦を訴え告げる，当て処もない者たちなのだ」ととらえられる。これはまさに，宇宙論的家族主義といってもよい考え方である。

（井川義次）

王安石

（おうあんせき：1021～1086）

🌑 生涯と思想

　王安石，字は介甫，号は半山。文公と諡を受け，荊公・荊国公とも称された。江西省撫州臨川の人。北宋時代の政治家，文人，新法党のリーダー。彼は天禧5（1021）年に生まれ，元祐元（1086）年に没した。下級の地方官，王益を父とし，慶暦2（1042）年の進士科に第4位で合格した。中央官界の地位には就かず，希望して地方官を経歴し行政経験を積んだ。鄞，舒州，常州など江南各地を歴任する間，地方政治の実情に触れ，問題を見据えて改革を試みようとした。仁宗（在位1022～1063年）の末に都に戻ると，王安石は長年来の経験を踏まえ，王道政治の要点を説いた「上仁宗皇帝言事書」いわゆる「万言の書」を朝廷に提出して，政治改革の必要を説いた。その後，治平4（1067）年に神宗が位に即くと信任され，熙寧2（1069）年に参知政事となり，熙寧3（1070）年には同中書門下平章事（宰相）になり，財政再建にとりかかった。これら新政策は「新法」と呼ばれた。それは物資の数量，種類などを計画的に調整する商業・流通政策「均輸法」「市易法」に始まり，農民の植付け前後における窮乏を救済する「青苗法」「農田水利法」「募役法」，軍隊を維持し治安を保つために傭兵制度を改めた「保甲法」「保馬法」など多くのものがあり，北宋中期以来の財政赤字を解消して国力を増強することを当面の目的としていた。また王安石は，皇帝直属の「制置三司条例司」を審議機関として設置，少壮官僚を集めて新政策を立案・施行し，神宗の信頼のもと政府首班として新法を推し進め，旧弊を改めた。王安石の新法に対して，それまで利権を得ていた富裕層・豪商・大地主・官僚らを後ろ盾とした司馬光（→167頁）を代表とする保守派の旧法派は強く反意を表明したが，新法は神宗の絶大な支援を受けて敢行され，一定の効果をあげた。また，新法は富国強兵だけを目的としたもので

Ⅲ　宋・元・明

はなく，最終的には士風を改め，実務に優れた政治的に有能な人材を養成することにあった。その手段として，彼は官僚に法を学ばせる学校教育を重視し，「三舎法」を定めて，修了者をそのまま官僚に任命する制度をつくった。太康2（1076）年に引退して江寧の鍾山に住み，余生を送った。

　王安石は人間の〈性〉や〈情〉に対する従来の議論を批判し，〈性〉は「無善無悪」であるとの説を提唱した。それらは新学の人間観の主な特徴を備えている。王安石は，「聖人」が人類の文化文明の進歩をもたらしたと捉えた。彼は，太古の時代に人と獣の差異は大きくなかったが，後に聖人が人為的な政策や文化を通じて創意工夫したことで，その区別が広がったという。聖人は鳥獣のような自然状態を嫌悪し，人類に対して時代状況に即応した文物や制度を与えたのだという。「その変に因りて，これに法を制す」（『王安石集』巻67「夫子は堯舜に勝る」）。

　他方，当時官界にいて大地主たちを代表し，新法に激しく反対していた司馬光は，王安石に対して復古主義をもちだすことで新法の不可を説いた。

　王安石はこうした復古主義（旧党派）に反対し，「生をもって性となす」と説き，自然な生命の働きを人間の本性の根本であると主張した。彼は復古主義者が「太古の道」なるものを永遠不変の法則と見なして，「聖人」による創意工夫の必要を否定し，人類を再び動物の状態に復帰させようとしていると見た。そのため王安石は「太古に復帰させようとするのは，愚かでないならでたらめである」と説いたのである。

　王安石は，世界は不断に変化するが，同様に人類の歴史も不断に変化し，その変化は複雑だと捉える。彼は天下の事態の変化は統一的に把握することなどできないと断言したのである。

　こうした歴史観に立脚する人間本性論を基盤として，王安石は善悪の根源の問題について検討した。彼は従来の性善説にも性悪説にも同意せず，また善悪二元論にも誤りがあるとして反対したのであった。例えば王安石は，孟子（→22頁）の性善説を批判し，もしも人に本来「惻隠の心（憐れみ）」が備わっているなら，「人の〈性〉は〈仁〉でないことはなかった」はずで，そうであれば「怨毒忿戻の心（怨恨やねじけた心）」も悪い心にはならなかったはずだ。だが

170

事実はそうなっていない，という。また荀子（→56頁）の性悪説をも批判し，もしも人間の性が悪だというなら，善は人為的な結果だということになり，人間には「惻隠の心」があるといえないはずだが，実際はそうではないと指摘した。

また王安石は，人間の情欲などの生理的活動と心理的活動が，人間の〈性〉の内容であり，これらはみな人間の身体と密接に関わり，人間本性を構成するのだという。彼は次のように述べている。「心は〈気〉より生じ，〈気〉は形より生じ，形なる者は〈性〉有るの本。故に生を養うは形を保つに在り」，また「生を養わざれば，以て〈性〉を尽くすに足りず」（「礼楽論」）。つまり〈性〉は人間の形態（形）や万物を構成する素材（気）と不可分に相関するものと見たのである。

王安石はまた，孟子の性善説や，荀子の性悪説における〈性〉も，実は後天的な習慣，〈情〉と不可分であり，確定的なものではないとする。彼は「諸子の言うところは，皆吾の言うところの〈情〉なり，習なり。〈性〉に非ざるなり」（『王安石集』巻67「原性」）と述べる。孟子・荀子をはじめ，彼以前の性説の対象は，実はいずれも生後の〈情〉を述べており，それは習慣のある一面を説いたに過ぎず，〈性〉そのものではないというのである。彼は『論語』を引用して「「性相い近きなり，習い相い遠きなり」と。吾の言も此の如し」（『王安石集』巻67「原性」）と述べ，人の〈性〉にもともと善悪はなく，それはあくまでも〈情〉から来るものであって，生後の習慣によるとする。

王安石はまた「性・情は，一なり。世に論者有りて曰く，性は善，情は悪なり」という。性と情は本来一体であるのに，世の論者は〈性〉を善に〈情〉を悪に当てはめる。しかし彼らは実情を理解していない。〈情〉と〈性〉はそれぞれ局面・機能差がある。彼はいう。「喜怒哀楽好悪欲の未だ外に発せずして心に存するは〈性〉なり。喜怒哀楽好悪欲の外に発して行いに見わるるは〈情〉なり。〈性〉なる者は〈情〉の本なり。〈情〉なる者は〈性〉の用なり。故に吾曰く，性・情は，一なりと。……此の七つの者は，人生まれながらにしてこれ有り，物に接して然る後動く」すなわち，人間が外界の事物に触れたときに「喜怒哀楽」や「好悪欲」などの〈情〉を起こすのであり，〈性〉はそれ

III　宋・元・明

らの〈情〉が発する以前の傾向として実在している本体である。〈性〉が体
（本体）であり，〈情〉が用（作用）である。ただしこれは一物の表裏のような
ものであって，両者は不可分なものである。

　他方，人間の現実的差異はどこから生じるのか。彼は「動きて理に当たれば，
則ち聖なり，賢なり。理に当たらざれば，則ち小人なり」という。情欲の発生
が正しく〈理〉に当たっているなら善となり，それが可能な人は「聖人」「賢
人」である。逆に情欲の発生が適切でなければ悪であり，いわば適応不全であ
れば「小人」なのである。王安石は〈性〉が体であり〈情〉が用であるとして，
両者は相互に依存するものと考える。すなわち彼は，人間の〈情〉は道徳と本
来対立しないと捉えてもいたのである。そこで王安石は，人間の〈情〉の負の
側面だけを固定視すべきではないと説く。「彼の徒だ〈情〉の外に発するを見
ること有る者は，外物の累す所と為りて，遂に悪に入るなり。因りて曰く，
〈情〉は悪なり，〈性〉を害する者は〈情〉なりと。是れ曾て〈情〉の外に発し
て，外物の感ずる所と為りて，遂に善に入るを察せざる者か」との言は，〈情〉
が発して外界の事物に振り回され，悪しき方向に導かれる場面だけを見て，
〈情〉それ自体を悪と見なし，のみならず〈性〉を害すると断ずるのは誤って
いると指弾する。なぜならそれは〈情〉を善へと向ける可能性を見落としてい
るからである。「蓋し君子は〈性〉を養うことの善きが故に〈情〉も亦た善な
り。小人は〈性〉を養うことの悪しきが故に〈情〉も亦た悪なり。故に君子の
君子と為る所以は〈情〉に非ざる莫きなり。小人の小人と為る所以は〈情〉に
非ざる莫きなり」（『王文公文集』巻27「性情」）との言は，客観的妥当な善へと
行動を調整して〈性〉の本体を養うことができるなら，〈情〉の発動もよい状
態＝善となりうる，それに反するならば〈情〉もそれに伴って悪となることを
いう。したがって，人間が君子となるのも小人となるのも，適切に〈情〉を発
動させるよう努力することが重要となるのである。

　王安石はさらに，『論語』の「上智（高い理解力をもつ者）」と「下愚（低い理
解力しかもたぬ者）」の違いを解釈して，それらはいずれも後天的な学習の違い
によるものであり，「生まれながらにして移せないわけではない」という。彼
は「上智」とは「善に慣れているもの」であり，「下愚」とは「悪に慣れてい

るもの」であり，「中人（ニュートラルな人）」は「あるときは善に慣れ，あるときは悪に慣れる」ものなのだとする。

　結論的にいえば，王安石は人間の善悪の傾向性は習慣によって変更可能であると説いていたのである。ある人が当初「はじめから不善をなすことがなかった」なら「上智」であるといえるが，後に「進んで不善をなす」なら「中人」といえる。ある人がもともと「善をなしたことがない」なら「下愚」といえるが，後に「進んで善をなす」なら，やはり「中人」といえる。最初から最後まで善をなす人は「上智」であり，終始悪をなす人は「下愚」であるが，それもこれも「習（習慣化）」の結果である。王安石の社会や歴史の変化についての見方は，このような人間の可変性に応じたものであり，単に復古主義に反対するのでも，宿命論に甘んじるものでもなかった。

　王安石の思想は，自身の新法の主張を裏づけるためのものであった。当時，旧党派の司馬光は王安石の新法思想について，３つの言葉を引用して断罪した。すなわち「（王安石は）天変（政に感応する天変地異）は畏るるに足らず，祖法は法るに足らず，人言は恤れむに足らず」と。この言葉は王安石への批判であるが，王安石の立場からすれば，状況に適応しえない慣習・放棄は人民を救えないのであって，自身のこの改革こそ難関を打破するのに最善の方法であっただろう。また王安石は，学問においては孟子を重視して，孔子の正統を継ぐ者であると顕彰した。そのため科挙試験では『論語』と並んで『孟子』が必修とされ，受験者は新学に基づく注釈を参照しなければ，政治に参画することができなくなった。これに対して司馬光は『孟子』の正統性に関して疑義を呈していた。しかしながら程顥・程頤（→177頁）は旧法党の流れを汲みつつも，孟子を道統に連なる者として顕揚した。これは王安石の孟子表彰を承けたものと考えられる。王安石の思想は，このような革新的な精神の理論的基礎ともなったのである。

　王安石は他にも経書に注釈を施し，特に政治改革の模範として，理想の王朝システムを構築した聖人・周公旦の制度を反映したとされる『周礼』に注釈した『周官新義』を著した。『周礼』自体は戦国末から前漢時代にかけての統一帝国の形成に対応して後代に制作されたものと考えられるが，その究極的な

Ⅲ 宋・元・明

目的は皇帝を頂点とする整合的統治システムの実現であり，王安石はそうした体系的世界観に共鳴し，これを宋代の現実に具現化することを目指していたと思われる。そのため本書は『周礼』に対する共感から著されたものであり，新法の理念にも，確かに対応する点があった。これらは『三経新義』としてまとめられ，各州県に新法の学校の教科書として頒布され，科挙の公的解釈としての指針となった。これは皇帝権威を背景に，経書に関して異論が広がっている状況において，解釈を定めることで官僚・為政者に国家統一の共通理念を示す意義があった。また後に王安石の行政理念に対して批判的立場をとる程頤や朱熹（→187頁）も，彼の『周官新義』を推奨していた。王安石の経書解釈学は，宋学の義理による国家理念の統一，経書の首尾一貫した整合的解釈の先駆けともなったといえるのである。

なお彼は，詩文の作者としても知られ，散文については欧陽 脩（おうようしゅう）に師事し，卓越した識見・発想をもった明晰で真に迫る文体によって「唐宋八大家」の1人として数えられる。その詩は高い評価を受けており，特に鍾山に隠居して以後の著作が優れるとされる。

● 王安石との対話

 政務にとって真に必要な資質とは何ですか。

 実務能力に直結する学が文章制作に優先します。

華辞は誠に用なし。吏の材あれば則ち能（よ）く人を治め，人は其の利を受けん。若し事に辞を放つことに従いて，道を知らざれば，適（まさ）に以て俗を乱（みだ）り，理を害するに足らん。（『続資治通鑑長編』巻211）

【訳】（科挙試験での）華麗なレトリックは実に無用なものである。官吏としての人材があるのであれば人民を統治することができ，人民もその利益を受けることができる。もしも文章作成に従事して，（根本の）〈道〉を理解しないのなら，世俗を乱し（適切な）理を害することになるであろう。

▶王安石は，民の実益に資する本質的な〈道〉を知らずに流麗な文章作成に努めるだ

174

王安石

けでは不十分であるとした。

 政治において最優先されるべきものとは何ですか。

 人材抜擢です。

方今の急は，人才に在るのみ。誠に能く天下の才をして衆多ならしむれば，然る後，在位の才は，以て其の人を擇んで足るを取る可し。在位の者，其の才を得れば，然る後，稍時勢の可否を視て，而して人情の患苦に因りて，天下の弊法を変更して，以て先王の意に趣くことは，甚だ易きなり。(『臨川集』巻39「上仁宗皇帝言事書」)

【訳】現在の緊急の務めは，人材を得ることにある。もし人材が多くなるようにできたならば，有位の人材が，人を選んで十分な才能のある者を抜擢することができる。有位の者が人材を得るならば，徐々に時勢の適否を観察し，世情の苦境に応じて，天下における（時代に合わない）欠陥ある法を変更して，古代の聖王の意志に向かうのは，極めて容易となるのである。

▶改革者王安石はこの文章において，仁宗皇帝に対して時代状況に合わない旧来の法を改めるべきことを説き，その条件として能力ある者を抜擢すべきであることを主張している。

 統一国家の理想の姿はどのようなものですか。

 経済が充実し法治の徹底した国家です。

夫れ天下の衆を合する者は財なり。天下の財を理むる者は法なり。天下の法を守る者は吏なり。吏良からざれば則ち法有るとも守る莫し，法善ならざれば則ち財有るとも理まること莫し。財有るとも理まること莫ければ，則ち阡陌・閭巷の賤人も，皆能く取予の勢を私し，万物の利を擅ままにして，以て人主と黔首を争いて其の無窮の欲を放たん。……然れば則ち吾が法を善くして，而して吏を択ぶに之を守るを以てし，以て天下の財を理むるは，上古の堯・舜と雖も，猶お此を以て先急と為す母き能わず。而るを況んや後世の紛紛たるに於いてを

175

Ⅲ　宋・元・明

や。(『臨川集』巻82「度支副使庁 壁題名記」)

【訳】そもそも天下の民衆を集合させるものは財貨である。天下の財貨を安定させる
ものは法である。天下の法を守る者は官吏である。官吏が悪ければ，法は守られない。
法が不完全であれば，財貨は管理できない。財貨があっても（適切に）管理されなけ
れば，田畑や裏町の身分が卑しい人々も，取ったり与えたりする権力を私有し，万物
の利益を独占して，（ついには）皇帝と，人民を争奪しようとして極まりない欲望を
解放するようになるだろう。……だとすればわれわれの法を善きものとし，法を遵守
する官吏を選択して，財政を治めさせるということは，古代の（聖人である）堯や舜
であっても，このことを急務としないわけにはいかなかった。まして複雑に混乱した
後世（宋代）においてはなおさらである。

▶経済であれ法制度であれ，実際の政治状況下でそれを行う官吏・役人が，自分の欲
得で動くようであっては十分な運営は困難であるとして，法を遵守する優れた官吏を
選択することが重要であると説く。

🌑 より深く学ぶために

〈原典・訳〉

『中国文明選　政治論集』(朝日新聞社，1971年)

＊巻末に王安石の初期の重要文章『上皇帝万言書』を載せて解説する。原文，書き下し
　並びに訳文を収めており重要である。

〈入門・解説書〉

佐伯富『王安石』(冨山房，1941年。中公文庫，1990年)

＊古い著作ではあるが，王安石の思想を通観できる。

吾妻重二『宋代思想の研究——儒教・道教・仏教をめぐる考察』(関西大学出版部，2009
年)

＊専門書に属しているが，王安石に関して論ずる章は極めて重要であり，現代の王安石
　思想研究の絶対必読書である。

(井川義次)

程顥・程頤

（ていこう：1032〜1085・ていい：1033〜1107）

🔵 生涯と思想

　北宋の程顥・程頤兄弟は，共に哲学者であった。両者は学問思想に類似点があり，共に宋学の基礎を築いたために，二程子と並び称される。彼らの思想的影響は大きく，洛陽に住んでいたために，その学は「洛学」ともいわれる。これは，のちの朱熹（→187頁）に多大な影響を与えた。

　兄程顥，字は伯淳，号は明道先生と呼ばれた。15歳ごろ父の指示により程頤と共に周敦頤（→166頁）に学び，次いで都開封に出て胡瑗に師事した。26歳で科挙に合格し，初めは王安石（→169頁）の新法に協力するも，のちに反対する立場を取った。彼は司馬光（→167頁）・張載（→168頁）・邵雍（→165頁）たちと交流をもち，主に地方の下級官吏や県知事などを務めた。性格は穏やかで，数十年，彼に従った門人や友人たちも，彼が怒る姿を見たことがなかったといわれる。

　程顥は，その哲学の究極的概念として〈天理〉の語を提示した。彼は「天は理なり」（『河南程氏遺書』巻第11）として，万物を統括する全体としての天そのものが〈理〉であると見なしたが，それは自分自身が体得したものであるという。さらに彼は「万物は皆〈理〉有り。これに順えば則ち易く，これに逆えば則ち難し。各々其の〈理〉に循えば，何ぞ己が力を労せんや」（『河南程氏遺書』巻第11）という。万物に即してみれば，天から各自に存在根拠と基本的形式としての〈理〉が与えられており，それは自然に発現するもので，これにしたがうべきである。また「天地の物を生ずるに，各々足らざるの〈理〉無し」（『近思録』巻1「道体」）との言は，天地が万物を産み出す際，不十分ということはありえないことを説いている。これは，逆にいえば，万物の存在には理由・根拠が十全に充ち満ちていることになる。

Ⅲ　宋・元・明

　また彼は，何かが生ずる場合，ものにはすべて対になる概念が付随するという。「万物は対有らざるもの莫し。一陰・一陽，一善・一悪，陽長ずれば則ち陰消え，善増せば則ち悪減ず」（『河南程氏遺書』巻第11）。このように万物の有り様は相互に補い合うものであって，程顥は互いに排除し合うような関係にあるものを認めなかった。むしろ「事に善有り悪有るは，皆天理なり。天理の中，物　須く美悪有るべし。蓋し物の斉しからざるは，物の情なり」（『河南程氏遺書』巻第２上）と述べるように，陰陽をはじめ，善悪・美醜などの姿がその都度出現する，その総体が〈天理〉の具体的な顕現であると見ていたのであった。個物がそれぞれ個性を有しながら統一されている姿の中に，動的な真理の実相を見ていたのである。その立場からすれば，（天は）万物を鼓舞はするが，聖人と憂いを同じくしない。聖人は人間であるから憂いがないわけにはいかない。（他方）天は（古代の聖人）堯のために存在するわけでもなく，（古代の暴君）桀のためになくなるわけでもない，ということになる（『河南程氏遺書』巻第11）。これはある意味で極めて公平な見方であるが，他方「仁者は，天地万物を以て一体と為し，己に非ざる莫し」と述べるように，彼は他者に共感できる人格完成者「仁人」に万物を包括的・包容的に捉える優れた能力があることを認めてもいた。

　程顥の弟，程頤，字は正叔，号は伊川と呼ばれた。24歳で国子監に入学し，師の胡瑗に対して「学問は聖人に至る道である。聖人は学んで至ることができる」という見解を披瀝して驚かせている。54歳，哲宗の侍講となり，晩年は新旧両党の党争に巻き込まれて四川省の涪州に流されたが，このときに自身の学の集大成として『程氏易伝』を著した。程頤は理気二元論的な世界観をもち，現実世界は陰陽の〈気〉の働きによって起こるものと見なしたが，その一方で〈気〉の作用の根底に陰陽を陰陽たらしめる「然る所以」たる根源的理由・根拠ないし法則としての〈理〉あるいは〈道〉を認めていた。この法則には人倫の理法も含まれる。程頤は「天下の物は皆〈理〉を以て照らすべし。物有れば必ず則有り，一物　須く一理有るべし」（『河南程氏遺書』巻第18）と述べて，万物各々には必ず〈理〉があるとする。

　また彼は「一陰一陽これを〈道〉と謂う。〈道〉は陰陽に非ざるなり。一陰

178

一陽する所以は〈道〉なり」(『河南程氏遺書』巻第3)という。すなわち『易経』繋辞伝下に「〈気〉の陰の様相・陽の様相を〈道〉という」とあるのに対して、〈気〉の陰陽という様相それ自体が〈道〉なのではなく、陰陽を陰陽とする根拠・法則が〈道〉であると説くのである。ただ程頤は、他方でこうした〈道〉については、事物を想定しないで独立自存した抽象的・超越的原理であるとは捉えない。「陰陽を離れれば〈道〉などない。陰陽するもの、これが〈道〉である。陰陽は〈気〉である。〈気〉は形而下のものと位置付けられ、〈道〉は形而上のものと位置付けられる」(『河南程氏遺書』巻第3)との言は、〈道〉なり、〈理〉なりはあくまでも陰陽をはじめ、形をもつ万物の様相とは不可分な形を超えた原理と捉えるものである。

このように程頤にとっては、万物には各々その様相に対応した〈理〉があるが、根底から見れば万物の〈理〉も唯一の〈理〉に統括されているのである。これについては「物の〈理〉に窮め至れば、則ち漸久しくして後、天下の物は皆能く窮む。只だ是れ一理なり」(『河南程氏遺書』巻第15)とある。

また彼は「能く窮むる所以の者は、只だ万物皆是れ一理なるが為なり。一物一事の如きに至っては、小なりと雖も、皆是の〈理〉有り」(『河南程氏遺書』巻第15)と説き、視点を変えれば個々の具体的な事物から、天地万物の〈理〉に直結できるという。彼はこれを「理一分殊」、すなわち根源の〈理〉が万物に貫通しているからであるとする。

程顥との対話

 どうすれば生きがいを感じられますか。

 世界の中の自分と世界の中の他者とのつながりを実感することです。

医書に、手足の痿痺するを不仁と為すと言う。此の言、最も善く名状す。仁者は天地万物を以て一体と為せば、己に非ざる莫し。己為るを認め得れば、何の至らざる所かあらん。若し諸を己に有せざれば、自ら己と相い干らざること、手足の不仁なるが如からん。気已に貫かざれば、皆己に属せず。故に博く施

179

Ⅲ　宋・元・明

して衆を済うは，乃ち聖の功用なり。仁は至って言い難し。故に止だ曰く，己立たんと欲して人を立て，己達せんと欲して人を達せしむ。能く近く譬を取る，仁の方と謂う可し，と。（『近思録』巻1「道体」）

【訳】医学書に，手足が萎縮し麻痺することを「不仁」という。この言葉は，非常にうまく（真実を）描写している。仁者（仁を体得できた人）は天地万物をもって一体と把握することができるから，（すべては）自分のことでないということがない。（すべてが）自分のことであると認めることができるなら，どこに至らないことがあろうか。もし（他の事物を）自分に所有していないというのなら，それらが自分と関係がないとするありようは，ちょうど手足が不仁の状態となったようなものだ。〈気〉が貫通していないなら（生の繋がりが断絶しているなら），すべては自分に属していないことになる。このことから広く恵みを施して民衆を救うことが，聖人の働きなのである。〈仁〉の境地は非常に表現しにくい。そこで（『論語』雍也篇で）こう説かれるのだ。「自分が立とうとするとき，その前に人を立たせ，自分が到達したいと思えば，その前に人を到達させる。身近なところに引き比べ，できることをするのが，仁者の方法といえる」と。

独り能く是の心を体するのみ。曷ぞ嘗て支離多端にして之を求むること外自りせんや。故に能く近く取りて譬うるは，仲尼，子貢に示して以て仁の方と為す所以なり。医書に手足風頑を以て之を四体不仁と謂う有り。其の疾痛の為に，以て其の心を累わさざるが故なり。夫れ手足我に在りて，疾痛与り知られば，不仁に非ずして何ぞ。世の心を忍び恩を無みする者，其の自棄も亦た是の若きのみ。（『河南程氏遺書』巻第4）

【訳】ただこの心を体得することが必要だ。どうしてばらばらで多方面に外に求める必要があろうか。そうだから仲尼（孔子）が弟子の子貢に（『論語』雍也篇で見られるように）身近に引き比べて〈仁〉の方法を示したわけなのである。医学書に，手足が麻痺した状態を「四体不仁」といっている。その病の痛みに心を煩わさない（無自覚だ）からである。そもそも手足がわたしにありながら，その病痛に関わらないというなら，不仁でなくて何だろう。この世の中で残忍な心をもち，恩愛を無視するような者は，（自暴）自棄するのと同じなのだ。

▶程顥にとって重要なのは他者，状況，世界との繋がりを全身で感じ，連帯を拡充することであった。それこそが〈仁〉の真意であった。

程頤との対話

 人間理解と世界の理解はリンクしますか。

 天地人と万物は〈道〉〈理〉を通じて繋がっています。

聖人は，人倫の至りなり。倫は，理なり。既に人理の極に通ずれば，更に以て加うること有る可からず。……安んぞ人道を知りて天道を知らざる者有らんや。道は一なり。豈に人道は自ずから是れ人道，天道は自ずから是れ天道ならんや。……豈に天地に通じて人に通ぜざる者有らんや。如し止だ天の文と地の理とに通ずと云えば，此を能くせずと雖も，何ぞ儒に害あらん。天地人は只だ一道なり。纔かに其の一に通ずれば，則ち余は皆通ず。……如し其の道を論ずれば，豈に異なること有らんや，と。(『河南程氏遺書』巻第18)

【訳】聖人は，人倫世界の極限の存在である。(人倫の)「倫」とは，〈理〉のことである。人間の〈理〉の極限に通じたなら，それ以上加えるものはない。……どうして人間の道を理解しながら天の道を理解しないことがあろうか。〈道〉は1つである。どうして人道は人道，天道は天道といった区別があろうか。……どうして天地に通じていながら人に通じない者があろうか。もし単に天文と地理に通じているというだけなら，それができないからといって，儒者であることに差し障りなどあろうか。天・地・人は〈道〉を共有している。その1つに通じるだけでも，その他はすべて通じるのである。……もし〈道〉そのものを論じるなら，どうして異なることなどあるだろうか。

▶程頤は〈倫〉も〈道〉も〈理〉も〈文〉も天・地・人を貫通し共有していると見た。違いは広狭・大小の限定の仕方の違いに過ぎないと捉えていたからである。

より深く学ぶために

〈原典・訳〉

『朱子の先駆 上』(朱子学大系2，明徳出版社，1978年)
＊程子の重要な文章をピックアップして，原文，書き下し，語注ならびに詳細な解説を付してあり有益である。

Ⅲ　宋・元・明

〈入門・解説書〉

宇野哲人『二程子の哲学』（大同館，1920年）

＊戦前の専門書ではあるが，二程子に関して深く考察した資料として重要である。

市川安司『程伊川哲学の研究』（東京大学出版会，1964年）

＊これも専門的な文献ではあるが分かりやすく，また程頤（伊川）だけでなく兄程顥との人間関係も絡めて論じており，必読書である。

（井川義次）

王重陽

（おうちょうよう：1112〜1170）

🌑 生涯と思想

　王重陽は，12世紀の華北において全真教を創設した人物である。当時，遼や北宋の滅亡，金と南宋との抗争などの長い戦乱や飢饉により，華北の社会は不安定化していた。また，神宗のころより，国家の財政難を補填しようと，道士の地位を保証するための度牒（僧侶や道士への出家認可証）や紫衣（高徳の僧や道士に下賜される紫色の法服），大師号（高徳の僧や道士に贈られる号）の官売が行われ，道教組織に混乱が起こった。こうした社会不安の増大と道教界の混乱の中で，華北には，旧来の道教に対する反省の上に，新しい信仰組織がいくつも登場した。全真教も，そのような新興組織の1つである。

　王重陽は，政和2（1112）年に大魏村（陝西省咸陽市付近）で生まれた。幼名は中孚，字は允卿。科挙や武挙を受けたが挫折し，放蕩生活を送った。

　彼の転機は，48歳のときに訪れた。甘河鎮にて2人の道士に出会って口訣（文書に記さない教え）を受け，さらに翌年にも別の場所で道士に再会し，5篇の秘語を授けられた。この出来事は「甘河の遇仙」と呼ばれる。後の全真教の文献によると，王重陽はこのとき，**内丹術**の有名な仙人である鍾離権と呂洞賓の化身に出会い，内丹に関する教えを受けたという。これにより入道の志を立てた王重陽は，妻子を捨て，名を嚞（のちに嚞とする）と改めて，重陽と号し，自らの墓を掘ってその中で坐禅を組んで生活するようになった。彼はその居宅を「活死人墓」と呼び，墓穴の上に「王害風の霊位」と記した紙牌を置いたという。「害風」とは，王重陽に対する人々の呼び名で，狂人を意味する。

　数年後，彼は墓中での修行に限界を感じて山東半島に移り，土地の有力者である馬丹陽に出会った。馬丹陽は王重陽の談論に傾倒し，自邸に庵を建てて彼を住まわせた。王重陽はこの庵に籠もって夫妻を啓発し，その際に詩詞と共に

Ⅲ　宋・元・明

各々意味のある数に切り分けた梨・栗・芋を用いたので，この教化を「分梨十化の教化」という。

王重陽は，馬丹陽と同時期に丘長春など数人の高弟を得た後，山東半島の3州に，三教七寶会・三教金蓮会・三教三光会・三教玉華会・三教平等会という5つの信徒組織（「三教五会」）を設立し，一般信徒の教化と組織化に取り組んだ。金の大定10（1170）年に王重陽が仙去すると，**七真**と呼ばれる弟子たちが，彼の教説をそれぞれ独自に展開しながら華北に信徒を拡大した。全真教は時代の影響を受けながらも現代まで続いており，その総本山である北京の白雲観は，近現代の中国道教の中心地である。

王重陽の教説は，従来の道教教義に基盤を置きながらも，既存の道教教団を反省的に捉え，内面的な実践と人々の救済とを重視するものである。

宋代以降，長生術の主流は内丹術であった。王重陽の思想もまた内丹術を基盤としており，彼の詩詞には内丹術の用語が駆使されている。「甘河の遇仙」において王重陽と鍾離権らとの関連が示唆されていることは，王重陽の教義が彼らの内丹術を継承していることを，全真教において積極的に認めていたことを示している。ただし，王重陽は内丹術をはじめとして，金丹術や呪術など，従来の道教で行われてきた種々の術について，それのみに耽溺することには批判的であった。なぜなら，術に拘泥すれば本来の精神は失われてしまう。術の修行以前に，まず心持ちを正しくし，心を清浄にすることが大切だからである。

そもそも，内丹などの修養術は，自己一身のみを救うためのものである。これに対して王重陽は，修行における「真功」と「真行」とを重視している。「真功」とは，清静を保って心を安定させ，自己の本性をさぐる道士自身の内修であり，「真行」とは徳を積み，貧・病・災難などに苦しむ人々を救い，人々を全真教に入信させることである。彼は「真功」と「真行」とを行い，自身が道を悟ると共に人々を救済することによって初めて「成仙」に到達できると述べる。

彼のいう「成仙」とは，単に個人的な身体の不老不死ではなく，「本来の真性」を獲得して，精神的に解脱することである。この「本来の真性」とは，根源的に人の心に含まれているものである。富や身分，外貌や栄華といった俗情，

184

自身の修練を誇ること，宗教行為や方術に対する拘泥などは，すべて「本来の真性」を覆い隠してしまう。したがって，外形に関わるあらゆることを排除し，精神を逍遥させれば，「本来の真性」を解放できるのである。

こうした王重陽の思想は，儒仏道の3教を「一家」と見なすことを前提に展開している。彼は人々に『孝経』『般若心経』『道徳経』などを読むように勧めており，また，彼が山東地方で組織した五会には，すべて「三教」の2字が冠されている。特に，王重陽の最も重視する「本来の真性」は，禅の語彙を用いて説明されており，彼の思想が禅から大きな影響を受けていることが分かる。

王重陽との対話

Q どのような修行をすればいいのでしょうか。

A 身体を養うための作為的な術などよりも，世俗の煩瑣な物事から離れて，ひたすら心を清静にすることです。

諸公根源を暁らず，尽く旁門の小術を学ぶのみなれども，此れ乃ち是れ福を作り身を養うの法なりて，並びに性命を修め道に入るの事に干からず。稍失錯を為せば，転た人道に乖かん。諸公如し修行せんと要むれば，飢え来たれば飯を喫し，睡り来たれば眼を合わせ，也た打坐する莫れ，也た道を学ぶ莫れ。只だ塵凡の事もて屏除せんと要め，只だ心中に清静の両箇字を用いよ。其の余は都て是れ修行ならず。（『重陽教化集』三州五会化縁榜）

> 【訳】諸公は根源を悟らず，ことごとく旁門の小術（不老不死のための作為的な術）を学んでいるが，それは福を願ったり身体を養う方法であって，性（本性）命（生命）を修したり道に入ったりすることと何の関係もない。少しでもまちがえば，いっそう人道に乖いてしまう。諸公がもし修行したいのなら，腹がへれば飯を食い，眠くなれば目をつぶり，打坐（坐禅のこと）はせず，道も学ぶな。ただただ下らない俗事をとりのぞき，ただただ心を清静の2字にしなさい。その他のことは，みな修行ではない。

＊訳文は蜂屋邦夫『金代道教の研究』（汲古書院，1992年）による。括弧内は筆者による補足。

Ⅲ 宋・元・明

 世俗から離れれば,不死を得ることができますか。

 単に身体が世俗を離れるのではなく,精神が超脱することこそ大切です。

凡世(ぼんせ)を離るるとは,身の離るるに非ざるなりて,心地を言うなり。身は藕根(はすのね)の如く,心は蓮花に似たり。根は泥に在れども,花は虚空に在り。得道の人は,身は凡に在れども心は聖境に在り。今の人,永く死せざらんと欲して凡世を離るるは,大愚にして道理に達せざるなり。(『重陽立教十五論』第15条 論離凡世)

【訳】凡世(世俗)を離れるというのは,肉体が離れるという意味ではなくて,心が離れることである。身は藕根で,心は蓮の花のようなものである。藕根は泥中にあるが,蓮花はきれいな虚空に咲いている。それと同じく,得道の人は,身はたとえ塵凡の中にあっても心は聖境にあるのである。今の人々が不死を得たいと考えて凡世から(身体的に)離れるのは,道理を知らない愚か者である。

▶「重陽立教十五論」は,王重陽の死後に彼の弟子などが王重陽の言説や思想を整理して作られたものだと思われる。しかし,王重陽自身の文献との関連も見られ,初期の全真教の教説を残していると考えられている。

用語解説

内丹術(ないたんじゅつ) 自らの体内に流れている気を,神(こころ)による操作を通して精錬し,体内に不老不死の薬である金丹を生成する方法。一方,鉛や水銀などを用いて丹を作ることを外丹という。

七真(しちしん) 王重陽の7人の高弟である,馬丹陽・譚長真(たんちょうしん)・劉長生(りゅうちょうせい)・丘長春・王玉陽(おうぎょくよう)・郝広寧(かくこうねい)・孫精静(そんせいせい)のこと。孫精静ではなく王重陽自身を含める場合もある。

より深く学ぶために

〈入門・解説書〉

窪徳忠『中国の宗教改革——全真教の成立』(アジアの宗教文化2,法蔵館,1967年)
吉岡義豊『道教の研究』(吉岡義豊著作集1,五月書房,1989年)

(冨田絵美)

186

朱　熹

（しゅき：1130～1200）

🌑 生涯と思想

　朱熹は，南宋の哲学者・思想家。建炎4（1130）年，福建省南剣州山間部の尤渓で生まれ，建甌，建陽，崇安など閩（福建省の古称）北方で生涯のほとんどを送り，新安の朱熹とも呼ばれる。字は元晦・仲晦。号は紫陽・晦庵・晦翁・遯翁など。文公と諡された。朱子とは尊称である。19歳で科挙に合格し，24歳で福建同安県の文章処理官，主簿を務め，71歳で没するまで50年近く政治に関わった。

　朱熹は紹興21（1151）年に，程頤（→177頁）の門人で父と同門の李侗に師事し，さらに張栻，呂祖謙と知的交流をもった。相互の切磋琢磨は朱熹の思想形成に深く影響した。朱熹46歳の淳熙2（1175）年，呂祖謙の勧めで，当時人間の心に重点を置く思想を展開して影響力のあった陸象山（→200頁）と「鵝湖の会」と呼ばれる会談を行い，こののちも書簡を通じて論争を行った。これにより両者は自己の思想的立場を明確化していった。

　朱熹は北宋の邵雍（→165頁）・周敦頤（→166頁）・程顥（→177頁）・程頤・張載（→168頁）らの学説を取捨しつつ，従来の通念を大きく刷新する整合的な儒教の体系化を遂行した。それは『易経』の概念で，万物を貫通し充塡する〈理〉を媒介として，宇宙・天地・人間・万物を捉えるものであった。彼は〈理〉について「天下の物に，則ち必ず各々然る所以の故と，其の当に然るべきの則と有り。所謂理なり」（『大学或問』）と定義する。つまり〈理〉は理由・根拠としての「然る所以の故」と，当為としての「当然の則」の両面をもっていた。朱熹はこうした〈理〉を媒介として，世界・歴史の内における人間の知的能力の拡大と，これと連動した人類・万物の可能性の実現と，不断の拡大・発展を目標としていた。

187

Ⅲ　宋・元・明

　朱熹の思想内容は広大で多岐にわたる。その経書解釈は，漢唐訓詁学の整合的側面を継承し，また道教・仏教といった儒家外の思想からも有益な概念や観点を批判的に受容した総合的学問体系でもあった。ここでは，朱熹が自身の哲学を支持すると見て，『礼記』から選抜して『論語』『孟子』と共に「四書」に編入し，注釈を付した『大学』『中庸』の内容に着目してその体系の一端をうかがいたい。

　まず，朱熹は『大学』冒頭の三綱領を学問の目的とした。三綱領とは「明徳を明らかにす」「民を親（新）たにす」「至善に止まる」である。彼によれば「明徳」とは，天から人間に付与された，制約なく精緻・微妙で照明作用を有する知的機能であり，この働きをますます磨き上げることが「明徳を明らかにす」ることである。「民を親（新）たにす」とは「明徳を明らかに」できた者が，同類の他者に，堕落した旧習をふり捨てて自身の「明徳を明らかにす」るよう促すことである。「至善に止まる」とは，明徳を明らかにして民を親（新）たにし，それにより最高度の善の境地に止まるという理想が究極的に実現した状態を指す。こうした目的に至る道筋は「平天下・治国・斉家・修身・誠意・正心・致知・格物」の八条目で表わされている。ここには，儒家の究極的理想とそこに至るための条件が，連鎖的に示されている。すなわち「昔，天下にその明徳を明らかにしようとした（明明徳於天下）者は，まず自分の「国」を治めた（治国）。自分の「国」を治めようとした者は，まず自分の「家」を整えた（斉家）。自分の「家」を整えようとした者は，まず自分の「身」を修めた（修身）。自分の「身」を修めようとした者は，まず自分の「心」を正した（正心）。自分の「心」を正そうとした者は，まず自分の「意」を誠にした（誠意）。自分の「意」を誠にしようとした者は，まず自分の「知」を致した（致知）。自分の「知」を致すために，「物」に格した（格物）」というのである。朱熹は，究極目的としての「明徳を天下に明らかにす（「平天下」の実質的内容）」は，一個人の「明徳を明らかにす」を端緒として，他者を感化して自ら改新に導き，最終的にはそれを天下に連鎖的に波及させることであると述べる（『朱子文集』巻15）。ここで一個人という限界・制約が突破されるのは，「明徳」が万人に普遍的であることが根拠となっていた。

朱　熹

　一方で，こうした究極的な理想状態に至るための前提を遡れば次のようになる。「天下を平かにする」という目的に到達する条件は「国（々）を治める」ことにある。その条件は「家を斉える」ことにある（なお「家」とは単一の家族から，地縁・血縁，地域による大小各種の共同体を包括する）。そしてその前提には一個人における「身を修める」ことがあり，身の主としての「心」が本来的な正しさを保つことが求められる。その前提となる「誠意」とは，心の発動，「意」を「善」に「純一」にすることであり，そして「誠意」の前提は「知を致す」こと，すなわち知的能力を発揮し尽くすことである。「知」とは「心」の「神明（想像を絶する精緻な照明の機能）」であり，あらゆる〈理〉を意味あるものとして定立・活性化し，万物・万事を取り仕切ることを可能とする作用である。すなわち朱熹にとっては「知」自体が本来普遍的作用であり，人間の「知」はその特殊で個別的な「場」における限定であったことになる。彼はこの作用を極限まで突き詰めることに「私」的枠組や，内・外の垣根を突破し，他者と連動しうる根拠を見ていたのである。また朱熹は，八条目の各項目の究極的前提に位置づけられる「格物」について，対象となる「物」とは〈理〉の所在であり，これを明瞭に究明することと，認識としての「知」の作用を発揮し尽くすこと（致知）とが相即・連動すると捉えていた。すなわち「格物」「致知」は学問の根本とされ，万物の〈理〉を極め尽くし，すべてに通底する〈理〉を覚り，自らに備わる「心」の作用を明らかにすることと解釈されたのである。このように朱熹の『大学』八条目の解釈には，主観／客観，自己／他者から，世界へと繋がる宇宙論が存在していたといえる。

　朱熹の宇宙論的天と，天が人・物に与えた「性（本性・本質）」について説く「性即理（性は即ち理なり）」説は，『中庸』の冒頭部分「天命これを性と謂う。性に率う，これを道と謂う。道を修むる，これを教えと謂う」に基づいている。すなわち「天が命令のように万物に与えたものが〈性〉である。その性にしたがうことが〈道〉である。その道を修めることが〈教〉である」ということである。朱熹の詳細な注釈によれば，その意味は以下のようである。まず「命」とは「令」である。「命」は，天から人・物に与えられた命令・教令のようなものである。また〈性〉は，〈理〉である（性即理）。「天」は「陰陽」「五行」

189

Ⅲ　宋・元・明

によって万物を生成し，〈気〉によって形を作る。「天」はまた同時に〈理〉を
も命令のように，人・物に与えるのである。人や物は，各自に付与された
〈理〉を得て，健（陽の剛健な働き）／順（陰の従順な働き）や「五常（仁義礼
知信）」等の〈徳〉，すなわち機能・作用・働きをなす。その各自に付与されて
いるものが，いわゆる〈性〉である。「率」とはその〈性〉に従うことである。
〈道〉とは，遵行すべき経路である。人や物は，各自その〈性〉の「自然」に
従うとき，そこには日常事物の間における自然なる筋道がある。「修」とは，
秩序づけることである。各自における〈性〉や〈道〉は根本的に同じであって
も，一方，各自が生まれもった〈気〉の受け方は異なる。そこで個別の人・物
においては差異・過不足が生ずる。聖人は個別の人や物が踏み行うべきところ
に従って，等差を設けてほどよく調整してこれを天下の法とした。それが
〈教〉である。礼・楽・刑・政などである。朱熹は，人間の〈性〉は「天」に
基づき，事物の〈道〉は〈性〉に由来し，聖人の〈教〉は人間固有の〈性〉に
依拠して調整したものと捉えた。そして儒教を漢王朝の主導的位置に据えた董
仲舒（→73頁）の「道の大原は天より出ずる」という言を引きつつ，それら
様々な様態も，究極的には「天」に発すると述べるのである。すなわち，ここ
でも宇宙論的な天と万物，とりわけ自己と世界を理解できる人間との密接な関
係が述べられている。朱熹の解釈は，それらすべてを関連づける仲立ちとして
の〈理〉を，あたかも数学における補助線のように，世界の全体的構造連関を
解明する中心概念としたのである。

　朱熹の思想は，心において直接的に〈理〉を見るべきとする陸象山や王陽明
（→208頁）に始まる陽明学派から，また古典の言語の研究を通じて聖人の心を
把握すべきと主張する清朝考証学派などから，激しい批判を受けることとなっ
た。しかしながら朱熹の学問，朱子学は元王朝から清朝末までの中国において
は科挙試験を通じて正統教学と見なされ，日本，朝鮮，琉球等，東アジア文化
圏の思考様式に対しても絶大な影響を与えてきたのであった。また興味深いの
は，16世紀以降，朱熹の『四書集注』に直接間接に基づく儒教古典の翻訳が
ヨーロッパに紹介され，西洋知識人に一定の影響を与えたことである。マテ
オ・リッチと共に中国でキリスト教布教を行ったイエズス会士ミケーレ・ルッ

190

朱 熹

ジェリは、四書の筆頭『大学』をラテン語訳したが、その解釈は、自他から世界への完成の究極条件を「事物の原因と本性を認識する」ことを通じての理性（明徳）の高揚と知の増広と捉えていた。これは明らかに朱熹の「格物」「致知」説に基づいている。また、理性の時代から啓蒙主義の時代をリードした哲学者ライプニッツは、万物は理由なしに存在しないという「充足理由律」や「モナド」説にも似た朱熹注に基づく中国古典の訳文に、少壮の20歳（1666年）前後の段階で接していた。また彼は生涯で、計4種の『大学』訳（いずれも朱熹注を踏まえる）に目を触れていた。さらに百科全書派やヘーゲルに至るドイツ観念論にまで影響を与えた哲学者、クリスチャン・ヴォルフも、朱熹注を踏まえるフランソワ・ノエル訳『大学』や『中庸』（1711年）、さらにフィリップ・クプレらの訳文を精読し、ヨーロッパ啓蒙の理想を儒教であると主張していた。朱子学の西洋哲学への影響に関しては、東西双方の文献に基づくさらなる実証的究明が期待される。

朱熹との対話

 人類の理想状態を実現する究極の前提とは何ですか。

 知を極めることであり、それには万事・万物の〈理〉を解明し尽くすことが重要です。

いわゆる知を致すは物に格るに在りとは、言うこころは、吾の知を致さんと欲すれば、物に即きてその理を窮むるに在るなり。蓋し人心の霊は知有らざること莫くして、天下の物は理有らざる莫し。惟だ理において未だ窮めざること有るが故に、その知ること尽きざる有り。是を以て大学の始教は、必ず学者をして凡そ天下の物に即きてその已に知れるの理に因りて、益々これを窮めて、以てその極に至らんことを求めざること莫からしむるなり。力を用うること久しくして、一旦豁然として貫通するに至れば、則ち衆物の表裏・精粗到らざることなくして、吾が心の全体大用は明らかならざることなし。此を物格ると謂い、此を知の至りと謂うなりと。（『大学章句』第5章「格物補伝」）

191

Ⅲ 宋・元・明

【訳】いわゆる「知を致すは物に格るに在り」とは，わたしの「知」の働きをきわめようとするには，事物に密接してその〈理〉を究明する必要があるということである。というのは「人心」は「霊（精緻）」であって「知」が普遍的に与えられ，他方，事物の〈理〉も普遍的に存在している。ただ対象の事物における〈理〉が解明され尽くされないことから，これに連動・呼応する「知」の機能も発揮し尽くされないことがある。だから『大学』の最初の教えは，学問をする者があらゆる世界の事物に密接して，「知」の内容として蓄積されてきた既知の〈理〉を手がかりに，（未知の事物の〈理〉を）究明・拡充することを通じて，さらにその「知」の能力を極限まで発揮し尽くすことを求めさせることにある。そしてその「知」の解明の努力が極限に達したとき，一瞬にして世界万物の〈理〉を，表裏・精粗あまさず洞察する能力が啓かれ，吾が心の「全体大用（完全な本体と偉大な作用）」が必ず開明される。これこそ物（の〈理〉の方がこちらに）到来することだといい，これこそ知の究極というのである。

▶「格物補伝」は，朱熹の哲学を支える『大学』の「平天下」を実現する究極の大前提としての「格物」について解説した部分である。彼によれば「格物」についての『大学』本文の解説は欠落してしまった。そこで「格物」のあるべきであった注解を再現したのだという。後に恣意的で僭越な行為と指弾されることも多かったが，ここでの解説は彼の万事を貫通する〈理〉に基づく世界観が明確な形で見られるため，重要である。

 この世のすべての〈理〉を解明することなど不可能ではないでしょうか。

 先に述べたようにあらゆる事態に即して解明し類推する努力を積み重ねてゆくことが大切です。

凡そ一物有れば，必ず一理有り。窮めて之に至るは，いわゆる格物なる者なり。然して格物は，亦た一端に非ず。或いは読書して道義を講明し，或いは古今の人物を論じて，その是非を別ち，或いは事物に応接して，その当否に処するが如きは，皆窮理なり。但だ能く今日一件に格り，明日又一件に格りて，積習すること既に多くして，然る後に脱然として貫通する処有らん。又た窮理と曰う者は，必ず天下の理を窮むるを謂うに非ず，又た止だ一理を窮め得て便ち到ると謂うに非ず。但だ一身の中よりして，以て万物の理に至るまで，

朱熹

理会し得ること多ければ，自ら当に脱然として悟る処有るべきなり。又た格物
と曰うは，天下の物を尽くし窮めんと欲するに非ず。但だ一事の上に於いて窮
め尽くせば，その他は以て類推す可きなり。〈孝〉を言うに至りては，則ち当
にその〈孝〉を為す所以の者の如何を求むべし。若し一事の上に窮め得ざれば，
且らく別に一事を窮む。或いはその易き者を先にし，或いはその難き者を先に
して，各々人の浅深に随う。譬えば千蹊・万径の，皆以て国に適く可きに，但
だ一道を得て入れば，則ち以て，その余に通ずるを推類す可きが如し。蓋し万
物各々一理を具するも，万物は同じく一原より出づ。此れ推して通ぜざるなか
る可き所以なり。(『朱子文集』巻15)

【訳】およそ任意の「一物」には必ず対応する「一理」がある。その「一理」を窮め
尽くすことが「格物」である。そして「格物」実践の道は多様である。あるいは「読
書」を通じた「道義」の究明，あるいは古今の人物に関する是非得失の論，事物の当
否に対応すること等は，すべて「窮理（理を窮めること）」である。ただ今日一件の
事物に「格」り，明日また一件の事物に「格」るという蓄積が多くなったあかつきに，
突如するりと抜け出たかのような「貫通」した状態が起こる。とはいえ「窮理」とは，
天下の〈理〉をすべてきわめることをいうのではない。また，単一の対象の〈理〉を
究明すれば十分であるというのでもない。ただ自己一身の〈理〉から万物の〈理〉へ
と理解することが多くなれば，突如するりと悟ることがあるだろう。また「格物」と
は，天下の事物をことごとく窮明しようと望むことではない。ただ任意の「一事」に
ついてきわめ尽くしたなら，その他は類推することができるのである。例えば（親に
対する）〈孝〉について言えば，〈孝〉を実践する理由・根拠がどのようであるかを考
求すべきである。もし任意の「一事」について窮明できなければ，しばらく別の一事
を窮明するのである。あるいは簡単なことから始め，あるいは難しいことから始める
など，各人の能力の浅深に従う。これはたとえるなら，千本万本の道のどれもがある
国に行くことができる場合，一本の道から入りさえすれば，その他の道に通じている
ことを類推できるようなものである。思うに万物はそれぞれ一定の〈理〉を備えてい
るとしても，万物は本来同じく（天という）1つの根源から出てきたものである。こ
れこそ，類推すれば通じないことなどないということの根拠である。

▶格物には蓄積が必要だが，この世のすべての事物・事態をきわめることは誰にも不
可能である。要点は，具体的場面状況においてきわめるべき〈物〉があるのであって，
こうした習慣の集積を経た後には，他の事物の〈理〉を類推することは容易になるの

Ⅲ　宋・元・明

だとしている。ある意味柔軟な格物観である。

Q 人間の〈性〉とは，人間だけに限定されたものではないのですか。

A そうとはいえません。任意の〈性〉というのも焦点の絞りようで，むしろ万物の根拠は「天」であり各自に〈理〉が与えられていることこそ肝要なのです。

天命これを性と謂うとは，言うこころは天の人に命ずる所以の者は，是れ則ち人の性と為す所以なり。蓋し天の万物に賦与して，自ら已む能わざる所以の者は命なり。吾の是の命を得て，以て生じて全体に非ざる莫き者は性なり。……天に在り，人に在るは，性・命の分有りと雖も，然れどもその理は則ち未だ嘗て一ならざることあらず。人に在り，物に在るは，気稟の異ること有りと雖も，然れどもその理は則ち未だ嘗て同じからざることあらず。此れ吾の性の純粋・至善なる所以なり。（『四書或問』巻3「中庸」）

【訳】「天命これを性と謂う」というその意味は，天が人に「命」じた根拠となるものは，（人の視点から見た場合）人間の〈性〉である根拠となるものである。（人間だけでなく）天が万物に付与して，各自が存在を維持・継続する根拠となるものが「命」である。「吾」の側がこうした「命」を得て生じ，総体として存続しうる拠りどころが〈性〉である。……天に位置づけられる「命」と，人に存在する〈性〉とは区別があるとはいえ，（根源的に）〈理〉においては同一でないことはなかった。（他方）人間と万物に存在するものについて見ても，（相違や偏差の視点に立てば，各自）〈気〉の受け方の違いはあるにしても，〈理〉の観点から見れば，やはり同一であった。これこそ，わたしの側の〈性〉が純粋で，至善である根拠である。

▶有名な天命の人間の〈性〉（ないし万物の〈性〉）に関する『中庸』冒頭部分についての朱熹の理解である。要点は〈理〉を媒介・共通分母とする全体世界と，人間個体から個別事象との連関の総体的把握である。

🌑 より深く学ぶために

〈原典・訳〉
『朱子語類　訳注』（汲古書院，2007年〜刊行中）
＊朱熹の最基本文献の『朱子語類』全訳の企画である。息の長い刊行で全訳にはなお時

朱　熹

間を要すると予想されるが，朱熹を学ぶ者にとっての最適な必読書である。

〈入門・解説書〉

島田虔次『朱子学と陽明学』（岩波新書，1967年）

＊朱子学・陽明学の形成と展開に関する古典的名著。

三浦国雄『朱子』（人類の知的遺産19，講談社，1979年）

＊朱子学の代表的研究者による朱熹哲学の展望を与える，一般読者のみならず研究者も
　参照する著作である。

小島毅『朱子学と陽明学』（放送大学教育振興会，2004年）

＊朱子学・陽明学の形成と展開に関する最先端の研究成果を踏まえた好適な入門書であ
　る。

木下鉄矢『朱子』（岩波書店，2009年）

＊現代において朱熹を哲学した，今は亡き著者の渾身の著作である。

垣内景子『朱子学入門』（ミネルヴァ書房，2015年）

＊先行研究を踏まえながら，朱子学の世界観と基本概念を非常に分かりやすく解説する。

（井川義次）

195

Ⅲ 宋・元・明

◆コラム◆　[四書]『論語』（ろんご）

　「四書」とは、『論語』『孟子』と『礼記』中の「大学」「中庸」2篇とを合わせた四種の書物の総称であり、南宋の朱熹（→187頁）により提唱された。朱熹以前の儒教では、まずは五経（易、書、詩、礼、春秋）を学ぶことが重要であった。しかし朱熹は、四書が「聖賢の書」であり、初学者にとっては五経以前に学ぶべき必読書とみていた。そこで彼は、四書に新たな注釈を施して、まずはこれに基づいて『大学』『論語』『孟子』『中庸』の順に学習することを求めた。

　『論語』は、孔子（→5頁）と弟子の言行録であり、もとより学者必修の書ではあったものの、朱熹が四書に編入したことにより、儒教におけるその地位は、より確固たるものとなった。ただ当然ながら、朱熹による『論語』注釈は朱熹独自の解釈を包摂しつつ成立しており、それ以前の『論語』解釈（古注）とは異なっている。朱子学の理念が埋め込まれた『論語』、それが『論語集注』（新注）である。

　例えば『論語』顔淵篇の「克己復礼」という言葉への注釈に、朱熹は彼自身の思想を注ぎ込んでいる。孔子の高弟である顔回が〈仁〉について質問した際に、孔子は「己に克ちて礼に復するを仁と為す」と答えた。この発言について、古注の代表的解釈である三国魏の何晏『論語集解』は、漢代の儒者の学説を引きながら、「克己」とは「我が身を慎むこと（約身）」であり、そのようにして〈礼〉（規範）に合致できるならば、それが〈仁〉である、との解釈を提示した。すなわち〈仁〉とは、人間の社会的関係の中に現れるものである。これに対して『論語集注』には「克は、勝なり。己は、身の私欲を謂うなり」とある。「克己」とは、自身の欲望に打ち勝つことである。さらに朱熹は「復は、反なり。礼とは、天理の節文なり」として、「人欲」を滅却した人間は「天理」の整合的秩序にも合致できるという。この「天理」と「人欲」ということは、実は朱子学の主要テーマの1つであった。朱子学においては、聖人は「天理」と完全に合致した存在であり、人間は「人欲」をできるだけ滅却させる努力を経て聖人に近づき、ついには「天理」にまで到達しうるという。朱熹は「礼 Li」字を同音の「理 Li」字として解釈することで、孔子の発言の中に朱子学的聖人観・人間観を組み入れ、修養の必要性を説いたのであった。

　なお、江戸幕府の儒学振興政策において朱子学が採用されたこともあり、わが国においても『論語集注』は、各地の藩校や私塾で大いに講ぜられ、また読まれた。現代のわれわれもまた、高等学校までの国語教科書において『論語』に接する機会をもっているが、その解釈標準は、基本的に朱熹説に立脚している。朱子学の命脈はわれわれの知の深底にも根を下ろしているのである。

（和久　希）

196

◆コラム◆ ［四書］『孟子』（もうし）

　朱子学では，儒教における正統的な聖賢の系譜を「道統」と称して尊崇していた。その系譜は，堯・舜・禹（伝説的聖人）から孔子（→5頁）を経て，孔子の弟子や学問の継承者へと展開する。最後に位置づけられたのが，孟子（→22頁）であった。朱熹（→187頁）が『孟子』を四書に編入したのには，まずはこのような事情がある。

　孟子は，先秦儒家の1人であり，性善説を唱えたことで知られている。今にも井戸に落ちそうな赤子を前にしたら，人はそれを救出せずにはいられない。孟子によれば，人は誰もがそのような，他者の危難を見過ごせない〈心〉をもっている。そしてその〈心〉こそが，〈性〉（生まれながらの心）なのである。孟子の議論は，孔子が既に提起した仁・義・礼・智（四徳）に対して，そのさらなる根底に惻隠・羞悪・辞譲・是非の心，すなわち「四端」を据えるものであり，人間一般にあらかじめ備わっている道徳的本性（性）の深みに視線を注ぐものであった。

　孟子が人間の〈心〉を重要視していたことは，『孟子』尽心上篇の「其の心を尽くす者は，其の性を知るなり。其の性を知れば則ち天を知る」という発言によって知られる。四端の心をどこまでも拡充させることができるならば，人はその性が善であること，そしてそれが天与のものであることを知る，というのである。朱熹は，これに対して，彼自身の人間観を『孟子』解釈に組み入れている。朱熹『孟子集注』は〈心〉について「人のもつ深遠微妙（神明）なところであり，〈理〉を備えて万事に対処する根拠となるものである」と注釈を施し，人間の心は〈理〉を含んで成立することを指摘する。また〈性〉については「心が備えているところの〈理〉」そのものであると規定する。ここにおいて〈性〉と〈理〉とは本来的に一致するものであることになる。すなわち「性即理」である。これは朱熹が程顥・程頤（→177頁）の思想を継承したものであった。

　朱熹が，人間の〈心〉の具有する道徳的本性を〈理〉と捉えたのは，『中庸』冒頭に「天の命ずる之を性と謂う」とあるように，〈性〉は天が人に賦与するものであったからである。そうである以上，人の性は本来的に「天理」と合致している。したがって，それは善でなくてはならない。そして，人には天与の〈理〉が道徳的本性として内在しているのだから，それに沿いつつ秩序ある生を営む必要があるのである。朱熹が『孟子』を四書の1つに選んだのは，『孟子』のもつ性善説が「性即理」という主張に適合するとみて，そこに彼自身の人間観を組み入れたためであった。

　なお，こうした人間の根幹や，あるいはその形而上的基礎に関する思索は，特に朱熹『中庸章句』においてなされている。朱熹が四書を『大学』『論語』『孟子』『中庸』の順に学ぶように要請する理由である。

（和久　希）

197

Ⅲ　宋・元・明

◆コラム◆　［四書］『大学』（だいがく）

　『大学』はもともと『礼記』の１篇であったが，朱熹（→187頁）によって四書の１つに選定され，以後，独立の書として扱われるようになった。朱熹は四書に対して注釈を施し，そこに学問の基本理念を示したが，その中でも『大学』の注釈に最も力を注ぎ，四書の筆頭として最初に読むべき書物とした。それは『大学』に最も端的に学問の理念が示されているからであり，その中でも特に重要なところが冒頭部分であった。

　朱熹は，冒頭部分を曾子が祖述した孔子（→５頁）の言葉，すなわち「経」であるとし，そこに学問の基本理念が三綱領・八条目として端的に示されているとみた。三綱領とは「明明徳・親民・止至善」であり，いわば学問の目的である。それは自らの心に備わる天与の明徳を明らかにし，それを民にまで及ぼして民を革新し，この至善の境地に止まらせることであった。そして，それを細分化したものが，「格物・致知・誠意・正心・修身・斉家・治国・平天下」の八条目であり，そこに明徳を自ら修め，それを天下の人々にまで推し及ぼす次第が示されているとした。この三綱領・八条目が朱子学の骨子となるのである。そして，朱熹は「経」以下の部分は，孔子の言葉を曾子が解説した「伝」であるとし，三綱領・八条目の順に解説が施されているとみた。しかし，そうすると『礼記』「大学」の章立てでは矛盾が生じてしまい，「格物致知」の「伝」がほぼなくなってしまう。そこで，朱熹は自らの考えに従って「伝」を10章に分け，経文を並べ替え，さらに「格物致知」の伝を自ら補って，『大学』をあらたに編纂し直したのであった。これが『大学章句』である。

　朱熹にとって「格物致知」は学問の根幹であり，彼の補った「朱子補伝」は，朱子学の根幹が記されているとも言える。朱熹によると「格物致知」を表わす『大学』経文の「致知在格物」は「知を致すは物に格るに在り」と読むことになるが「朱子補伝」はそれについて詳説する。当時，〈天〉は万物の根源とされ，最も根本的な追究対象であった。朱熹は，〈天〉は万物に〈理〉として内在し，人の〈心〉には〈性〉として備わるとして，〈理（性）〉を知ることが学問の根本であるとした。そして「補伝」において，万物に備わる〈理〉を追求していくと，最終的に万物に通底する〈理〉を覚り，〈心〉の本体とその作用を知ることができると説く。〈理〉は経書に完備されていると捉えられており，「格物致知」は，経書を学び極めて，究極の〈理〉にまで至り，自らの〈心〉の〈性〉を明らかにすることとされた。こうして，学問によって自らの「心」を明らかにし，それを根本として身を修め天下国家を治めていく士大夫像が確立されたのである。

（松﨑哲之）

◆コラム◆　［四書］『中庸』（ちゅうよう）

　『中庸』は『大学』と同じくもとは『礼記』の1篇であり，孔子（→5頁）の孫，子思の作と伝えられる。『中庸』は，劉宋の戴顒が『中庸伝』として撰して以来，しばしば単独の書として取り上げられていた。北宋に入ると，司馬光（→167頁）・周敦頤（→166頁）・程頤・程顥（→177頁）など，多くの学者が『中庸』に論及するようになり，南宋の朱熹（→187頁）が『中庸章句』を著し，四書の1つに選定したことによって，儒教の基本書物として広く読まれるようになった。

　朱熹によると四書は『大学』『論語』『孟子』『中庸』の順に読むべきとされており，『中庸』は四書のうちでは最も難解な書物とされる。それは1つに『中庸』が彼の理論に形而上学的根拠を与えた書物だからであった。宋代は科挙が完全に施行され，士大夫は個人の能力で政治に臨む必要があり，個人の核をなす〈心〉の修養が重要視されていた。ところが，〈心〉は主に仏教や道教によって説明されていたが，仏教や道教の関心は個人の修養に止まっていた。そのため，儒教の側で〈心〉の問題から政治に至るまでの理論を架橋する必要があったのである。朱熹が『孟子』を四書に選定したのは，1つに『孟子』には〈心〉の問題が重視されていたからであった。孟子（→22頁）は，人の本心である〈性〉は〈善〉ではあるが，人はそれを見失っているがために〈悪〉を行ってしまうとし，学問によって本心を回復する必要があることを説いていた。『孟子』は〈心〉を学問の基盤に据えていたのである。しかし，『孟子』には〈性〉を根拠づけるものが希薄であった。それを補ったのが『中庸』である。『中庸』冒頭には「天の命ずる之を性と謂う。性に率う之を道と謂う。道を修むる之を教と謂う」と，〈性〉は〈天〉に由来するとされた。中国思想では，〈天〉は万物の根源とされ，〈天〉の追究が学問の根底に置かれている。宋以前の学問では，〈天〉は外から人を支配する人格神的な存在であったが，朱熹は『中庸』によって〈天〉の考え方を変更し，〈天〉は理法として人の〈心〉に内在するとしたのである。その〈心〉に内在する〈天理〉こそが〈性〉であり，それ故に〈性〉は〈善〉であるとされた。ここに『孟子』の性善説に絶対的な根拠が与えられることになったのである。そして，〈性〉に従った行動が〈道〉，それを規範化し人々に示したものが聖人の〈教〉であり，人は聖人の〈教〉を自ら「学問思辨」することで自らに備わる〈善〉を知り，それを実行して〈善〉を実現できるとした。すなわち「誠は天の道なり。之を誠にするは人の道なり」と，本心を回復し，〈善〉を実現することは，〈天〉を現実社会に体現すること，つまりそれが〈誠〉であり，人は〈誠〉を目指して努力すべき存在だとしたのである。

（松﨑哲之）

陸象山

（りくしょうざん：1139〜1192）

🌓 生涯と思想

　一般には陸象山の称で知られている陸九淵は，南宋の思想家。撫州金谿（江西省）の人。字は子静。号は存斎。四兄の陸九韶（梭山）は朱熹（→187頁）と交友があり，五兄の陸九齢（復斎）も高名な学者で，この九齢と象山は「江西の二陸」と並び称される秀才だった。

　象山は，幼いときに「天地の窮みはどこか」と尋ねて父を驚かせている。13歳で古書を読んでいた際，「宇宙」の2字について「四方上下（東西南北・上下）を宇といい，往古来今（過去・未来・現在）を宙という」，つまりあらゆる空間・時間に起こりうるすべてを包括するものが宇宙であるとの注釈を見て，「宇宙の中のことは，自分の分限内のことだ。自分の分限内のことは，宇宙のことだ（宇宙内の事は，乃ち己が分内の事。己が分内の事は，乃ち宇宙内の事）」（『陸九淵集』巻20）と悟ったという。陸象山はこうした世界観に基づき，『孟子』を重視して宇宙の〈理〉に連なる心の内省を重んずる「心即理」の学説を唱えた。陸象山は鵝湖という場所で朱熹と論争したこと（鵝湖の会）で知られる。両者は対面の後にも書簡による論争を継続した。特に重要なのは周敦頤（→166頁）の『太極図説』をめぐる論争であった。『太極図説』は万物生成の原理・世界観を定式化した論文であり，その冒頭には「無極にして太極」の語がある。この「無極而太極」から「陰」「陽」の極性，木火土金水の「五行」の各機能が生じ，それらが相互作用し組み合わさることで万物が生じると説く。朱熹は解説の中で「太極」を万物の〈理〉を統括する究極の〈理〉と捉え，「無極」を「太極」の無限なる性格と可能性を示す語と理解して，「無極にして太極」の語であってこそ初めて現実の事物・事態に内在しながら，それらを超越する性格をもった絶対性を表現できると主張した。これに対して陸象山は，

陸象山

「太極」の語は儒教経典や，周敦頤の『通書』にも見られても，「無極」の語は見られないことから，『太極図説』を未熟な若書きか偽作であろうと考えた。その上で彼は「無」の字を太極の上にことさら加えるべきではないと説いた。というのは「(『易経』に)『易（万物の生成変化の原理）に太極有り』」と説かれており，（易経の著者である）聖人が〈有〉といっているのに，今（朱熹は「無極」の語でもって）〈無〉といっているのは，どうしてなのか」と反問しているからである。つまり「無極」などという語がなくとも，由緒ある「太極」の語だけで万物の生成の根本であることは表現されると見たのである。陸象山は形而上（形を超えた原理的側面）・形而下（感覚可能な具体的現象世界の事物・事象）の絶対的区別を認めなかったということである。さらに彼は『易経』に従って「形而上なる者これを道と謂う，と。また曰く，一陰一陽これを道と謂う，と。一陰一陽，已に是れ形而上の者なり，況んや太極をや」と述べた。すなわちこの世を構成する〈気〉の２つの極性「陰」「陽」の相互作用・相互補完する現れ自体が形而上であると説く以上，もちろん太極も形而上のものなのであって，太極を１つの事物として固定視した者などいなかったではないか，と批判するのである。むしろ易の道について，それは「あるときは陰，あるときは陽（の様相）なのだ。（万物の）先になる後になる，始まる終る，動く静まる，晦くなる明くなる，上る下る，進む退く，往く来る，闔じる闢く，盈ちる虚る，消える長える，尊卑，貴賤，表裏，隠顕，向背，順逆，存亡，得喪，出入，行蔵（などなどの有り様）は，いずれも一陰一陽の現れでないものはない」（『陸九淵集』巻２「与朱元晦」）と，あらゆる具体的様相は道の顕現であると見たのであった。そして，それらの現れ方はでたらめではなく，「正理」「実理」「常理」「公理」があるのだという。そこには自然現象としての物理も，人間本性や社会的倫理，原則までも包括される。陸象山は「この理は宇宙を充足している。誰がそれを逃れることができようか」（『陸九淵集』巻34）とも述べている。つまり存在するあらゆる事物・事象には例外なく〈理〉が備わっている。例えば具体的な自然現象の運動・機能や移りゆきの筋道にも当然こうした〈理〉が実在している。「天が（万物を）覆い，地が（万物を）載せ，春に生じ，夏に成長し，秋に収め，冬にたくわえるのも，ともに〈理〉なので

201

ある」（『陸九淵集』巻35）。人間においてはもちろん，〈心〉にも〈理〉が貫通
している。「人間の心は非常に霊妙であり，この〈理〉は非常に明らかである。
人にはみなこの心が有り，心はみなこの〈理〉を備えている」（『陸九淵集』巻
35）。彼にとって重要なのは，この〈理〉を明らかにすることであった。「天地
を充足するものは一つの〈理〉である。学ぶ者が学問する理由はこの〈理〉を
解明することである。この〈理〉の宏大さには限界がない」（『陸九淵集』巻12）。
〈理〉は限りのない万物を統括するが，われわれはこの〈理〉に対して心を通
じて接触している。〈理〉は心の中にあり，心の中に万物の〈理〉を包含して
いる。万物はこの〈理〉の現れであるが，視点を変えればこの心から発出する
ともいえる。〈理〉を通じて多角的に世界を捉え，ひいてはこの心を極限の起
点と見なすというのである。そこには自己―他者，内―外，主観―客観の絶対
的な区別はない。

　有名な「心即理」という主張は，このような世界観・宇宙論に基づいている。
「人にはみなこの心がある。心はみなこの〈理〉を具えている。心とは即ち
〈理〉である」（『陸九淵集』巻11）。この心は，こうした文脈からすれば「私」
「個人」が独占できるようなものではなかった。陸象山は「心とは「一つの心」
である。わたしの心は，わが友の心である。遡っては千百年も以前の聖賢の心
であり，下って千百年ものちにまた一人の聖賢が現れたとしても，その心はま
たこのようである。心の本体は非常に宏大であるが，わたしの心を窮め尽くせ
るならば，天と同等になれるのだ」（『陸九淵集』巻35）という。この心は時空
の制約をはぎ取った宇宙論的活動のことだといえよう。陸象山にとっては，人
間の限界とは自分たち自身が己を束縛し矮小化していることに他ならなかった。
彼は「この理が宇宙における有り様は，いまだかつて隠れるところはなかった。
天地が天地である理由は，この理にしたがって「私」（という制約）がなかった
からだ。人間は天地と並んで第三極をなしているからは，どうして自ら「私」
を限って，この理に順わないでおられようか」という。このように陸象山の思
想は，〈理〉を仲立ちとして宇宙のあらゆる位相を結びつけるものであった。
彼の「心即理」の思想は王陽明（→208頁）に継承され，陽明学の源流となっ
た。

陸象山

● 陸象山との対話

 心はわたしだけのものでしょうか。

 心はわたしという限界を超えて〈理〉を通じて他者とも繋がります。

心は一心なり，理は一理なり。「至当一に帰し，精義二無し」。此の心，此の理は，実に二有る容からず。故に夫子曰く「吾が道は一以て之を貫く」と，孟子曰く「夫れ道は一なるのみ」と。又た曰く「道は二。仁と不仁とのみ」と。是くの如くなれば則ち仁為り。是れに反すれば則ち不仁為り。仁は，即ち此の心なり，此の理なり。求むれば則ち之を得，此の理を得るなり。……内は此の理なり，外も亦た理なり。(『陸九淵集』巻1)

【訳】心は1つの心であり，理は1つの理である。「至当（最高度の妥当性）は一であることに帰着し，精義（簡要を得た意義）は二つとない」。(唐，玄宗『孝経』序)この心，この理は「二」分することがあることは認められない。だから孔子は「わたしの道は「一」によって貫いている」(『論語』里仁篇)と述べ，孟子は「そもそも道はただ一つだ」(『孟子』滕文公上篇)と述べ，また「道は二（方面からとらえられる）。仁であるか不仁であるかどちらかである」(『孟子』離婁上篇)と述べた。このよう（一心・一理）であるならば仁である。これと反するならば「不仁」である。「仁」とは，この心であり，この理である。われわれは求めるならばこれ（仁）を得る，したがってこの理を得るのである。……「「内」というのもこの理であり，「外」というのもこの理である」。(『孟子』尽心上篇)

▶何事においても，二や分裂は不完全のあかしであり，心の完全さ〈仁〉とは自他，内外主客を貫き統合できるパースペクティヴをもつことだとしている。

 正しい心とは何ですか。

 広く公共のために善を実現しようと決意し，行動する一念です。

善を為し公を為すは，心の正なり。悪を為し私を為すは，心の邪なり。……吾が邑の街道，治まらざること久し。行く者之を疾うるに，乃ち肯て心力を出し

Ⅲ　宋・元・明

て貨財を捐て，辛勤して之を為す者有り。此れ真に善を為し公を為すにして，其の心の正しきより出づる者なり。是の心有る者は，豈に翕然として相い応じて之を助成せざることを得んや。（『陸九淵集』巻20）

【訳】善を行い公共のために行動することは，心の正しさ（真っ直ぐさ）である。悪をなし私欲をはかるのは，心の邪さ（偏り）である。……わたしの村里の街道は，長い間補修されないでいた。歩行者はこのことに悩んでいた。そこで進んで心を尽くして財産を寄付し，道の補修を行う者がいた。これこそ真に善を行い公共のために行動することであり，その心の正しさから出ているのだ。この心がある者なら，どうして相集って呼応してこれを助けないことなどあり得ようか。

▶理念は理念に止まるだけでは無益である。陸象山にとって真実の心の正しさとは，公共善を実現するため具体的に体を動かすことであった。

🌑 より深く学ぶために

〈原典・訳〉

福田殖『陸象山文集』（明徳出版社，1972年）

＊陸象山の基本資料を手際よくまとめ，原文ならびに書き下し，解説を付しており有益である。

友枝龍太郎編『陸象山　上』（陽明学大系４，明徳出版社，1973年）

＊陸象山の重要な文章を書き下して語注を付す。なお解説は詳細で分かりやすい。

〈入門・解説書〉

小路口聡『即今自立の哲学──陸九淵心学再考』（研文出版，2006年）

＊専門書に属するが，陸象山の心の哲学を，現代的問題意識と最先端の哲学と絡めて考察する好著である。

（井川義次）

◆コラム◆ 陳　亮（ちんりょう：1143〜1194/95）

　女真族の王朝金に華北の地を奪われ，淮河以南に追いやられた南宋に，１人の憂国の士が現れた。その名は陳亮。淳熙5（1178）年，彼は無官の身（最晩年になるまで科挙には合格しなかった）でありながら，皇帝孝宗（在位1162〜1189年）に長大な上書を奉献し，時の政策に対する激烈な批判を申し述べた。その批判の矛先は，空虚な奇策を並べてるだけの無能な官僚たちと共に，当時頭角を現しつつあった朱熹（→187頁）にも向けられていたという。

　朱熹は程顥・程頤（→177頁）以来の儒学（道学）の集大成者を自任していたが，陳亮も早年には，二程やその弟子筋の著述を編纂，刊行するなど，決して当初より袂を分かっていたわけではない。両者の思想的相違を決定的にしたのは，淳熙12（1185）年前後の，いわゆる朱陳論争と称される一連の書簡のやり取りであった。

　朱陳論争の争点は，両者の歴史認識にあった。朱熹はその著『中庸章句』の序文などで，古代の帝王である堯・舜の〈道〉（道統）は，孟子（→22頁）以後，二程に至るまで断絶していたとする。その一方で陳亮は，たとえ漢代や唐代においても〈道〉は断絶せず，継承され続けていたとする見地に立脚する。そして朱熹が〈道〉なき時代とした1500年間の歴史上の人物の究明につとめ（例えば陳亮は『酌古論』や『三国紀年』『漢論』など，各時代の人物評論を数多く著している），漢の高祖（劉邦）や唐の太宗（李世民）らの統治を高く評価する。すなわち建国の偉業を成し遂げた彼らの統治には，必ずや〈道〉が備わっていたはずだと考えたのである。

　堯・舜の時代と漢代唐代とは，遥かに時代が隔たっており，具体的な制度政策も大きく異なっていた。しかしそれにも拘らず，これらの時代にいずれも〈道〉が備わっていたとされるからには，裏を返せば，時代の変化に応じて，具体的な制度政策は変更されてかまわないという発想が生じてくる。それゆえ陳亮は，また北宋の太祖・太宗皇帝の統治を尊重するのであるが，それに固執せず，積極的に当世の政治状況を探ることを怠らなかった。時に陳亮は，当時の情勢に適応しうるよう，宋王朝建国以来の統治方法を変容させていこうとする柔軟な態度を見せるのである。

　以上のように，歴史や政治に強い関心を示した陳亮の学は，「事功」（国家や公共のための利益，功績の意）の学とも言われ，ほぼ同時代に活躍した薛季宣や陳傅良，葉適らと共に「事功派」「功利学派」などと並び称されることもある。また詞（填詞，長短句）の名手としても有名で，辛棄疾と交流があり，その豪放な作風が知られている。

　なお陳亮の没時は，従来紹熙5（1194）年3月とされてきたが，近年翌慶元元（1195）年1月とする新説も発表された。

（中嶋　諒）

Ⅲ　宋・元・明

◆コラム◆　陳献章（ちんけんしょう：1428～1500）

　陳献章は，広東省新会県の人。長年白沙村に住み，陳白沙として広く知られた。明代思想に変革をもたらした大儒は，中原から遙かに離れた南国の風土から生まれた。

　明代前期の思想界は，朱子学に席巻されていた。この時代の朱子学は，既に国家の学問であった。官吏登用試験である科挙に採用され，国定教科書として『五経大全』『四書大全』『性理大全』が作られ，朱子学はその本来の性格と関係なく，まず科挙のために学ぶものとなっていたのである。

　陳献章もまた20代のころ科挙を受験し，2度落第。科挙のための学問に疑問を抱き，江西臨川に隠棲していた儒者，呉与弼（康斎）のもとを訪れた。この時代，国家の学問としての朱子学とは別に，その本来の精神性を追求する人々——すなわち修養と実践をきわめ，心の問題を研鑽する求道者もまた存在していた。呉与弼も，そうした1人であった。世に出ることを願わず，農耕の傍ら，学問を続ける師のもとで，彼は半年を過ごす。だが，彼はそこで学んだことにも飽き足らなかった。故郷に帰り独り蟄居し，読書に励む日々が続く。朱子学で語られる〈理〉と，自分の心の間にある溝は，それでもなお消えなかった。彼は，〈理〉に確かな実感をもつことができなかったのである。

　彼はあるとき，書物を読むのをやめた。心を研ぎ澄まし，ただ静かに坐った。そのとき，自らの心の中に静謐な，しかし日常生活の中でも消えることのない，何ものかの気配を感じた。それに身を任せるとき，ふるまいは自ずと〈理〉にかない，また書物に立ち戻れば，この感覚は先人の語る教えとも合致するように思われた。彼は考えた。先人の説いた「聖人学んで至るべし」とは，こうした感覚——その自得から始めるべきなのではないか。読書もまた大切かもしれぬ。だが，それはこの自得に比べれば二次的なものに過ぎぬのではないか。

　〈自然〉を宗とし，〈静〉を重んじ，〈静坐〉をその修養法の核心とする陳献章の登場は，当時の思想界に衝撃を与えた。ある者は真儒の出現と称讃し，ある者は当時の正統派朱子学とはかけ離れたその主張に違和感を表明した。なお陳献章は，詩人としても高く評価され，数々の道学詩を残している。彼は詩文において，自我が無限に広がり，宇宙の秩序と一体となるような感覚，自己も他者も共に消え去った内外両忘の境地を，精緻な筆致で描きだしている。それは彼のいわゆる〈自然〉の姿態の表現でもあった。

　晩年の陳献章のもとには優れた若者たちが集った。王陽明（→208頁）の盟友，ライバルとなる湛若水（甘泉）もまたその1人である。明末清初の思想家，黄宗羲（→235頁）は陳献章の登場こそが陽明学に繋がる明代の思想的転換の始まりであったと評している。

（阿部　亘）

206

◆コラム◆　羅欽順（らきんじゅん：1465〜1547）

　羅欽順は〈気〉の思想家の1人として知られる。〈気〉の思想家とは，当時にあって〈理〉よりも〈気〉を上位に置く一連の思想家であり，〈理〉を第一とする朱熹（→187頁）の思想体系を批判的に捉える傾向が強い。羅欽順は，朱熹のように理気を二元と見ることに反対し，理気は一元であるとする。さらに彼は，朱熹批判のみならず，王陽明（→208頁）への批判をも展開した。すなわち，王陽明は心即性という立場を取るが，羅欽順は心をそのまま性とすることに反対するのである。実際に彼は，朱熹の理気論には①「天地・古今は一気に過ぎない。……初めから別に理という一物があって，気に依って立ち，気に付して行われるのではない」（『困知記』上第11章）と批判し，王陽明の心性論には②「心と性は初めから離れたものではないが，決して混じてはならない。……心を性とする（心即性）のは，真にいわゆる毫釐の差異が千里の謬となることである」（『困知記』上第1章）と批判している。

　さて，後代になると黄宗羲（→235頁）は，朱熹・王陽明両方への批判を展開する羅欽順に対して，「先生（羅欽順）の理気論は，朱子と同じではないが，心性論は朱子と同じである。故に自らその説を統一することができない」（『明儒学案』巻47）と疑義をただす。黄宗羲の疑義とは，羅欽順は理気を一なるものとする（①）が，理気論と心性論は一貫しなければならないから，理気と同じく心性も一なるものになるはずである。しかし羅欽順は心性を朱熹同様に二なるものとしている（②）。ゆえにその論は理気論と心性論との間で矛盾しているというのである。彼の批判は，羅欽順の思想を論ずる者が避けて通れないものであった。

　しかしこの批判はいくつかの点で当たらない。羅欽順の理気論について，黄宗羲は〈理〉がそのまま〈気〉となるものとするが，羅欽順は③「理は気を通して明らかにされねばならないが，気を以て直ちに理とするのは誤りである」（『困知記』下第35章）と述べ，〈理〉をそのまま〈気〉とは見ない。また心性論については，黄宗羲は羅欽順の心性論が朱熹と同じであると見る。が，朱熹が気質の性と本然の性を区別するのに対し，羅欽順は④「（性について）気質と天命（本然）と対立するように言うと，それは明らかでないのだ」（『困知記』上第15章）と述べ，朱熹の考えを否定する。黄宗羲の批判は③④を見落としている点で当たっていないのである。

　では羅欽順の本意はどこに在るのか。①②③からは，〈理〉は〈気〉を超越したものでないから，〈気〉を通して〈理〉が明らかにされ，性は心を超越したものでないから，心を通して性が明らかにされるということになるだろう。羅欽順は彼なりに理気の渾然一体を主張しており，それを心性にも同様に拡張したのである。

（三澤三知夫）

王陽明

（おうようめい：1472〜1528）

生涯と思想

　王守仁，字は伯安，号は陽明，諡は文成。日本では彼を号で呼ぶのが通例であり，以下それに従う。浙江省余姚の人。

　陽明は後に陽明学と称される学問を生み出すが，彼が基盤とした学問は，彼が乗り越えようとした朱子学であった。明代は朱熹（→187頁）の注釈を基底とする『四書大全』『五経大全』が科挙に採用され，朱子学の地位は揺るぎのないものとなっていた。しかし，官学となった朱子学は，皇帝に従順な官僚を育成するだけの学問となり解釈も固定化されてしまった。士大夫層にとっては，科挙合格者を輩出することが何よりも重大であり，そのためその家の子弟に受験勉強をさせていたのであって，大多数の受験者は無批判にその文章を暗誦するだけであった。陽明の時代，朱子学は学問的生命力を失っていたのである。ともあれ，当時の士大夫層にあっては科挙合格が第一であり，陽明も当然，朱子学を学んだのであった。

　朱子学では『大学』冒頭の三綱領・八条目が学問の目的とそれに至る過程とされ，八条目の「格物致知」が学問の根本とされた。朱熹はそれを万物の〈理〉をきわめ尽くし，すべてに通底する〈理〉を覚り，自らに備わる〈心〉の本体と作用を明らかにすることと解釈した。朱子学ではこのように最初に学問に臨む基本的な姿勢が示されていたが，多くの受験者にとってこのくだりはこれから始まる膨大な暗記の最初に過ぎず，深く考え，まじめに実践しようとするものは稀であった。実は陽明はその1人であり，学問によって〈理〉を追究し聖人たらんと励んでいた。青年期の彼は科挙のための学問ではなく，真面目な朱子学の徒として，悪戦苦闘し「格物致知」の実現を目指していたのであった。彼は科挙に2度落第し，28歳のときに合格した。朱熹が若くして進士と

なったものの，進んで閑職に就き学問に専念したのとは対称的に，彼はその後も中央政界で活躍しつつ学問に励んだのであった。

科挙に合格したとはいえ，陽明は「格物致知」に覚醒できず，学問的には行き詰まっていた。しかし，転機は30代半ばに訪れた。彼は当時権勢を誇っていた宦官劉瑾を弾劾し，南方の僻地，竜場に左遷されてしまう。その地の気候風俗は中華とは異質であり，現地の人とは言葉が通じず，生活は困難をきわめた。しかし，その中で彼は「格物致知」の画期的な解釈を覚り，新たな学問の潮流を起こすことになったのである。

朱熹は〈心〉を〈性〉と〈情〉に分離し，その上で〈性〉が〈理〉であり，〈善〉の原因であるとする一方，〈心〉を形成している〈気〉によって〈情〉が生じ，それが〈悪〉の原因であるとした。完全なる〈性（理・善）〉を実現するには，学問によって外の物事に備わる〈理〉を知り尽くし，それによって〈心〉の〈性〉に覚醒することが必要であるとした。それに対して，王陽明は外の物事に〈理〉があるのではなく，**「心即理」**すなわち〈心〉そのものが〈理〉であり，本来的に完全であるとした。〈善・悪〉は物事に対する〈心〉の発動である〈意〉に生じるが，〈心〉は〈善・悪〉を知る能力を備えており，その〈心〉の〈知〉を十分に発揮し〈意〉から〈悪〉を去り〈善〉を行うことがその物事に対する正しい判断・行動であり，そこにこそ〈理〉は表出すると見たのである。陽明は『大学』の「致知在格物」を「知を致すは物を格すに在り」と捉え直したのであった。朱熹は「格物」から「正心」を「修身」に至るまでの次第とし，「先知後行」を説くが，陽明は「格物」から「修身」を一体的に捉え，〈心〉の〈理〉を行為の中に実現することが〈知〉であるとし，〈知〉と〈行〉は分離不可能とする**「知行合一」**を説くのであった。

また，陽明の捉える「格物」の〈物〉とは，外の世界に独立して存在する物ではない。それは自らの〈心〉が外に生起する物事と関係し，〈心〉に想起された物事であった。眼前の社会に生起している物事は，常に多様に変化し続けている。「格物致知」は，その物事に対して自らの完全なる〈心〉の〈知〉を発揮し，正しく判断行動することと解釈された。朱熹は物事に〈理〉が備わり，それは経書に示されているとし，経書を絶対的な判断基準・行動規範としてい

Ⅲ　宋・元・明

た。しかし，陽明にとって，〈理〉は自らの〈心〉に先天的に備わっており，外に求めるものではなかった。彼にとって経書は絶対的な書物ではなかったのである。彼は「五経皆史」説を唱え，経書は〈理〉の表出した出来事である〈道〉の記録であるとした。しかし，それは過去の聖人がその時代の社会問題に対して，完全なる〈心〉によって正しく判断，対処した行動の記録，聖人の〈心（理）〉の現れである〈道〉の記録であり，あくまでも過去の〈道〉の記録に過ぎない。〈道〉はその時代の人々の現実に対応した行為に見られるものであり，現在においても現れ続けている。自らに備わる〈心〉を発揮し眼前の物事に対して正しく行動することこそが〈道〉であり，そのため各人の能力によって〈道〉は異なるものとされた。陽明にとっては，すべての人が完全なる〈心〉を備えた聖人であり，その〈心〉の能力の違いにより，現実に表出する〈心〉の姿である〈道〉が異なるに過ぎなかった。彼にとって「聖人」とは経書に記された理想的な政治家ではなく，自らの〈心〉を発揮し，自己を実現した者の形容であり，百人百様の聖人像があったのである。したがって，身を修め，聖人となる修練は「**事上磨練**」といわれ，それぞれの人が眼前の物事に対して〈心〉を尽くして行動することであった。陽明は政界で活躍しつつ，学問の研鑽に励んだが，政治家としての活動と学問とは分離されるものではなかったのである。彼は文官でありながら，軍事の才能に長け，寧王朱宸濠の反乱を２週間の短期決戦で平定するなど，優れた業績を残しているが，それらはすべて学問の修練だったのである。彼にとって経書は「五経は我が心の脚注」，つまりは自らの心の判断の的確さを確かめるための書物であり，「夫れ学は之を心に得るを貴ぶ。之を心に求めて非なれば，其の言の孔子に出づと雖も敢えて以て是と為さざるなり」（『伝習録』中「羅整菴少宰に答ふる書」）と，孔子の言葉よりも自らの心の判断を重視すると吐露するほどであった。この言葉は陽明学の一派を過激な方向へと進ませることになってしまったが，これはあくまでも極論であり，陽明自身は経書や孔子を否定することはなかった。

　以上のように陽明は「格物致知」を解釈し，自らの説を展開したが，彼は50代を目前にして，自説をさらに深化させる。すなわち「知を致す」を，『孟子』の「慮らずして知る者は，其の良知なり」の〈良知〉と結びつけて，生まれ

ながらに備わる〈良知〉こそが〈天理〉であり,「知を致す」とは,「良知を致す(**致良知**)」ことであるとし,自らの行為の中に〈良知〉を実現してゆくことが「物を格す」ことだと解釈した。「誠意」に重点が置かれていた陽明の説は,これ以後は〈致良知〉が中心となり,心即理・知行合一の理念をより深めることに成功したのである。

　このように陽明の学問は朱子学を出発点とし,基本的には朱子学の体系を踏襲しているため,大局的にみれば朱子学の流れの中にある。しかし,その根本である〈理〉の追究の解釈を異にしたため,結果として2者は異なる学問として受け取られた。朱子学は為政者のための学問であり,主に士大夫層に学ばれていたが,陽明学は万人に備わる〈良知〉の実現を重視していたため,あらゆる階層の人々に受容された。これはまた彼の学問が経書理解を前提とするものではなく,**講学**というスタイルをとり,対話者のレベルに合わせて言葉を択び,自らの学問の真髄を理解させようとしたことにも由来する。先に述べたように,彼にとって経書は相対的なものであり,より重視されたものは〈良知〉の実現であった。実際,陽明には厳密な理論によって構成された経書解釈の書はなく,彼の思想は主に講学や,講義記録である語録によって広まっていった。ただ,それらは陽明の面前の対話書の理解のために,その人のレベルに合わせて言葉を択んで説かれたものであり,それを異なるレベルの人が聞けば異なる受け取り方をしてしまう恐れがあった。実際,陽明の高弟であった銭徳洪,王畿(→218頁)でさえも師説の理解に著しい差異が見られるほどであった。陽明の直接の弟子でさえ各人各様に受け取ったのであり,再伝の弟子はなおさらであった。かくして,陽明の学問は死後,穏健な右派と過激な左派に分かれることになった。左派は〈良知〉の実現を特に重視し,経書の真摯な追究には目もくれず,自己修養のみを問題とし,社会問題に対して無関心であった。特に過激な者は自らの〈心〉の判断のみを是とし,既存の価値観や秩序を破壊する方向へと進んでいく。このため,明末になると陽明学,特に左派は批判の的となり,経世致用の学を標榜する新たな学問が興ることになったのである。しかし,陽明の学問すべてが否定されたのではなく,自らの〈心〉が是非を判断するという考えは清朝考証学にも受け継がれた。また,経書を聖人の〈道〉が記さ

Ⅲ 宋・元・明

れた史書とする考え方は，史書にも〈道〉が記されるとされ，史書の価値を上げる結果となった。明末には「経史の学」と，経書に並んで史書が重視され，この傾向は特に浙東学派に受け継がれることになる。清代に入ると陽明学は表面的には廃れたものの，その精神は継承されたのであった。

🌑 王陽明との対話

 「心即理」とはどういうことなのでしょうか。

 刻一刻と変化する状況の中にあって，自らの心によって判断した行為に理が発露するということです。

且如えば父に事うるは，父の上に去いて箇の孝の理を求むると成さず。君に事うるは，君の上に去いて箇の忠の理を求むると成さず。友と交わり民を治むるは，友の上民の上に去いて箇の信と仁との理を求むると成さず。都て只だこの心に在り。心は即ち理なり。……この天理に純なるの心を以て，これを発して父に事うれば便ちこれ孝，これを発して君に事うれば便ちこれ忠，これを発して友に交わり民を治むれば便ちこれ信と仁なり。(『伝習録』上)

【訳】例えば，父にお仕えする場合，父に孝の理を求めはしない。君にお仕えする場合，君に忠の理を求めはしない。友と交際したり民を統治する場合，友や民に信や仁の理を求めはしない。それらはすべて自分の心にある。だからこそ，心こそが理なのだ。……この天理に純粋な心を発揮して，父にお仕えすればそれが孝であり，君にお仕えすれば，それが忠であり，友人と交際し，民を治めれば，それが信と仁なのだ。

▶朱熹は万物に〈理〉は宿るとして，外の〈理〉から内の〈理〉を追究することを主張したが，王陽明は〈心〉そのものが〈理〉であるとし，「心即理」を唱え，純粋な〈心〉のままに行動することを説いた。

 「知行合一」と言いますが，知と行とは別のことではないのですか。

 行動が伴って初めて知ったと言えるのです。

212

王陽明

未だ知りて行わざる者はあらず。知りて行わざるは，只だこれ未だ知らざるなり。……就ち某人孝を知り，某人弟を知ると称するがごときも，必ずこれその人已に曾て孝を行い弟を行いて，方に他孝を知り弟を知ると称すべし。只だこれ些かの孝弟の話を説くことを暁れば，便ち称して孝弟を知ると為すべしと成さず。また痛を知るがごときも，必ず已に自ら痛んで方に痛みを知る。……知行は如何ぞ分かち開かん。これ便ち知行の本体にして，曾て私意の隔断あらざる的なり。(『伝習録』上)

【訳】そもそも知るとは必ず行いが伴うのであり，知るとしながら行いが伴っていないものは，それはまだ知っているとはいえない。……ある人は孝を知っている，ある人は悌を知っているというのも，必ずその人が孝を行い，悌を行って，はじめて彼は孝を知り，悌を知っているといえるのであり，少しくらい孝悌について理解できたからといって，それで孝悌を知っているとはいえない。同様に痛みを知るのも，自分が痛みを経験して初めて痛みを知るといえる。……知ることと行うことをどうして分けることができようか。これこそが知ることと行うことの本来のあり方であり，人の私意によって分け隔てることなどできないものなのだ。

▶王陽明の「知行合一」は，知は行為の中に示されるという知と行の分離不可能性を説き，行動の重要性を説くものであった。ただ，朱子学でも「先知後行」と，まずは知った上で行動すべきだと説き，価値的には行動が重視されていた。誤解されやすいフレーズであるので，よくよく吟味することが必要である。

Q 「良知」とは何ですか。

A 「良知」とは，人が生まれながらに備える是非を判断する心です。

良知とは，孟子の所謂是非の心にして，人皆な之れ有る者なり。是非の心は，慮るを待たずして知り，学ぶを待たずして能くす。是の故に之れを良知と謂う。是れ乃ち天命の性，吾が心の本体にして，自然に霊昭明覚なる者なり。(『王文成公全書』巻26「大学問」)

【訳】良知とは，孟子の，是非を判断する心は万人が備えている，ということである。是非の心は，考えることもなく知り，学ぶ必要もなくできることである。だからこれを良知という。これは天が命じた性であり，吾が心の本体であって，自然に霊妙で明

213

Ⅲ　宋・元・明

らかに物事を悟るものである。

▶ 『孟子』告子上篇には「是非の心は人皆之れ有り。……是非の心は智なり」とあり，尽心上篇には「人の学ばずして能くする者は，其の良能なり。慮らずして知る所の者は，其の良知なり」とある。王陽明はこれらの言葉を基に自らの良知説を説いている。

Q　「心即理」「致良知」説は，何を追究するために説いているのですか。

A　天理を追究するためです。

鄙人の所謂致知格物のごときは，吾が心の良知を事事物物に致すなり。吾が心の良知は，即ち所謂天理なり。吾が心の良知の天理を事事物物に致せば，則ち事事物物皆な其の理を得。吾が心の良知を致すは致知なり。事事物物皆其の理を得るは格物なり。是れ心と理とを合して一と為す者なり。(『伝習録』中「答顧東橋書」)

【訳】わたしの理解する『大学』の「致知格物」とは，わが心の本体である良知をすべての物事に発揮することである。わが心の良知とは，他ならぬ天理のことである。わが心の天理をすべての物事に発揮すれば，すべての物事は天理を実現することができる。吾が心の良知を発揮することが「致知」であり，すべての物事が天理を実現することが「格物」である。これが心と理とを合致させて１つにすることなのだ。

▶ 〈天〉は万物の根源とされ，儒教では最も根本的な追究対象とされていた。漢唐訓詁学では，天は外にあって人を支配するものとされていたが，宋明理学では，理法として人の〈心〉に内在するものとされ，〈心〉の追究が〈天〉の追究となっていた。

用語解説

心即理　宋学では善の根拠である理は天与のものであり，万人の心に備わるとされ，理を実現し，善に生きることが学問の根本的な目的とされた。朱熹の「性即理」は，外の理から内なる理の覚醒を唱えるものであったが，王陽明の「心即理」は，外に理はなく，心そのものが理であり，完全なる心を実現することが善に生きることだと主張するものであった。

知行合一　外の事象に対して，心が認知判断し行動することは同一の作用であり，分離

214

王陽明

不可能であるという考え。朱熹も価値的には行動を重視していたが「先知後行」と知ることを先としていた。「知行合一」は，この考えを批判し，陽明の行動重視の立場を端的に表明した言葉である。

事上磨錬　眼前の諸問題に対して，自ら対応実践することを通じて，心の良知を実現し，完全なる人格を完成させていこうという考えであり，「知行合一」とともに知識偏重の朱子学を批判する言葉である。

致良知　『大学』の「致知」を解釈した王陽明の思想を端的に示した言葉。「良知」は『孟子』に由来し，人が生まれながらにして備える善悪を正しく判断する知覚作用である。自らに備わる心の「良知」を完全に発揮することが，正しく行動することであり，「良知」を発揮した行為に「理」が現れるとされた。

講学　明代は書院での講学が流行したが，明代の講学は学校で教師が学問を講義するのではなく，いわば学術討論会であった。学術ばかりではなく時事問題も議論され，地方政府に対して強い発言力をもつこともあった。清代には明学の特徴として，激しく非難された。

🌓 より深く学ぶために

〈原典・訳〉

吉田公平『王陽明「伝習録」を読む』（講談社学術文庫，2013年）
＊『伝習録』の抄訳であり，やや難解な哲学用語で訳されるが，原文・書き下し文もあり，節ごとに解説が付されている。

溝口雄三『伝習録』（中公クラシックス，2005年）
＊『伝習録』の現代語訳。読みやすい訳だが，原文・書き下し文はつかない。

山下龍二『大学・中庸』（全釈漢文大系3，講談社，1974年）
＊鄭玄（→102頁）の古注と朱熹の新注が併記され，王陽明の「大学古本」「大学問」が訳出されている。

〈入門・解説書〉

垣内景子『朱子学入門』（ミネルヴァ書房，2015年）
＊難解な術語を用いず，朱子学から陽明学までを初心者向けに記している。

小島毅『朱子学と陽明学』（ちくま学芸文庫，2013年）
＊朱子学と陽明学についての最もオーソドックスな概説書である。

島田虔次『朱子学と陽明学』（岩波新書，1967年）
＊今では批判も多いが，朱子学と陽明学についての古典ともいえる概説書である。

（松﨑哲之）

Ⅲ　宋・元・明

◆コラム◆　王廷相（おうていしょう：1474〜1544）

　　王廷相は，独自の〈気〉の哲学によって知られる。彼はすべてを〈気〉に基づいて一
元的に説明しようとした。その点で張載（→168頁）の思想と一脈通じている。彼は根
源的な〈気〉（＝元気）が世界の源であり，これを消滅することのないものと見た。虚
空は元気を離れず，元気は虚空を離れない。元気の内には，形あるものすべてへと展開
する可能性が含まれると考えていた。

　　王廷相は，〈気〉をあらゆる事物の根源にあるものと認め，「太極」は〈気〉だとして
朱熹（→187頁）の「太極」を〈理〉とする見方をしりぞけた。天地が分かれる前には
〈気〉だけがあり，この根元の気「元気」が備わってこそ，万物の理もそこに存在する
のだと捉え，元気を超えては，物も，道も，そして〈理〉もないとした。そのように
天・地，人・物，幽（感知が困難な事物の潜在的なあり方）・明（感覚可能な事物の顕
在的なあり方）など，万事万物の条理はすべて，〈気〉の運動変化の過程で形成された
区別ある規律であるとしていた。そのため王廷相は，〈理〉が先行して〈気〉を導くと
いった理解を批判し，むしろ〈理〉は〈気〉から生ずるものと捉えたのであった。

　　こうした考え方は，中国の霊魂観である鬼神についての考察でも徹底していた。

　　例えば王廷相は，その著『雅述』上篇において，当時の諸学者による，身体の維持
機能の〈魄〉が体に依存し，生命力である〈魂〉が〈気〉に依存する，と捉えるような
二項対立的な分類を批判している。王廷相によれば，そのような見方は〈気〉以外に，
いわゆる精神的作用である〈神〉や，本性としての〈性〉をもち込むもので，誤ってい
ることになる。なぜなら「体魄」と「魂気」とは一連なりであって，身体の精妙な作用
を〈魄〉といい，〈気〉の精妙な作用を〈魂〉というに過ぎないからである。王廷相に
とっては〈気〉や身体の外に〈魂〉や〈魄〉があるわけではなかった。人の生死も
〈気〉があってこそ生まれれば〈神〉があるのであり，それによってこそ初めて体の
〈魄〉は精緻・微妙に機能できるのであるという。あるいは〈気〉が散じてしまったな
らば，当然〈神〉が去ってしまうのであるから，そのときに身体があってもその精緻・
微妙な作用はありえないことになる。神気は体魄に対して主導的な役割を演じているに
過ぎず，本来は〈気〉の両面に過ぎないのである。だからそのことが分かれば，それこ
そ死生を一貫する道を理解でき，〈神〉と〈性〉との役割もおのずと理解できるのだと，
王廷相は〈気〉一貫の道の立場を強調したのであった。

（井川義次）

◆コラム◆ 王 艮 （おうごん：1483～1541）

　こんな問答が伝わっている。王陽明（→208頁）はあるとき，外から帰ってきた弟子に「街の様子はどうだった」と尋ねた。それに対して弟子はこう答えたという——「街中の人が聖人に見えました」（『伝習録』下）。

　「聖人学んで至るべし」という理念から出発した宋代以降の儒学だったが，朱熹（→187頁）において聖人はまだ，〈格物致知〉などを通じた長い長い求道の果てに辿り着く，遙かな目標であった。だが，王陽明の弟子から現れた良知現成派においては，聖人はもはや誰の手にも届くものだ。彼らは世の人々には聖人と同じ〈良知〉が備わっており，それが発揮されている限りは，そのままで聖人であると考えた。「街中の人は聖人だ」——こう答えた弟子も，そうした考え方の提唱者の１人であった。この弟子の名は王艮，心斎の号で広く知られる。

　彼はたった１人で思索を始めた男である。現在の江蘇省泰州の出身，生家は塩の生産・販売を生業としていた。科挙に合格すればほとんど誰もが官僚になれたこの時代にあっても，彼ほど庶民的な出自をもつ儒学者は稀であった。後世，文字が読めなかったという伝説がまことしやかに囁かれていたほどである。若いころに数年私塾に通ったものの，経済的な理由で長続きしなかった。しかし，20代半ばから儒教に関心をもつようになり，『孝経』『論語』『大学』を独学。儒教を通じて世を救いたいという強い思いを抱く彼のもとには，徐々に教えを請う人々が集っていった。

　ある日，彼は自分に似た男がいると聞かされる。遠路をいとわずこの男のもとに駆けつけた王艮は，招き入れられると傲然と上座にすわった。だが，問答が進むうち，その思想と人格に圧倒されていく。遂に下座に退き，弟子入りを志願。これが王艮と王陽明の出会いであった。しかし，これで終わらないのが王艮である。改めて考えると承服できぬ点もあると感じた彼は，翌日再び論戦を挑む。受けて立つ陽明。２日目の激論にして，遂に心服したという。王艮，時に数え年で38歳のことであった。

　「世に用いられれば帝王の師となり，用いられなければ天下万世の師となろう」——彼の伝道と救世への情熱は，陽明門下でも異色であった。彼のもとには読書人から農夫や木こりまで，あらゆる階層の人々が教えを受けるために集まったといわれる。その門流からは顔鈞，羅汝芳，何心隠といった個性的な儒者たちが現れ，後世王学左派と称される潮流の中核となった。明末の異端思想家，李卓吾（→224頁）も彼から少なからぬ影響を受けたとされる。また，四書の１つである『大学』について，淮南格物説と呼ばれる独自の解釈を示し，これも後世に広範な影響を与えた。陽明門下にありながら，それに止まらない強烈な個性をもった思想家であったといえるだろう。　　　（阿部亘）

Ⅲ　宋・元・明

◆コラム◆　王　畿（おうき：1498〜1583）

　王畿（字は汝中，号は龍渓）は，王陽明（→208頁）の高弟であり，王学左派の中心人物として知られる。王学左派とは王陽明の後学のうち，朱子学に回帰する傾向を見せた右派に対し，ありのままに現成している「良知」を信じ，その動きに身をゆだねることを思想的特徴としており，王畿以外には王艮（→217頁）・羅汝芳・何心隠，そして儒教の反逆者とされる李卓吾（→224頁）が知られている。

　そもそも王学が左派と右派に分裂した原因は，王陽明の四句教（四有論／一無三有説）をめぐる解釈の異同に求めることができる。王陽明の四句教とは「善も無く悪も無いのが心の本来の姿（本体）である。善があり悪があるのは意欲の動きである。善を知り悪を知るのが良知である。善を為し悪を去るのが格物である」（『伝習録』下）というものである。これについて，王畿は「この教は，陽明先生の究竟の言い方ではあるまい。もし人間の心の本来の姿（本体）を無善無悪というならば，意欲も無善無悪であり，良知も無善無悪であり，物も無善無悪である。もし意欲に善悪があるなら，つまるところ，その意欲が起こる根源である心にもやはり善悪があることになってしまう」（『伝習録』下）として，心の本来の姿（本体）と意・知・物すべてが相即すると見る立場から四無論を説いた。王畿よりすれば，王陽明的な四有論は意・知・物すべてに善悪が有ることを前提として，それに工夫（努力）を加えて本来的な〈無〉へと復帰しようとするものであり，その行論は〈有〉から〈無〉を求めるがゆえに〈有〉にとらわれている。〈有〉を通して〈無〉を見ようとするから，その〈無〉は〈無〉そのものではない，ということになるのである。そこで王畿は，有即無，そして工夫即本体の立場から〈無〉そのもの，つまり真の無を把捉する。なお，ここで工夫即本体というのは，工夫によって本体を得るのではなく，工夫それ自体が本体であることをいう。王畿によれば，工夫によって本体を得ようとする四有論の論理は，工夫と本体を二分する前提に立ち，〈有〉から〈無〉へと移行するものであるから，作為であって〈自然〉には及ばない。それに対して工夫即本体は，工夫がそのまま本体であるがゆえに〈自然〉であるという。

　このように，王畿の無善無悪説は〈自然〉ということに行き着く。この〈自然〉とは，あくまでも観念的に提示されたものであるが，後に左派末流に至ると，これを単にあるがままの放恣に堕落させ，世の綱紀を乱す者が出現した。王学左派は黄宗羲（→235頁）から明朝滅亡の遠因と見なされるが，それはこのような左派末流の思想を特に念頭においたものであろう。なお黄宗羲は，王畿については「陽明先生の学は，泰州（王心斎）・龍渓が出て天下に風行し，また泰州・龍渓によってその伝を失った」（『明儒学案』巻32，泰州学案1）と述べている。

（三澤三知夫）

張居正

（ちょうきょせい：1525〜1582）

🌑 生涯と思想

張居正，字は叔大，号は太岳，諡は文忠，江陵の人である。嘉靖26（1547）年に進士となり，翰林院庶吉士から隆慶元（1567）年には礼部右侍郎兼翰林院学士に遷り，吏部左侍郎兼東閣大学士に任命されて宰輔の列に加わった。その後，万暦元（1573）年，神宗（万暦帝）が即位すると，首輔の高拱を退けて内閣首輔（1573〜1582年）となり実権を握り，同年6月には「考成法（勤務評定法）」を提出して官僚機構を整理し，改革支持者を任用するという政策をとった。また内閣の職権を強め，宦官の勢力を抑制し，学政を整理し，各地の「書院」の私的設立を厳禁して「講学」を禁止した。宰相となって10年，明王朝は政治的安定をみせ，帝は教師の礼をもって彼を待遇した。ただ彼は，その強硬な政務処理ゆえに，当時から毀誉褒貶が激しかった。特に，父の張文明が没したとき，神宗が人民のために「奪情（孝子の礼としての服喪義務の停止）」して職務に留まるように張居正に求めた，いわゆる「奪情事件」をめぐっては，儒者の本分に背反するとして非難がまき起こった。張居正は万暦10（1582）年，病のために北京で卒したが，その死後も褒貶は絶えず，張誠の讒言を受けて彼の家財は没収されることとなった。

張居正の思想については，従来の研究では，政治的側面からの探究が多かった。彼の文集『張文忠公全集』からは，政治・実務の人だったことしかうかがえない。他方，張居正は明王朝の宗教尊重を支持し，仏教教理にも篤く一種の悟りの経験があり，それらをもって政治を含めたあらゆる現実に対応する理念的根拠としたとの指摘もある。彼は心学を抑圧してきたものの，このような一面には，時代思潮の陽明学と類似点があったとも考えられる。

張居正は体系的な思想書を残さなかったが，彼の経書に対する注釈から，彼

Ⅲ　宋・元・明

の思想をうかがうことは可能である。その手がかりになるのが，幼い万暦帝へ
の進講テキストである『直解』シリーズである。経書などの『直解』シリー
ズ（『四書直解』『書経直解』『資治通鑑直解』『易経直解』等）は，内閣の査定を受
けたのちに帝に講義したものであるから，基本的には張居正自身の思想が反映
していると思われる。「四書」については，内容的には朱熹（→187頁）『四書
章句』にさらに付加的解釈を行ったもので，文章は幼帝にも理解しやすいよう
に，当時の口語が多用されているが，またそこには宋明間の学問を承けた彼の
思想が反映するところが多かった。

　このシリーズは読みやすいからというだけでなく，文教行政の長がお墨つき
を与えたものであったため，明清期の中国はもちろん，朝鮮半島や，豊臣秀頼
の命によって日本においても有力な経典理解の手立てとして採用された。また
注目すべきは，張居正の注釈に基づいた「四書」等の儒教経典が，ラテン語訳
を通じて17〜18世紀のヨーロッパに流入したことである。例えばイエズス会宣
教師フィリップ・クプレらにより「四書」中の『大学』『中庸』『論語』が，フ
ランソワ・ノエルにより『孟子』を含めた「四書」すべてが張居正の『直解』
に基づいて翻訳されている。その他，歴代の帝王の善悪の言行が絵入りで解説
された『帝鑑図説』も，銅版画が付されてヨーロッパに全訳・紹介されている。

　張居正注を採用したクプレは「すべての彼の手になる注釈が（人々によって）
頻用され，推賞者たちによって強く称揚されている」（クプレ『中国の哲学者孔
子』「序説」「結論」）という。そして「われわれは彼（張居正）の足跡の上にし
っかりととどまっている。……すべてのパラフレーズは，いうなれば閣老（張
居正）一人のものであり，すべては閣老の見解である。それらはたとえヨーロ
ッパの言語や文脈の中に，それどころかある時代のヨーロッパの哲学者の見解
や格言の間に提示されたとしても，誰もそれらがヨーロッパ人のものであるこ
とを疑わないであろう」（クプレ『中国の哲学者孔子』第5章『論語』堯日篇訳
文）とも述べてその解釈を称賛している。

　張居正注は宋明間の整合的理学の経書解釈に環をかけて首尾一貫させたもの
であり，その宣教師らの翻訳からは〈理〉を媒介とする天人合一の整合的世界
観が透けて見える。こうした合理的世界観が張注に依拠した翻訳を通じてヨー

張居正

ロッパにもたらされたわけだが，これらは思わぬところで反響を呼んだ。すなわち近代ヨーロッパ理性の時代のリーダー，ライプニッツやクリスチャン・ヴォルフ，ビルフィンガー，百科全書派のヴォルテールやディドロ，ドイツのヘルダーやヘーゲルらが，クプレ訳，あるいはノエル訳を目にしていたことである。ことにライプニッツやヴォルフは，中国哲学を絶賛してヨーロッパの理想であるとまで述べている。その際の中国哲学理解とは，その実，張居正を通じての宋明理学の哲学的世界観の受容であった。

張居正との対話

 為政者は政治においてどんなことに気をつけなければならないですか。

 人民にとって父母のようでなければならず，自分の欲望によって人民を泣かしなどしたら，憎悪の対象となるでしょう。

獣を率いて人を食ますとは，乃ち虐政の大なる者なり。其の人心を失い国脈を促むるは，皆此に在れば，急かに改めざるべからざるなり。且つ獣の本より異類の，其の自ら相い呑噬して，人と預かる無きが如きすら，人の見れば，猶お且つこれを悪む。況や人君は乃ち民の父母にして，民皆頼りて以て生を為す者なり。乃ち今，恣に虐政を行い，獣を率いて人を食ましめ，其の赤子の躯命を見ること，反りて獣類に如かざるに至る。残忍，此の如ければ何ぞ其の民の父母たるに在らんや。(『孟子直解』梁恵王上篇)

【訳】獣をけしかけて人間を喰らわせるというのは，残虐な政治の最たるものだ。人民の心を失い国家の命脈を縮めるのも，すべてはこうしたていたらくによる。さらに種を異にする獣が，共食いしあっているのは，人間と関係ないようなことだが，それでも人はこれを嫌悪するものだ。まして人の君主たる者は人民の父母であって，人民は皆，彼に依拠して生活するものだ。それなのに今，好き勝手に残虐な政治を行い，獣をけしかけて人間を喰らわせ，嬰児（のような人民）の生命を見ることは，かえって獣にも及ばない。残忍さがそこまで至れば，どうして（君主は）人民の父母たる地位にあるといえようか。

▶これは「王宮の厨房に肥えた肉が吊してあるのに人民が餓死している現状は，獣に

221

Ⅲ　宋・元・明

人民を喰らわせるのと同然だ」との，非情な政治についての『孟子』の辛辣な批判に対する張居正の注である。張居正は実際に，幼帝の万暦帝を補佐・教導して，倒れかけた明王朝に一定の繁栄を取り戻した。ところが彼の死後，万暦帝は贅沢に溺れ政をかえりみなくなる。結果として万暦が世を去って間もなく，明王朝は崩壊するに至ったのである。

 中国哲学はどんな風にヨーロッパに知られたのですか。

 わたし（張居正）の「四書」注釈を通じて本格的に儒教古典とその思想がヨーロッパに知られました。

明徳は是れ一心の虚霊不昧にして，以て衆理を具えて，万事に応ずる的本体なり。但だ生有りて以後，気稟の拘する所，物欲の蔽う所と為れば，則ち時に有りては昏し。故に必ず学問の功を加えて，以て気稟の拘を充開し，物欲の蔽を克去して，心の本体をして，旧に依りて光明ならしむ。譬えば鏡子の昏くなり了るとも，磨き得て明に還るが如く一般なり。（張居正『大学直解』経第 1 章）

　【訳】明徳（人間に普遍的に与えられた知的能力）とは一なる心の精緻で明るい機能であり，あらゆる〈理〉を（可能性として）具え，すべての事態に対応する本体である。ただ生まれてこのかた〈気〉の受け方に拘束され，物に対する欲望に覆われた場合に，時として眩んでしまうことがある。だから必ずや学問の努力を加えることで，〈気〉の受け方（による制約）を開き，物に対する欲望の覆いを除き去って，心の本体が変わりなく光明となるようにするのである。例えば鏡面が曇ってしまっても，磨けば明るい状態に戻るのと同じである。

▶当該部分はイエズス会宣教師クプレによって訳されており，そこには「人々のまさに学び知るべく設定された偉大な原理（大学之道）は，天から与えられた理性的本性 rationalis natura a coelo indita を磨き上げることに存する（明明徳）──すなわち理性的本性が，きわめて澄明な鏡のように，不正な欲求 appetitus の汚点をぬぐい清めることで，その本来的輝き pristina claritas へと復帰できるために，である──」（『中国の哲学者孔子』第 4 章『大学』）とある。人間の心の知的作用を「理性」としていることが注目される。またその作用について，磨き上げることで本来性を発揮できるとするところは完全に張居正注に依存しており，このような形で「神」を先立てぬ中国哲学の根本テキストの理念が，理性の時代，啓蒙の時代のヨーロッパに紹介さ

222

れたことが分かる。ちなみにこの訳文は，上述のライプニッツ，ヴォルフ，ビルフィンガー，ヘルダー，ヘーゲル，ヴォルテール，ディドロ等のヨーロッパ知識人たちが目にしたことも指摘しておきたい。

◑ より深く学ぶために

〈原典・訳〉
張居正『四書直解』（九州出版社，2011年，中国書）
＊ヨーロッパへも流入した儒教古典「四書」の注解こそ，この張居正『四書直解』であった。

〈入門・解説書〉
井川義次『宋学の西遷──近代啓蒙への道』（人文書院，2009年）
＊中国の儒教哲学は本格的な形で張居正の『四書直解』を通じてヨーロッパ近代啓蒙運動に流入した。その実相をラテン語に朱子初訳と張注とを照合することで解明した。

(井川義次)

李卓吾

(りたくご：1527〜1602)

🌓 生涯と思想

李卓吾（李贄，卓吾は号）は，明の嘉靖6（1527）年，泉州府晋江県（福建省）のイスラム教徒の家に生まれた。26歳で郷試（科挙の地方試験）を通り挙人となったが，科挙に合格して進士とはなれず，50歳過ぎまで属吏を勤めた。退任後，黄安県（湖北省）龍湖の仏院に移り住み，読書と著述に励んで，『焚書』『蔵書』など数多くの書物を著した。伝統的な儒教秩序を批判したことから，人心を惑わす異端者と見なされ，投獄中の獄で自刃した（享年76歳）。

ある年，冬の北京で大雪のため1週間，食べることができなくなった。ある人が憐れみ，黍（北方の常食）を食べさせた。気持ちが落ち着くと，李卓吾は「この地にこんなに美味しい米（李卓吾の出身である南方の常食）があるとは」と言った。「普通の黍です。飢えていたので，黍を米のように美味しく感じたのでしょう。米だ黍だと区別せずとも宜しいでしょう」。これを聞き，愕然として，道における孔子（→5頁）と老子（→30頁）の違いは，米と黍における南北の差のようなものであり，自分の道への探究心が飢餓状態のように強ければ，孔子だ老子だと区別する必要はない，と考えた（『焚書』巻3「子由解老序」）。こうして陽明学者の李卓吾は，老子にも傾倒する。仏教・道教・儒教を隔てなく扱う考え方の端緒である。

陽明学の祖である王陽明（→208頁）は，最晩年に心の本体を「無善無悪」であるとした。この議論は，弟子の王畿（→218頁）・銭徳洪らを経て，**泰州学派**に継承される。そこから，欲望を人情の自然な発露と捉える思想は生まれた。

李卓吾は，「無善」とは「至善」であり，「至善」は，現実社会に生きる人々が，自らの思いのままの営みを生きていく中にあるとした。朱子学者は，規範により，それを妨げているのである。人々がもつ自らの思いとは「欲望」であ

り，欲望こそ人情の自然の発露と考えるのである。欲望の肯定は，不条理な伝統的権威への挑戦に繋がる。このため，為政者が上から朱子学の条理を押しつけることは，人々の生存を全うする政治ではないと批判したのである。

　こうした欲望の肯定の根拠となるものが，「童心」説である。童心とは，童子がもつ偽りのない真心のことである。当時，陽明学で用いられていた『孟子』の「赤子の心」と分けるために，あえて欲望むき出しの粗野な言葉「童心」を仏家系の「真心」の要素を含めた新たな意味で用いようとしたのである。「衣を穿て飯を吃う」という，人としての本能に基づく欲望そのものが，人間の真の姿であるとしたためである（『焚書』巻1「答鄧石陽」）。童心は，陽明学の良知を発展させた先に，李卓吾が到達したものである。したがって，すべての人々が童心を失わなければ，朱子学のように上から規範で押さえつけなくとも，心の本体は「無善無悪」であるために，社会は安定する。

　しかし，誰もがもっていたはずの「童心」は，成長につれて，朱子学など外からもたらされた知識や道理によって，曇らされて失われていく。その結果，人為的な「礼」に基づく社会規範が必要とされているのである。そうした不自然な姿を防ぎ，生まれながらの童心をもち続けるためには，人々が本来的にもっている欲望や功利心を積極的に肯定するとよい。

　このため李卓吾は，朱子学に迎合していない戯曲や小説を童心の発露であるとした。儒教経典を否定する一方で，鶯鶯と張君瑞の恋物語である『西廂記』や好漢たちが欲望のままに暴れ回る『水滸伝』を『論語』『孟子』や『史記』にも優る「天下の至文」と高く評価したのは，そのためである。また，商人による利の尊重を欲望の延長として承認し，女性が男性と同じ価値をもつことを主張したのも，朱子学の不自然な規制を批判し，童心をもち続けることの重要性に気づかせるためであった。

　李卓吾は，「私」と「欲望」を肯定したことで異端者とされたが，これにより直ちに危険思想と見なされたわけではない。始皇帝の礼賛に見られるような道徳性よりも政治能力を重んじる実力主義的・功利主義的な歴史観を危険視された。明末清初の黄宗羲（→235頁）・顧炎武（→239頁）・王夫之（→247頁）は，李卓吾の歴史観を激しく批判するが，「私」と「欲望」の肯定については継承している。

Ⅲ　宋・元・明

🌙 李卓吾との対話

Q なぜ学説の中心に童心を置くのですか。

A 人が，本来的にもっている童心こそ経書より優先すべきだからです。

夫れ六経・語・孟は，史官過ぎて褒崇の詞を為し，則るに其の臣子極めて賛美の語を為すなり。又然らずんば，則ち其の迂闊の門徒・懵懂の弟子，師の説を記憶するに，頭有りて尾無く，後を得て前を遺し，其の所見に隨いて，之を書に筆す。後学察せず，便ち聖人の口より出でしと謂い，之を目して経為りと決し定む。孰ぞ其の大半は聖人の言に非ざるを知るや。……然らば則ち六経・語・孟は，乃ち道学の口実，仮人の淵藪たりて，断断乎其れ以て童心の言明を語る可からず。(『焚書』巻3「童心説」)

【訳】そもそも六経や『論語』『孟子』は，史官が過度にもち上げた文章である。さもなければ迂闊迂遠の門徒，あるいは無知蒙昧な弟子どもが，師の教説を記録する際に，文章の先後を間違え，その上自分の考えを入れて，いいかげんに綴り合わせたものである。(ところが)後学はそれを察せずに，これぞ聖人の口から出たものと信じ，これを絶対的な経典であると定めているのだ。実は，その大半が，聖人の言ではないというのに。……だとすれば，六経や『論語』『孟子』などは，朱子学者の談論の種本，仮偽の人が群がる淵藪であり，断じて童心の言として扱えないことは，余りに明白である。

▶李卓吾は，『論語』や『孟子』などの朱子学の経典には，孔子の本当の教えは記されていないとした。李卓吾が影響を受けた陽明学は「心即理」，すなわち書物ではなく，自分の心の中に理がある，と考えるためである。

Q 人々の「欲望」を尊重するのはなぜですか。

A 人がそれぞれの役割を果たして生きていくために必要なものだからです。

夫れ天一人を生ずるは，自づから一人の用有ればなり。……夫れ天下の民物は衆し。若し必ず其れ皆吾が条理の如くせんと欲すれば，則ち天地も亦た且お

李卓吾

能わず。……各々好む所に従い，各々長ずる所を騁ぶれば，一人の用に中らざるは無し。何ぞ其の事の易きか。……然らば則ち無学・無術なる者は，其れ茲に孔子の学術あり。(『焚書』巻1「答耿中丞」)

【訳】天が（この世に）1人を生まれさせるには，その人しかできない用（役割）があるからである。……そもそも天下の民は様々である。そのすべてを（朱子学のように）特定の条理に従わせようとするなど，天地にすらできない。……各人が（欲望のまま）好むことに従い，各人が得意なことを伸ばせば，1人の用に発揮できないことは無い。なんと易しいことであろうか。……そうであるならば「学」もなく「術」もなく（欲望に従うことに）孔子の学術がある。

▶李卓吾は，『論語』には孔子の教えはないとするが，孔子の教えそのものを批判するわけではない。各人がその「欲望」に応じて，自らの「童心」に従って生きることこそ，特定の「学」や「術」といった規範を定めることのなかった孔子の教えの本質である，としているのである。

🌙 用語解説

『蔵書』 紀伝体の歴史書だが，その真骨頂は人物の分類や各列伝に付される評論にあり，歴史書の体裁をとった思想書となっている。

泰州学派 明代陽明学の一学派で，王陽明の直弟子である泰州出身の王艮（→217頁）により創始された。王陽明が修養により取得されるとした良知は本来的に人間に確立されており，良知には欲望も含まれるとした。

🌙 より深く学ぶために

〈原典・訳〉

増井経夫訳『焚書 明代異端の書』（平凡社，1969年）

＊李卓吾の主著『焚書』の日本語訳。

張建業主編『李贄文集』（全7巻，社会科学文献出版社，2000年，中国書）

〈入門・解説書〉

溝口雄三『李卓吾——正道を歩む異端』（集英社，1985年）

＊李卓吾の伝記の形を取りながら，その思想を描き，また吉田松陰との比較を行い，その共通点と相違点を抉りだしている。

(仙石知子)

227

Ⅲ 宋・元・明

◆コラム◆ 顧憲成（こけんせい：1550〜1612）

　明代末期，国政・制度の改革を主張した高攀龍・顧允成・鄒元標・安希范・劉元珍・錢一本・薛敷教・葉茂才らと共に活躍した東林党のリーダー・顧憲成は，宦官による政治を批判し，自らの学説を講義して討論を行い，ひいては政治に対する批判をも行う「講学」活動を進めた。また明代において有力であった陽明学が行動の規範を〈心〉に求めたことで，〈心〉の外なる学問・思弁の功を軽視したことを批判し，客観性をもつ天理を求める学問としての朱子学を信奉した。彼は朱子学の見地から，学問は興味の対象に止まるべきではなく，現実の政治を導く理念たるべきであると主張し，明代当時の宦官の恣意的な政治への関与を徹底して批判した。

　東林学派は〈心〉を究極的拠り所とする陽明学左派の行き過ぎに批判的でありつつ，朱子学との折衷を試みたとされる。顧憲成の著『小心齋札記』では〈心〉に関して様々な見解が示されている。彼は「〈心〉は活きたものであり，そこには〈道心〉（道理に基づく心）と〈人心〉（人間的欲望に傾く心）の区別がある。〈道心〉には主体性があるが，〈人心〉には主体性がない。（心に）主体性があれば活発となり，その活発さはこの世で最も精緻なものである。主体性がないなら（その心は）この世で最も危険なものである」と述べ，常に主体的自覚をもって自分を律することを要求した。

　また彼は，『論学書』においては「そもそも人間の一つの〈心〉は，天理と渾然一体となっている。それはこの世で真に正しいものであり，この世で真に非なるものではないのだが，この〈心〉を全うできる者はどれほどいるだろうか。聖人だけがそれを実現した。……（だが）孔子でさえ，70歳になって〈心〉の欲求がしかるべき原則・規準から外れなくなって，はじめて「心が即ち理」といえるようになったのだ。……もし漫然と「心即理」などというのなら，わたしはその人の〈心〉が本当に（孔子の境地を）獲得したかどうかを問いたい。（みだりに「心即理」などという者はたいがい）目盛のない天秤，寸の標準のない尺度のようなもので，軽重や長短を測ろうとして，はき違えているのであり，措置をどれほど誤っていることか」と指弾している。他方，孟子（→22頁）以来の「性善」説は堅持し明代流行の「無善無悪」説を批判し，「性」の本源は「太極」だから性は善を本体としているのだと人間の高貴さを強調した。

　顧憲成の思想は，人間に対する期待の点で陽明学に接近しているところがあるが，両手放しの〈心〉の過信を戒め，自覚的な修養に力点を置いて現実に対応しようとするものであった。

（井川義次）

◆コラム◆ 劉宗周（りゅうそうしゅう：1587〜1645）

「聖人になる方途は『人譜』に尽くされている。お前はこれを家訓として守ってゆけ」（劉汋『劉宗周年譜』清順治二年条）

これは劉宗周の，息子・劉汋に対する遺言である。劉宗周は，字は起東，号は念台，浙江省紹興の人。清の侵攻によって南京が陥落すると絶食し，明王朝に殉じて餓死した。朱子学の流れを汲むが，陽明学にも親しみ，門人に黄宗羲（→235頁）や陳確（1604〜1677）がいる。

明末の動乱期，聖人を目指して歩み続けた劉宗周は，自身の修養論（聖人になる方法論）のエッセンスを『人譜』という小冊子に託した。それはいかなる書物か。

『人譜』は3部から構成され，黄宗羲が「『人譜』はもっぱら改過のために作られた」（「答惲仲升論子劉子節要書」）というように，「過ちを改める」ことを主眼とする。「改過」は既に『論語』にも説かれるが，劉宗周は独自の視点からこれに意味づけし，修養論として体系化したのである。

その「改過」論は，過ちに対する独特な認識に立脚する。それは，過ちは偶発的なものではなく，必ず原因があり，またその過ちも新たな過ちの誘因になるという考えである。つまり，過ちを一連の因果関係のなかで捉えるのである。『人譜』では次のように，過ちを6段階に分けている。すなわち①「微過」（「人の元気がたまたま虚になったもの」。諸悪の根源），②「隠過」（①の発展で，感情の過ち），③「顕過」（②の発展で，立ち居振る舞いの過ち），④「大過」（③の発展で，人倫に悖る過ち），⑤「叢過」（④の発展で，道に叛く過ち），⑥「成過」（①〜⑤の過ちの完成態）である。

ここから，厳格な実践が要求されることになる。それは過ちの掘り起こしである。例えば③の過ちが自覚されると，それを改めるのはもちろん，その原因である過ち②の探索が求められ，さらに過ち①にも遡らねばならない。このような改過と内省の努力を延々繰り返していくと，「ふいに聖人の領域に至る」（「証人要旨」）のだという。

劉宗周から『人譜』を託された劉汋が聖人になれたか否かは定かではないが，その劉汋自身，末期に際して息子に遺した訓戒は次のようなものであった。

「貧に安んじて読書せよ。生涯『人譜』を守って生きていけばそれで十分だ」（『清史稿』劉汋伝）

『人譜』と，そこに籠められた「改過」説は，劉家，そして清初思想界に活躍した門人たちに確実に継承されたのである。

（原信太郎アレシャンドレ）

Ⅳ

清・近代

顧炎武（呉郡名賢図傳賛）

孫　文

毛沢東

	清・近代	日 本
	1644 順治帝が北京で即位，清朝による中国支配	鎖国（1639）
	1673 三藩の乱	
	1689 ネルチンスク条約締結	湯島聖堂 建立（1690）
		享保の改革（1716）
	康煕帝・乾隆帝の治世	
		寛政の改革（1787）
	1796 白蓮教徒の乱	
		大塩平八郎の乱（1837）
		天保の改革（1841）
清	1840 アヘン戦争（1842 南京条約締結，香港割譲）	
	1851 太平天国の乱	日米和親条約（1854）
	1856 アロー戦争（1860 北京条約締結）	
		大政奉還（1867）
		明治時代
	1884 清仏戦争（1885 天津条約締結）	大日本帝国憲法（1889）
	1894 日清戦争（1895 下関条約締結）	日英同盟（1902）
	1898 戊戌の変法	日露戦争（1904）
	1899 義和団の乱	日韓併合（1910）
	1911 辛亥革命	大正時代
中華民国	1912 中華民国成立，袁世凱臨時大統領，国民党結成	第一次世界大戦（1914）
	1919 ヴェルサイユ条約，五・四運動，中国国民党結成	パリ講和会議（1919）
	1925 五・三〇運動	
		昭和時代
	1931 満州事変	五・一五事件（1932）
	1937 盧溝橋事件	二・二六事件（1936）
		太平洋戦争（1941）
	1949 中華人民共和国成立，毛沢東国家主席	ポツダム宣言（1945）
中華人民共和国		日本国憲法（1947）
	1966 文化大革命	サンフランシスコ条約（1951）
	1969 毛沢東・林彪体制	日米安全保障条約（1960）
	1973 批林批孔運動	東京オリンピック（1964）
		平成時代
	1976 第一次天安門事件	
	1989 第二次天安門事件	阪神・淡路大震災（1995）
	1997 香港返還	
		東日本大震災（2011）

時代概説

　中国における「近代」化の要因については，大別して2つの見方がある。1つは，19世紀半ばより，欧米列強が東アジアに進出する「西欧の衝撃」を契機に，中国の近代は始まる，という外在的な中国近代化論である。ここでの近代の指標は，欧米と同一である。もう1つは，17世紀，国家名でいえば，明末清初ごろを機に内在的に中国の「近代」への動きが始まった，と捉えるものである。この場合，中国独自の「近代」の指標を設定することも多い。両者の主張はそれぞれに論拠があり，また必ずしも一方が他方を否定しえている研究状況にはない。

　「古典中国」の展開による時代区分を提唱する本書は，「古典中国」を直接的な自らの規範と見なさなくなった前者を重視しながらも，「古典中国」を身体化することにより，中国的な「近代」を指向した者たちを掬い取る後者の議論を認めることは吝かではない。「古典中国」とその展開型である「近世中国」は，「近代中国」に身体化されており，たとえ「西欧の衝撃」により近代を目指したとしても，欧米とは異なった「近代中国」の姿を中国にもたらしたと考えるためである。

　明末清初には，資本主義の萌芽と位置づけられることもある商品生産の発展やマニュファクチュアの形成に伴い，明初以来の郷村の里甲制は解体し，多くの農民が棄農して都市に流入すると共に，民変・奴変などの下層民主体の暴動が頻発し，旧来の上下的な社会秩序が崩壊して，伝統的な社会経済構造が危機に直面した。だが，その中で形成された社会関係は，近代的なそれではなく，郷紳と呼ばれた士大夫層は，地方に従来以上の勢力をもち，父系血縁組織である宗族などの社会関係を大規模に再編した。そこには，『朱子家礼』など「近世中国」の規範が大きな影響を与えている。

　こうした中に普及した陽明学は，共同性を求める心性が強く，庶民を重視し，「万物一体の仁」に基づき利の専有を批判した。それは，陽明学に止まらず，明末清初の大きな時代的風潮であった。例えば，王夫之は，「封建」について，儒教の理想である封建制が復活せず，郡県制が続くことに「勢」を見，それは「理」に合致する，と述べている。「古典中国」の国制においては，「封建」を理想とすべきであるが，「理」の指し示すものが「郡県」であるならば，「古典中国」の国制である「封建」に復帰する必要はない，とするのである。ここでは「古典中国」は，規範としての絶対的な地位を失い，「近世中国」で尊重された「理」が優先されている。

　また同時期，王夫之とは逆に，「古典中国」の理想である「封建」を復活すべきと説いた呂留良は，「封建」と「井田」を必ず復活させねばならず，「封建」と「井田」が廃れたことは，「勢」であって「理」ではないとした。王夫之とは「封建」への方向性

233

Ⅳ　清・近代

を反対とするが，「封建」の復活こそ「理」である，と「古典中国」への回帰の理由に，「近世中国」で尊重する「理」を掲げていることに注目したい。

　しかも，陽明学において，こうした「理」の存するところが個人の「心」にあるとされるに至り，例えば，李卓吾は，商人による利の尊重を欲望の延長として承認し，女性が男性と同じ価値をもつことを主張した。明末清初の黄宗羲・顧炎武・王夫之は，李卓吾の「私」と「欲望」の肯定については継承したが，その歴史観を激しく批判した。やがて，清では文献研究を主体とする考証学が盛んとなる。

　一方で，「理」に基づく「公」の尊重は，血縁の相互扶助組織である宗族制を江南に止まらせず，北方中国にまで広げていく。例えば，宗族は相互扶助のため，同族間に共有田を設置し，基金を置くことで，同族内の貧困を救済し，あるいは優秀な子弟の奨学金にあてた。同様な役割を道教系の秘密結社が果たす場合も多かった。こうした「公」の広がりが，例えば，田土の「公有」を主張した太平天国の天朝田畝制度の背景となった。地方や細民の「公論」尊重論者たちは，「封建」を地方自治と解釈しなおすことで，そこに自らの「公論」を反映していこうとする。こうした動きの中で，1911年の辛亥革命は，国家の打倒ではなく，市民の自由の実現でもなく，省の自立という形で，中国的な「近代」を生み出していくのである。

　辛亥革命は，天を祭らない近代的な中国の支配者を誕生させた。創立民国（共和制の樹立）を説いた孫文は，皇帝ではないため，祭天を行う理由がなかったのである。しかし，最後の南郊祭天はこの後に行われた。1914年，孫文から中華民国の実権を奪った袁世凱は，北京南郊の天壇で祭天を行ったのである。しかも，南郊祭天は，国民に通達され，国民が各家庭で天を祭る祭壇を設け，儀礼に参加するよう呼びかけられた。袁世凱は，皇帝制度の復活を目指していたのである。袁世凱の死後，中国では2度と天は祭られていない。天を祭らない中国の支配者の出現，それは「古典中国」の伝統から断絶した支配者の出現，すなわち「近代中国」の成立を意味する。

　中国における「古典中国」の尊重に打撃を与えた最大の事件は，日清戦争での敗北であった。政治的に洋務運動から変法自強を経て，憲法制定から辛亥革命へと欧米化が進展していく中で，文化においても欧米を規範とすべく，古典への攻撃が行われる。その際，古典との対比の中で，その価値を貶められながらも，民間で流通していた「小説」が，にわかに脚光を浴びる。胡適の「文学革命」に始まり，呉虞の「打倒孔家店」を受けて，魯迅は「阿Q正伝」で「礼教が人を食う」と位置づけたのである。

　こののち「近代中国」は，日本の中国侵略によって，その「近代」化を阻害されながらも，1949年には，中華人民共和国を成立させた。毛沢東の奪権闘争である文化大革命においては，「批林批孔運動」が展開され，儒教は壊滅的な打撃を受けたが，1978年の改革開放以来，新儒家の台頭に代表される儒教の復権が始まっている。　　　　（渡邉義浩）

黄宗羲

（こうそうぎ：1610〜1695）

🌑 生涯と思想

黄宗羲，字は太沖，号は梨洲。王陽明（→208頁）の故郷，浙江省余姚県の人。同時代，日本に亡命し水戸藩に仕えた朱舜水も同郷である。彼は顧炎武（→239頁）・王夫之（→247頁）と共に清代学術の祖とされ，清代浙東学の祖とも目される人物である。

彼の生まれた明代末期は，様々な問題が顕在化し，社会が不安定化，混乱を極めた時代であった。その中で統治者たる学者の多くは，経史の書を読まずに，性理を談ずるばかりで，現実の社会混乱には目を背けていた。しかし，一部有志の者は改革を主張し積極的な行動を起こす。その者たちのグループが**東林党**であり，黄宗羲の父，黄尊素はそこで活躍した人物である。東林党は宦官魏忠賢により，壊滅的な打撃を受け，黄尊素も逮捕され獄死するが，彼の精神は子の宗羲により継承発展されることになったのである。黄宗羲は父から学問の手ほどきを受け，学問とは経学を根拠として治乱の足跡を史書で確認し，現実の社会問題に解決策を提示し，それを実行することだと捉えた。そのため彼は万巻の書を読み，陽明学者の劉宗周（→229頁）に師事し学問に励むと共に，学生の政治運動組織**復社**に参加し，社会改革のための行動を起こしていた。しかし，改革の対象であった明は滅亡，中国全土は女真族の清に支配されてしまう。黄宗羲は南明政権の官職に就き，明朝の回復のため精力的に働いた。しかし，母の世話を理由に抗清活動から離脱した後は，明の遺民として故郷にて学問に専念，86歳の長寿を全うしたのであった。

黄宗羲の学問は明学の批判から始まるが，それは己の修養のみを目的とし，社会問題を顧みない学問であり，特に既存の倫理観を破壊するに至った陽明学左派についてであった。そもそも儒学は経世を目的としており，彼が依拠した

235

IV 清・近代

陽明学も眼前の社会問題に対して行動を求めた学問であった。陽明学の正統的後継者を自負する彼は，現在の学問状況を是正し，現実の社会問題を解決することが自らに課せられた任務であると自覚していた。しかし，明が滅亡した以上，南明政権の官職に就いていた自分が女真族の清に出仕することは倫理的に許されない。彼は自ら官僚となり，世を治めることを放棄せざるをえなかったのである。そこで，来たるべき漢民族王朝に対してあるべき政治を示すため，学問に従事したのであった。

彼の学問は経学・史学を軸として，博学によって事実を列挙し，客観的に自らの主張を導き出すものであった。そのため，彼の著作は経学・史学から政治・地理・暦学・文学など広範囲に及ぶ。経学を代表する書物としては『易学象数論』『孟子師説』などが挙げられ，史学は『行朝録』『弘光実録鈔』『海外慟哭記』などの明代史・現代史が中心であり，『明儒学案』は明代の代表的な儒学者を学派別に分類した中国最初の学術史であった。これら明史に対する深い造詣のため，彼は晩年，『明史』編纂のため出仕を要請される。彼は固辞したが，息子の黄百家や弟子の万斯同は，『明史』編纂の中心的人物として活躍しており，黄宗羲の思想は彼らを通じて『明史』に反映されていると考えられる。また『明夷待訪録』は当時を代表する政治論であった。そこでは天下は万民のためのものであり，君主は万民のために利益を計るべきであり，私利私欲を追求してはならない，臣下の任務も万民のための君主の政治を輔佐することにある，など民衆生活の安定を基軸とする政治論が説かれていた。これは東林党や復社の影響でもあるが，『孟子』を根拠とする儒家の伝統的思想に由来するものでもあった。黄宗羲はその思想をさらに発展させて万民のための君主像を描き出し，自らの政治思想を世に問いただしたのである。はたして，彼はこの著書により，清末には中国のルソーと喧伝され，『明夷待訪録』は清王朝打倒を目指す人々にとっての必読の書とされたのであった。

以上のような黄宗羲の客観的学問方法は，清代の考証学へと受け継がれていく。ただ，世の中が平穏に落ち着いていく中で，考証学は学問そのものが目的化し，彼が目的とした経世致用の意識は薄らいでしまった。一方で浙東地方では彼の学問は全祖望・万斯同・万斯大などに受け継がれ，清代浙東学を形成

することになる。この学派の伝統を受け継ぐ章 学誠(しょうがくせい)(→257頁)は，考証学の全盛期にあって，経世致用の史学理論を構築することになるのである。

● 黄宗羲との対話

 本来，帝王はどのような仕事をし，どのくらい報酬を得たのでしょうか。

 公共の利益のために働き，報酬などもらいませんでした。

有生(ゆうせい)の初め，人各々自ら私(わたくし)し，人各々自ら利す。天下に公利有るも或いは之を興(おこ)す莫く，公害有るも或いは之を除く莫し。人の出ずる有り，一己の利を以て利と為さずして，天下をして其の利を受けしめ，一己の害を以て害と為さず，天下をして其の害を釈(と)かしむ。此れ其の人の勤労，必ず天下の人より千万す。夫れ千万倍の勤労を以てするも，己は又其の利を享けざれば，必ずや天下の人情として居るを欲する所に非ざるなり。(『明夷待訪録』原君(げんくん))

【訳】人が生まれた当初，人々はそれぞれ自分勝手なことをし，それぞれ自らの利益を考え，天下の人々に共通の利益があるのに，それを盛んにするものはなく，共通の害悪があるのに，それを取り除こうとするものはいなかった。そのようなとき，ある人物が出現した。その人物は自分の利益を利益とせずに，すべての人々にその利益を享受させ，自分の害悪を害悪とせずに，すべての人々からその害悪を取り除いたのであった。このような仕事をしたその人の勤労は，間違いなく人々の勤労よりも千万倍はあったはずである。そもそも千万倍の勤労であっても自分はその利益を享受しないのであるならば，誰もその地位に就きたいと思うはずはない。

▶『明夷待訪録』の冒頭の言葉。黄宗羲の理想的な帝王像が示されている。彼の政治思想は民衆を主とした君主制を説くものであった。

 現実に役立つためには，何を勉強すればよいでしょうか。

 儒教経典と歴史書をまずは勉強すべきです。

先生始めに謂(い)えり，学は必ず経述に原本(もと)づきて，而(しか)る後に虚を踏(ふ)むに為らず。

Ⅳ　清・近代

必ず史籍に証明して，而る後に以て務めに応ずるに足る，と。（全祖望『鮚埼亭集』外篇巻16「甬上証人書院記」）

【訳】黄宗羲先生はまず言われた。学問は必ず経書に基づいてこそ，空虚な学問とならないのであり，必ず史書に証明してみてこそ，現実の務めに応用することができるのだ，と。

▶全祖望に教示した言葉であり，黄宗羲の学問に対する基本的姿勢が示されている。

🌓 **用語解説**

東林党（とうりんとう）　明朝末期，顧憲成（こけんせい）（→228頁）を中心に組織された政治組織。彼は政界から追放され，故郷の無錫（むしゃく）に帰り，東林書院を再建して学術講演会・討論会である講学をはじめた。東林書院には官僚を含む多くの知識人が参加し，時事問題を論じていたが，それが発展し「東林党」として政治活動を行うようになった。
復社（ふくしゃ）　崇禎（すうてい）2（1629）年，張溥（ちょうふ）によって創設された学生の政治運動全国組織。復社はたびたび全国的な大会を開催し，そこで集約された意見を地方官に対して発言するなど，地方政治に強い影響力をもつに至っていた。復社には黄宗羲・顧炎武・王夫之いずれも参加している。

🌓 **より深く学ぶために**

〈原典・訳〉
西田太一郎『明夷待訪録』（ワイド版東洋文庫，平凡社，2003年）
＊『明夷待訪録』の全訳注。ただし，原文，書き下し文はない。顧炎武に対する手紙も録している。
山井湧『黄宗羲』（人類の知的遺産33，講談社，1989年）
＊『明夷待訪録』の完訳。詳細な解説によって黄宗羲の思想と生涯を描いている。
浜久雄『明夷待訪録』（中国古典新書続編，明徳出版社，2004年）
＊『明夷待訪録』の未刊文の文質篇・封建篇も含めた訳書。
〈入門・解説書〉
小野和子『黄宗羲』（中国人物叢書9，人物往来社，1967年）
＊黄宗羲の生涯と思想に関する概説書。歴史的背景も詳しく記されている。

（松﨑哲之）

顧炎武

（こえんぶ：1613～1682）

🌑 生涯と思想

　顧炎武，字は寧人，号は亭林。江蘇省崑山県の人。彼は，主観的・思弁的であった宋明理学を，客観的・実証的な清朝考証学へと導き，同時代の黄宗羲（→235頁）・王夫之（→247頁）と共に清代学術の祖とされる。

　顧炎武の生きた時代は，国外は後金（清）による圧迫，国内は宦官派と東林党の対立などで社会が不安定化し，それに伴って農民叛乱が頻発した時代であった。この混乱を是正すべき学問は，官学としての朱子学は固定化され生気を失っており，陽明学も良知の覚醒を目指す個人の修養が重視され，左派の李卓吾（→224頁）に至っては既存の倫理観を破壊し，混乱を助長する方向へと向かっていた。いずれにしても当時の学問は眼前の問題を解決する力を失っていたのである。この混乱した状況にあって，社会は学問に変化を求めていた。そこに登場したのが顧炎武であり，黄宗羲・王夫之であった。彼らの学問は経世致用の学ともいわれる。

　彼らはそれぞれ独自に学問を形成したのであるが，実は共通の下地があった。彼らは多感な青年期にいずれも学生運動組織の復社に身を投じていたのである。復社はたびたび全国的な大会を開催し，そこで意見を集約し，政治に対して強い発言力をもつに至っていた。彼らの強い経世致用の意識はこの活動でも培われ，彼らの学問に反映されていったのである。

　さらに彼らの学問に決定的な影響を与えたのは，明の滅亡であり，異民族王朝清の支配であった。崇禎17（1644）年，農民叛乱の首領李自成によって北京は陥落し，明は滅亡するが，この混乱に乗じて，清軍は長城を突破，李自成の軍を破り，北京に入城，異民族王朝を樹立した。清軍は止まることなく南下，各地で抗清運動が起こるも，清軍は瞬く間にほぼ全土を掌握してしまった。彼

Ⅳ　清・近代

らはいずれも抗清運動に参加し，明朝の回復を試みるが，それが絶望的になると，清への出仕を拒み，**明の遺民**として生きることになったのである。顧炎武もまた生母，養母，その他多くの一族を失い，故郷を離れ，華北地方を転々と旅をしながら，その後の人生を過ごし，その中で多くの著作を著し，山西省の曲沃^{きょくよく}にてその生を全うしたのであった。

　顧炎武の思想は，この激動の時代の中で育まれた。幼いときの養祖父の薫陶^{くんとう}，復社での学生運動，明の滅亡と抗清運動，そして，明の遺民としての生活，そのすべてが顧炎武の学問に影響を与えた。幼少のころから経世の意識を植えつけられていた彼は，自らが政治に参画し，皇帝を輔佐し，民を救済するはずであり，学問はそのためになされるべきであった。復社への参加もその意識を実現するためであった。儒教の本質はこの経世済民^{けいせいさいみん}であり，顧炎武も含めて有志の人々は国の危機に瀕して儒教の本質に立ちかえったのであった。しかし，あくまでもそれは明の皇帝の下でなされるべきであり，明が滅亡し，異民族の清によって支配され，その夢は潰えた。清朝への出仕を拒否した彼は自ら経世済民をすることはもはや不可能であった。そこで，彼は客観的・実証的方法を駆使して，経書の中に記された聖人の〈道〉，そして史書に記されたその歴史的変遷を明らかにし，来たるべき漢民族王朝のために準備することにしたのであった。彼がとった方法論が，清代の新たな学問の潮流を起こすことになる。

　顧炎武の学問は，明代学問の否定から始まる。宋明理学は，自ら修養して聖人となり，皇帝を輔佐して，天下に太平をもたらすことを目的としていた。〈心〉という捉え難いものが学問の根底に据えられ，〈心〉をめぐって，思弁的・主観的・直感的な解釈がなされ，それを悟り，体認することが重視されていた。特に明代は〈心〉の修養に特化され，その先にある経世については忘れ去られていたのであった。結果として，明学は混乱する世の中に対し無力となっていたのである。だからこそ，明学は否定されたのである。儒学は本来，経世を目的とし，経書は孔子（→5頁）が人々を困難から救うために編纂された書物とされていた。顧炎武は経書に記された聖人の治世の〈道〉を客観的・実証的に明らかにし，それを根底に据えて現実の社会問題の解決をはかったのである。

240

顧炎武

　ところで，経書は，秦の焚書を経て，漢代に再編纂されたが，その正確な意味内容は必ずしも伝承されず，不明確な点があった。経書に記された聖人の〈道〉を探るため，後漢から唐代にかけては文字の一字一句の客観的で厳密な解釈が行われた。それがいわゆる漢唐訓詁学である。この学風は宋代に一変し，上述のような宋明理学となり，経書解釈も思弁的・主観的になされていた。顧炎武はこの状況に対して，まずは漢唐訓詁学的に経書の文字の厳密な考証を目指し，その上で彼の学問は経書の文字を音声の側面からも追究するものであった。彼は古代の聖人が発した音声に聖人の〈道〉は宿っているとし，これを明らかにすることが，文字の意味を確定し，正確に経書を読むことになるとみた。それを解明する手がかりが韻であった。漢詩が韻を踏んでいるように，古代の文章も韻を踏んでいると考えられていた。しかし，それらを当代の発音で読むと韻が合わないことがままあった。そこでその文章が理解できない場合，時に音通として別の文字があてがわれ，明代では文字の改変もなされていた。この状況に対して，明の陳第は古代と現在の音韻は異なるとし，実証的に古代の音韻を検証していた。顧炎武はその影響を受け，さらに『広韻』という韻書を基にして，古代の音韻研究をしたのである。その成果は崇禎16（1643）年に発表された『詩本音』に始まり，最終的に『音学五書』として結実し，古代の音韻体系を実証的に明らかにしたのである。

　このように顧炎武の学問は，音韻研究を根底に据えて，経書を解明することを基本としていたが，あわせて，「篤く経史に志す」というように，史を経と等価値的に捉え，歴史研究も重視するものであった。彼は経書によって世を治める基本的な道理を学び，その実際の運用の足跡を史書によって理解し，博く聖人の〈道〉の展開過程を知り，現実に役立てようとしたのである。そのため彼の学問は「博く文に学ぶ」を旨とし，その研究対象は，経学・史学・訓詁学・金石学・現代史など様々な分野に及んだ。彼はあらゆる分野の書物を網羅的に読み，聖人の〈道〉の展開過程を実証的に解明することで世を治める〈道〉を追究したのであった。これらの成果は『天下郡国利病書』や『日知録』などに著されている。前者は未完であるが，後者は晩年に至るまで書き続けられ，経学，史学は言うに及ばず，様々な項目が網羅的に挙げられ，それに対し

Ⅳ　清・近代

て経世の意識のもと綿密な考証が行われている。彼は「初刻日知録自序」にて「学術を明らかにし，人心を正し，乱世を撥めて以て太平の事を興さん」と言う。彼は自ら治世に参加せずとも，学問によって人心を正し，世を太平に導こうとはかっていたのである。

　顧炎武の実証的・客観的な研究は清朝考証学に受け継がれ，特に音韻学は大いに発展を遂げることになった。彼はこのような新たな学問の潮流を生み出したが，明学の要素すべてを否定したのではない。あくまでも，現実に対して無力化した学問を否定したのであり，王陽明（→208頁）が開いた心学の精神は受け継いでいた。つまり，〈心〉自体の主観的・直感的な追究は否定したものの，最終的な是非の判断は自らの〈心〉に委ねていたのである。証拠に基づけば絶対的真実とされていたものでも否定は可能であった。これは後の考証学者にも受け継がれており，清の閻若璩は『尚書古文疏証』によって，『書経』の一部を偽書と断定するに至るのであった。ただし，考証学は次第に古典の解明のみを目的とした学問に陥ってしまう。これは清の文化政策が原因の一端であるが，顧炎武の学問の核心である経世致用の意識は継承されなかったのであった。

顧炎武との対話

 経書研究はなぜ音韻から始めなくてはならないのですか。

 古人の音韻を知らなくては，経書を誤読してしまうからです。

三代六経の旨，其の伝を失うや久し。其の文の世に存する者，後人の通ず能わざる所多し。其の通ず能わざるを以て，輒ち今世の音を以て之を改む。是に於いてか経を改むの病有り。……近日に至りて，鋟本盛行して，凡そ先秦以下の書，臆に率せて径く改め，復た其の旧を某と為すと言わざれば，則ち古人の音亡びて文も亦た亡ぶ。此れ尤も歎くべき者なり。……学者，聖人の経と古人の作とを読むも，其の音に通ずる能わず。今人の音の古に同じからざるを知らずして，古人の文を改めて以て之を就く。之を大惑と謂わざるべけんや。……故

顧炎武

に愚以為らく、九経を読むには文を考ずるより始め、文を考ずるには、音を知るより始む、と。(『亭林文集』巻4「答李子徳書」)

【訳】夏殷周3代や儒教経典の本旨について、その伝承が失われてから長い時間が経ってしまった。現存するその時代の文章は、後の人が分からない点が多い。その文意が分からないからといって、当代の音によってその文字を改めてしまうことがあったが、これによって経書の文字を改める悪弊が生じたのである。……最近になって、出版が流行し、秦以前の書物全般について、自らの考えによって気軽に文字を改め、さらに改訂以前の文字を注記しなくなってしまった。そのため、古人の音が分からない現状に、さらに経書本来の文字も分からなくなってしまった。これが今の最も嘆かわしい事態である。……今の学者は聖人の経や古人の書物を読むが、その文字の音には通じていない。そこで、今の音が古人の音と違うことを知らずに、古人が記した文字を改めて読んでしまった。これを大いなる迷いと言わないでいられようか。……そのためわたしは思うのだ。聖人の経典を読むにあたっては、文字を考証することから始め、文字を考証するには、音韻を理解することから始めなくてはならない、と。

▶顧炎武は聖人の発した音声に〈道〉は宿っていると捉え、音韻学を基礎にした言語学的なアプローチによって経書研究を行った。この学問スタイルは戴震(→252頁)や恵棟などに受け継がれ、清朝考証学という一大潮流を形成し、多くの研究成果を残すことになった。

 明代の学問の悪い点はどのような点ですか。

 性とか心とかつかみようのないことばかり言って、現実を見ない点です。

竊かに歎く、夫の百余年以来の学を為す者、往往にして心を言い性を言うも、茫乎として其の解を得ず。命と仁とは、夫子の罕に言う所なり。性と天道とは、子貢の未だ聞くを得ざる所なり。……今の君子は、……賓客・門人の学者を聚むること数十百人、諸を草木の区して以て別つに譬うるも、而れども一に皆之と心を言い性を言い、多く学んで識すを舎てて、以て一貫の方を求め、四海の困窮を置いて言わずして、終日、危微精一の説を講ず。(『亭林文集』巻3「与友人論学書」)

【訳】ひそかに嘆かわしく思う。この百余年来の学者は、常々心や性ばかりを議論し

243

Ⅳ　清・近代

ているが，つかみどころがなく的確な解答を得られないでいる。そもそも命と仁とは，孔子が稀にしか述べなかったことであり，性と天道とは，孔子の弟子の子貢ですら，聞くことができなかったことなのだ。……今の君子は……賓客・門人を数多く集め，本来ならば草木の種類ごとに分けて育てるように，それぞれの学力によって教え導くべきなのに，皆が心や性という高尚なことばかりを述べ，様々な古典の暗記をやめてしまい，万事万物に貫かれている原理ばかりを追究し，世の中の困窮については語らずに，一日中，孔子が弟子には語らなかった高尚な危微精一の説ばかりを講じている。

▶『論語』公冶長篇に「子貢曰く，……夫子の性と天道とを言うは，得て聞くべからざるなり」とあるように，〈性〉や〈天道〉など高尚なものは，孔子はあまり言うことはなかった。それは学問は卑近なものから高遠なものへと順を追って進むべきだからであった。ところが，明学では誰もが〈心〉や〈性〉などを語るばかりであり，現実の問題を見ることはなかった。この点を顧炎武は批判するのである。

Q 　聖人の道とは，端的に言うとどのようなものですか。

A 　広範な文献研究によって得るものであり，恥ずかしい行為をしないことです。

其の士を問うに答うるや，則ち曰く「己を行うに恥有り」と。其の学を為すは，則ち曰く「古を好んで敏に求む」と。……聖人の学を為す所以の者，何ぞ其れ平易にして循うべきや。故に曰く「下学して上達す」と。顔子の聖に幾きや，猶お曰く「我れを博むるに文を以てす」と。其の哀公に告ぐるや，明善の功，之を先んずるに博学を以てす。曾子より下，篤実，子夏に若くは無くして，其の仁を言うや，則ち曰く「博く学んで篤く志し，切に問うて近く思う」と。……愚の所謂聖人の道とは之を如何，と。曰く「博く文に学ぶ」と。曰く「己を行うに恥有り」と。(『亭林文集』巻3「与友人論学書」)

【訳】(子貢が孔子に) 士とは何かと質問した際，(孔子は)「自分の行動に恥を知ることだ」と答えた。また，(孔子は) 学問について「古を好み怠ることなく道を追究した」と述べている。……聖人の学問をする理由は，なんと平易で従いやすいものだろうか。だからこそ，孔子は「身近なことから学んでゆき，高尚なことに達するのだ」と述べ，顔子のような聖人に近いものでさえ，「先生は私を文によって博めてくださいました」と述べたのである。また，孔子は哀公に善を明らかにする方法を述べるに

244

当たって，博く学ぶことを最初に掲げている。曾子以下の孔子の門弟の中で，子夏よりも篤実なものはいないが，その子夏が仁について「博く学んで篤実に志を定め，切実な所を問いただし，身近なことを考える」と述べている。……私が思う聖人の道とはどのようなものかと言うと「博く文に学ぶ」であり，「己を行うに恥有り」を基本とするものなのだ。

▶「博く文に学ぶ」は『論語』雍也篇の言葉。「己を行うに恥有り」は同じく子路篇の言葉。顧炎武は，聖人の道を〈知〉と〈行〉の側面から端的にこの２句に集約して捉えた。以後，「博学於文」「行己有恥」はしばしば標語として用いられるようになった。

Q 経書はそもそも何であり，どのように活用するのですか。

A 民を苦しみから救うために孔子が編纂した書であり，今の政治に活用するための書です。

孔子の六経を刪述するは，伊尹・太公の民を水火より救うの心に即せり。而れども今の虫魚に注し草木に命ずるは，皆以て此れを語るに足らず。故に曰く，之を空言に載するは，諸を行事に見すに如かず，と。夫れ春秋の作は，言のみ。而れども之を行事と言うは，天下後世の用いて以て人を治むるの書とし，将に之を空言と謂わんと欲するも不可ならんとすればなり。(『亭林文集』巻4「与人書三」)

【訳】孔子が六経を編纂したのは，伊尹や太公望が人々を水火の苦しみから救おうとした心と同じなのだ。今の虫魚や草木など細々とした事柄に注釈をつける輩は，六経を語る資格などない。だからこそ，孔子は「高遠で抽象的な言葉を載せるよりも，具体的で身近な行事に示すほうがよい」と述べたのだ。そもそも孔子が編纂した『春秋』は言葉だけであるが，そこに具体的で身近な行事を示したと述べたのは，後の人々に『春秋』を統治の書として活用させ，『春秋』は高遠で抽象的な言葉が記されているとみなさせないためなのだ。

▶顧炎武は経書を民を苦しみから救済するための書と捉え，経書の解明は現実の政治に活用させるためだとした。これは高尚で抽象的なものばかりを追究する明学に対する批判であり，また，些細なことまで追究する訓詁学に対する批判でもあった。これ

Ⅳ　清・近代

はまた学問の本質を忘れてしまった後の考証学者に対する批判にもなるであろう。

🌓 用語解説

考証学　清代に流行した客観的・実証的な学問。漢学・考拠学ともいわれる。清初の経世致用の学を受け発展した学問であるが，清朝の思想統制により，経世致用の精神が薄れた。しかし，その方法論は経書ばかりではなく，史書や諸子百家の書にまで応用され，今日まで有用な多くの学問的成果を残した。

経世致用の学　明末から清初にかけて興った学術思潮。明末の社会混乱に対して，明学，特に心の修養を重視し，主観的・思弁的学問に陥っていた王学左派は，社会の問題に無関心であった。そのような状況の中で，経書・史書の客観的・実証的な研究を基礎にして，現実の社会問題の解決を目指す学問が行われた。

明の遺民　異民族王朝の清王朝に仕えることを拒否した人々。儒教倫理では「忠臣は二君に事えず」とされ，明朝に出仕した者が清朝に仕えることは，恥とされていた。まして清朝は異民族王朝であり，その思いはなおさら強いものがあった。代表的な人物は，顧炎武・黄宗羲・王夫之，台湾を根拠に反清活動をした鄭成功や日本に亡命した朱舜水などが挙げられる。

🌓 より深く学ぶために

〈原典・訳〉

清水茂『顧炎武集』（中国文明選7，朝日新聞社，1974年）
＊顧炎武『亭林詩集』『亭林文集』『日知録』の抄訳。

〈入門・解説書〉

木下鉄矢『「清朝考証学」とその時代——清代の思想』（中国学芸叢書，創文社，1996年）
＊清朝考証学の歴史的背景と思想の展開を語る中で，顧炎武についても紹介されている。
井上進『顧炎武』（中国歴史人物選10，白帝社，1994年）
＊顧炎武の生涯と思想がその時代背景と共に体系的に記されている。

（松﨑哲之）

王夫之

（おうふうし：1619〜1692）

🌑 生涯と思想

　王夫之は，字を而農，衡州府城南回雁峰の王衙坪に生まれた。晩年を過ごした石船山からとって，王船山とも呼ばれる。顧炎武（→239頁）・黄宗羲（→235頁）と並んで明末の三大師の1人と称されるその学問は極めて多分野にわたり，その著作集である『船山遺書』は，経・史・子・集を網羅して70種358巻にも及ぶ。限られた紙幅ではその思想のすべてを扱うことは到底かなわない。そこでここでは，王夫之の史論，特に**華夷思想**に絞って取り上げよう。

　王夫之の生きた時代は，明朝の最末期にあった。のちの清の太祖ヌルハチが明に反旗を翻したのは，王夫之が生まれるちょうど前年にあたる。そして李自成率いる反乱軍が北京を陥落させ，最期の皇帝崇禎帝が自縊して果てた崇禎17（1644）年3月，王夫之は26歳だった。明はここに事実上滅亡する。しかし王夫之は新王朝に服従することを良しとせず，永暦2（1648）年に友人らと衡山で反清の兵を挙げる。これが失敗に終わると肇慶に奔り，明の亡命政権である南明に合流。だが南明は内部抗争が絶えず，王夫之自身もそのために命を落としかけたことから，やがて見切りをつけて肇慶を去った。このとき35歳。以降も各地を転じつつ，なお明朝復興を画策し続けたようであるが，しかし57歳で石船山に寓居をかまえてほどなく，故郷衡州を占領した逆臣呉三桂が帝位を僭称するに及んで，王夫之の運動は終焉する。

　王夫之はその生涯において抗清を貫き続けた。自らの墓に「明の遺臣」と刻ませ，また最晩年に書かれた『船山記』では自身を「棘人（服喪中の人）」と称している。石船山深くに隠棲して社会と絶縁することを選んだのはそのためであった。女真族である清が治める天下そのものを拒絶することで，祖国の明に対し，ひいては夷狄たる清が破壊したと彼が考えた中華の伝統に対して喪に

247

Ⅳ　清・近代

服したのである。

　王夫之の中華への希求は，その華夷思想（中華思想）にも表われている。華夷思想は，よく中華＝漢民族と夷狄＝異民族を差別する民族主義と誤解される。しかしそれは華夷思想の一側面に過ぎない。例えば中華と夷狄を文化（〈礼〉の有無）で区別するという華夷観では，民族的には夷狄であっても中華の〈礼〉を修めることで中華となりうる。実際，歴代の中華帝国は，天子の徳による教化という名目のもと夷狄を支配することを正当化し，逆に夷狄の側も，自らの中華化を標榜することで中華への侵出を正統化した。

　こうした〈礼〉による夷狄の中華化，つまり夷から華への移行は，王夫之の思想の中でも想定される。しかし王夫之はそれのみに止まらず，華から夷への移行にも視線を注ぎ，当時の社会状況を把握するのである。

　王夫之は，華夷の文化の違いは文明の発達の差であると述べる。中華は夷狄から一歩発展した段階であり，ゆえにもし中華が衰退すればやがて夷狄へと逆行する，と説く。この華と夷の相互性は，おそらくは『春秋公羊伝』に「華夏貶められて夷狄と為る」とあることに基づく。『公羊伝』は，「春秋三伝」でも特に夷狄への蔑視が強い。王夫之もまた夷狄に対し強い拒絶意識をもっていた。ではなぜ，夷狄を強く拒絶する王夫之が中華の夷狄化を想定するのか。

　王夫之にとって中華の堕落は，ただの観念ではなく，知識としても実体験としても現実に起こりうることであったためであろう。それがモンゴル元による中国支配であり，彼が直面した明の滅亡であった。王夫之は，宋がモンゴルに滅ぼされ，中華が中国全土を失ったことを「有史以来かつてない禍」（『黄書』古儀），あるいは「漢や唐の滅亡は，王朝の滅亡である。しかし宋の滅亡は，中華の道を伝承してきた天下を滅亡させた」（『宋論』巻15）と非常に重く受け止める。ここに明の滅亡を重ね合わせた王夫之の悲憤を見ることもできよう。王夫之にとって，明の滅亡と清の支配は中華から夷狄への堕落に他ならなかった。だからこそ，死したる中華のために喪に服したのであった。

　ただ一方で王夫之は，禍は永続しないとも言う。「禅譲，継承，革命，どの王朝があってもよいが，ただ夷狄にこれを与らせてはならない」（『黄書』原極）と夷狄の皇帝を否定し，また『読通鑑論』巻12では，夷狄が天の定める土地を

越えて中華に侵入すれば，北魏・金・元のように必ず破滅すると力説する。祖国の明がかつて元を滅ぼしたように，清もまた遠からず中華によって滅ぼされるに違いないという王夫之の切望があったのかもしれない。

だが現実は王夫之の予言どおりにはならなかった。清はこののち，徹底した自己の中華化を推し進める。皮肉なことに，清こそは最後にして最大の中華の継承者であった。かくして王夫之の死後1世紀，すなわち**康熙・乾隆時代**に至り，中華はその全盛期を迎えるのである。

王夫之との対話

 中華と夷狄はなぜ違うのでしょうか？

 〈地〉が異なり，そして〈気〉が異なるためです。

夷狄の華夏におけるや，生まるる所地を異にす。其の地異にせば，其の気異にす。気異なりて習異なり，習異なりて知る所行う所異ならざる蔑し。(『読通鑑論』巻14)

【訳】夷狄を華夏と比べると，両者は生まれる地が違う。地が違えば，(地から受ける)気が異なる。気が異なれば習俗が異なり，習俗が違えば知識や行動も異なるのである。

▶王夫之のように華夷を生まれで区別することは，「夷狄は禽獣である」とする『春秋左氏伝』や朱子学の華夷観に近い。王夫之の夷狄に対する排他性の強さがうかがえる。現実の脅威となっていた夷狄(清朝)への拒絶の表われか。

 中華の衰退とはどのようなことなのですか？

 中華の衰退とは，つまり夷狄への堕落です。

故に吾の知る所は，中国の天下，軒轅より以前は其れ猶お夷狄のごとく，太昊より以上は其れ猶お禽獣のごとし。禽獣は其の質を全うする能わず，夷狄は其の文を備うる能わず。文の備わらざるは，漸く文無きに至り，則ち前には与に

249

Ⅳ　清・近代

識る無く，後には与に伝うるなし。是れ恒無きにして，拠る無しを取舎するに非ず。(『思問録』外篇)

【訳】ゆえに吾が知るところでは，中国の天下は，軒轅(黄帝)より以前は夷狄のようであり，太昊(伏羲)より以上は禽獣のようであった。禽獣はその質樸も全うできず，夷狄はその文化を備えることができない。文化が不備となれば，次第に文化は喪失し，前代を認識することなく，後世に伝えることもない。これは非常のことでも，根拠のないことでもない。

▶王夫之は現在の〈中華〉を，〈禽獣〉の時代，〈夷狄〉の時代を経て発展した結果であるとする。夷狄と中華を別個の文明とするのではなく，それぞれが同一文明における発展の一段階であるとすることに特徴がある。しかも王夫之は，発展のみの一方通行ではなく，中華から夷狄へ，さらに禽獣へと衰退の可能性も想定するのである。

◗ 用語解説

華夷思想　自己を中華とし，周辺異民族を夷狄と蔑む差別思想であるが，時勢によって夷狄の位置づけは多様に変化する。夷狄への教化を重んじる思想もあれば，積極的な融和を説く思想，あるいは夷狄を禽獣と見なす過激な攘夷思想もある。

康熙・乾隆時代　1661〜1795年。中国統一を果たした康熙帝から乾隆帝までの治世は，清の全盛期であった。極めて広大な版図を築くのみならず，『康熙字典』や『四庫全書』の編纂事業に代表される中華文明の集大成を果たす。清は同じ征服王朝の元とは対照的に，中華文明を歴代もっとも尊重した国家であった。

◗ より深く学ぶために

〈原典・訳〉
『船山全書』(嶽麓書社，1988〜1996年，中国書)
＊現存する王夫之の著作すべてを網羅し，標点をほどこしたテキスト。

〈入門・解説書〉
西順蔵「王夫之」(『中国思想論集』筑摩書房，1969年)
小川晴久「王夫之——中華の道を志す実践家」(『中国思想史　下』ぺりかん社，1987年)
＊王夫之の生涯を追うと共に，道，性，理，気の問題などその思想の要点を概説する。

(袴田郁一)

◆コラム◆ 顔　元（がんげん：1635〜1704）

　先に取り上げた黄宗羲（→235頁），顧炎武（→239頁），王夫之（→247頁）らよりも年少であるが，顔元もまた明代の末に生まれ，清代の初めに活躍した思想家である。顔元はこの激動の時代の中，科挙には成功せず，塾師や医師，農耕などに従事しつつ，生涯，学問に身を捧げた。

　顔元の学は，当時流行していた朱子学や陽明学といったものとは一線を画した実践的学問であった。けれどもその早年より，このような独自の学問が打ち立てられていたわけではない。顔元は20代のころ，北宋の司馬光（→167頁）が編纂した歴史書『資治通鑑』を読んで，歴史学に関心を寄せた。けれども間もなく『陸王要語』という書を手にして，陸象山（→200頁）や王陽明（→208頁）の学説（陽明学）に心酔したという。しかしさらに『性理大全』を読み，程頤（→177頁）や朱熹（→187頁）の学旨を知るにつけて，今度は朱子学に傾倒することとなった。その後，朱子学にも疑義を呈するようになったのは，養祖母の死がきっかけであったという。顔元ははじめ，朱熹の著作とされる『家礼』に基づいて葬儀を行ったが，かえってそれに違和感を覚え，朱子学を批判するようになったのである。

　顔元は『存学編』という著作の中で，「琴の稽古に喩えるならば，『詩経』や『書経』といった経典は，琴の楽譜のようなものである。楽譜に習熟して，それを正確に理解したところで，琴の演奏を学んだことになるであろうか。だからこそ経典を講釈することと，道を求めることとは，千里も隔たっていると言えるのである」と述べる。これは儒教の経典そのものを没主体的に尊崇し，それを精読することのみに終始する（ものであると顔元が考えていた）朱子学に対する弁難であろう。それに対して顔元は，実利実益を目指した技術的能力である「六芸」，すなわち礼（礼儀作法）・楽（音楽）・射（弓術）・御（車馬の操縦）・書（書道）・数（計算）の錬磨こそが重要であるという見地に立脚する。ひたすら「六芸」の稽古に打ち込んで，それを熟達の域にまで磨き上げることは，もはや精神的，人格的陶冶であるともいえるからである。

　以上のような実践実行に基づく顔元の学問は，朱子学はもとより，清代に隆盛を極めた考証学とも相容れないものであった。それゆえ顔元の思想は，弟子の李塨などに継承された（両者を併せて「顔李学派」と称する）ものの，すぐに衰え，再び注目されるに至ったのは，清代も末になってからのことである。中華民国の成立以後，その著作は『顔李叢書』にまとめられ，広く知られることとなった。若き日の毛沢東（→289頁）もまた，顔元の著作を読み，それに共感を寄せた者の１人であった。

（中嶋　諒）

戴　震

（たいしん：1724〜1777）

🌑 生涯と思想

　戴震，字は東原。安徽省休寧県に生まれ，貧しい生活の中で学問を続けた。乾隆20（1755）年，北京に到着したころには，食事さえ儘ならない状況ではあったが，進士となっていた銭大昕（→256頁）に学識を認められ，紀昀，王鳴盛，王昶，朱筠等の知己を得た。乾隆38（1773）年には挙人の資格でありながら推薦されて『四庫全書』の纂修官（編集委員）に抜擢された。しかし，そのわずか4年後に若くして長逝した。科挙に及第することはなかったが，清朝考証学の代表者にして皖派の祖，〈気〉の思想家，朱子学批判者として偉大な業績を残し，多くの学者に影響を与えた。

　まず，考証学者としての戴震の小学（文字・音韻・訓詁）研究については，乾隆18（1753）年に戴震が是鏡へ宛てた書簡の「文字によってその言葉に通じることができ，その言葉によって経書の道に通じることができる」という言葉がある。ここには，小学研究が聖人の道と連続したものであるという戴震の研究姿勢が最もよく表現されている。清朝の学派の中では呉派の恵棟・銭大昕に対して，戴震は皖派の先達とされる（安徽省出身の戴震を中心とするため，安徽省の別名である「皖」を用いて皖派という）。その皖派の代表としては，戴震の影響を受けた**段玉裁・王念孫・王引之**がおり「戴段二王の学」と称される。そのほか，盧文弨・程瑶田とも交流があり，弟子には洪榜・孔広森等がいる。彼は音韻学や暦算学にも通じており，著書には，『方言疏証』『屈原賦注』『声類表』『勾股割圜記』『考工記図』等がある。

　戴震は朱熹（→187頁）の〈理〉の哲学に対して〈気〉の哲学であるといわれる。朱子学の〈理〉の解釈を批判し，欲望（人情）を肯定したことを特徴とするからである。また，このような朱子学批判や人情に対する肯定的な思路は，

戴震

江戸の儒学者である伊藤仁斎との共通点が指摘されている。それでは，戴震の〈理〉や欲望肯定とはどのような思想であったのか。それは『孟子字義疏証』からうかがうことができる。この書は，戴震が段玉裁に宛てた書簡の中で「自分の著作の中で最も重要なものであり，近頃の人は憶測によって〈理〉をいい，人々に害を与えているのでこの書を作成しなければならなかった」と述べていることから，戴震の〈理〉の思想の考察に最も適していると考えられる。戴震は朱子学の〈理〉について，「（朱子学は）理を何か物が存在しているようにいい，天から得て心に具わっているとする。そうであれば自分の憶測を理だとするようになる」（『孟子字義疏証』巻上5条）と批判している。経書や孔子（→5頁）・孟子（→22頁）の言葉には〈理〉という言葉が多用されていないことも朱子学批判の根拠となっている。朱子学の〈理〉に対して，戴震は「情を失わないことが理である。つまり理は欲の中にある」（同10条），「情によって行動を過つことがなければ，理の実現であるといえる」（同3条）とする。このように人情に従った上で間違うことがない状態を〈理〉だとする戴震の思考は，欲望（人情）肯定の思想ともいわれている。また，〈情〉については「自分にあって他人にもあるものが情である。情を過ぎることがなく，情に及ばないことがないのを理という」（同3条）というように，自己と他者に共通する感覚を〈情〉とし，その〈情〉が発揮されて最も適度で理想的な状態を〈理〉だとしている。このように，戴震は欲を否定することなく，欲が人情として適切に発揮されたその先に〈理〉があるとしている。

🌑 戴震との対話

Q 〈理〉とはどのような概念ですか。

A 宋代の儒学者のいう〈理〉とは異なり，幾微まで区別するという意味です。

理とは，之を察して而して幾微必ず区して以て之を別つの名なり。是の故に之を分理と謂う。物の質に在りては，曰く肌理，曰く腠理，曰く文理。亦た曰く文縷なり。理・縷は，語の転ずるのみ。其の分を得れば則ち条有りて紊れず，

253

Ⅳ　清・近代

之を条理と謂う。孟子称うるに「孔子を之れ集めて大成す」と謂いて曰く，「条理を始むる者は，智の事なり。条理を終うる者は，聖の事なり」と。聖智は孔子に至りて其の盛んなるを極め，条理を挙げて以て之を言うに過ぎざるのみ。（『孟子字義疏証』巻上「理」）

【訳】理とは，兆しや微かなことを察して区別することの名称である。このためこれを分理ともいう。物の質でいえば，肌理，腠理（肌の肌理），文理である。また文縷ともいう。理と縷は，言葉が転じただけで同じ意味である。それぞれの分を得たならば「秩序ができて紊れない」（『尚書』盤庚 上），これを条理（物事の筋道）という。孟子は「孔子は集めて大成した者である」（『孟子』万章 篇下）と称賛し，「条理を始めるのは，智者の事である。条理を終えるのは，聖人の事である」（『孟子』万章篇下）と述べた。聖智は孔子に至って最も盛んになったので，条理という言葉によってこのことを説明しているだけである。

▶ここで戴震が〈理〉は「区別すること」，「区別によって秩序ができて乱れない状態」であると定義していることは，朱熹の〈理〉との差異を顕著に示している。

Ｑ 宋代の儒学者（特に朱子学者）のいう〈理〉のどこが問題ですか。

Ａ 彼らの憶測による見解を〈理〉だとしている点が問題です。

尊者は理を以て卑しきを責め，長者は理を以て幼きを責め，貴者は理を以て賤しきを責む。失と雖も，之を順と謂う。卑者，幼者，賤者は理を以て之を争わんとし，得と雖も，之を逆と謂わる。是に於て下の人は天下の同じき情，天下の同じく欲する所を以て之を上に達するあたわず。上は理を以て其の下を責め，而して下に在ること之れ人人を罪するは，指数するに勝えず。人の法に死するは，猶お之を憐れむ者有るも，理に死するは，其れ誰か之を憐れまん。（『孟子字義疏証』巻上「理」）

【訳】地位のある人が理だといって地位の卑い人を咎め，年長者が理だといって年端のいかない子供を咎め，身分が高い人が理だといって身分が低い人を咎める。上位の者たちの主張が間違っていたとしても，本人たちはそれを道理に適っているとする。地位の卑い人，年端のいかない子供，身分の低い人は理によって正しさを争おうとするが，下位の者たちの主張が正しいといっても，地位のある人，年長者，身分の高い

人によってそれは間違いであるとされる。そこで下位の人はすべての人が有する情，すべての人が有する欲を上位者に正しいと認めさせることができない。上位者は理だといって下位にある人を咎め，下位にいることが人々に罪を得させることは，一々数えあげるに忍びないほどである。人が不条理な法律に裁かれて殺されたならば，その冤死した人を憐れむ人はいるが，筋の通らない理によって殺されても，その人を憐れむ人はいない。

▶ここでは〈情〉や〈欲〉を肯定する戴震の立場から，上位の者が宋代の儒学者のように自分たちの憶測によって〈理〉を解釈し，それを下位の者に押し付けることが問題であり，人間の普遍的な〈情〉や〈欲〉と合致していないと批判している。

🌑 用語解説

段玉裁（1735〜1815）　字は若膺。戴震とは師友の間柄（一説に，段玉裁が弟子の礼をとった）であったとされている。戴震の生涯を記した『戴東原先生年譜』を編集した。また，著書に『六書音均表』や『説文解字注』がある。

王念孫（1744〜1832）　字は懐祖。吏部尚書であった父の王安国が乾隆21（1756）年に家に戴震を招き，そこで学問を授けられた。著書に『広雅疏証』や『読書雑誌』がある。その子に王引之（1766〜1834）がおり，王引之の著書としては『経義述聞』がある。

🌑 より深く学ぶために

〈原典・訳〉

『孟子字義疏証』（理学叢書，中華書局，2008年，中国書）

安田二郎・近藤光男『戴震集』（中国文明選，朝日新聞社，1971年）

＊安田二郎による『孟子字義疏証』の訳に近藤光男が原文と書き下し文と補注を付した。

〈入門・解説書〉

石井剛『戴震と中国近代哲学──漢学から哲学へ』（知泉書館，2014年）

＊中国近代哲学の展開の中での戴震の思想が分析されている。巻末の参考文献一覧では，戴震に関する先行研究を知ることができる。

（田村有見恵）

IV 清・近代

◆コラム◆ 銭大昕（せんだいきん：1728〜1804）

　上海の中心部から離れること約30キロ，旧嘉定城のほぼ真ん中に古めかしい建物がある。「潜研堂」，かつての銭大昕の住居である。

　17世紀以降の中国は，異民族の清王朝に支配されていた。武力による支配ゆえ，文化的先進性をもついわゆる「漢人」の知識人たちの言論活動は何よりも警戒された。世にいう「文字獄」である。そのような状況下で，18世紀から知識人たちの学風も大きく様変わりした。硬直した八股文（書き方が予め定められた文体のこと）を拒否するが，文字獄を恐れ現実に口出しできない人々は古典に逃げるしかなかった。清朝考証学の誕生である。

　18世紀の中国を生きていた銭大昕も例外ではなかった。彼は一通り勉強し，科挙を受け，合格して任官されたが，中年以降は辞職して故郷に帰り，学問に専念し，そのまま一生を終えた。彼は「一つの経典に打ち込まず，すべての経典に通ずる。一芸に秀でず，すべての芸に秀でている」（『漢学師承記』）と言われるほど多才であった。彼は音韻学に独創的な説を唱え，古代に「捲舌音」や「唇歯音」などが存在しないことを証明した。これは，現在ではほぼ定説となっている。また，中国の『九章算学』やヨーロッパから伝わってきた球面三角法などに深い造詣をもつなど，数学にも精通していたという。

　とはいえ，銭大昕の学問と言えば，やはり史学である。彼は存命中，既に同時期の学者から高い評価を与えられていた。翁方綱は彼のことを清初の史学の大家万斯同と並べて称賛した。後の史学の大家陳寅恪も，彼を「清代史家第一人」として絶賛した。しかし銭大昕は，それまでの，史書より経書を重視する中国思想界の伝統からして，異類な存在とも言える。彼は『史記』『漢書』『後漢書』（いわゆる「三史」）のみを重視する当時の知識人の考えに反対し，「全史」を修めることを主張した。そして，15年もの歳月を費やして完成させた，100巻にも及ぶ大著『二十二史考異』を上梓した。特に『元史』の改訂にあたって，『元朝秘史』や『皇元聖武親征録』『元典章』などの埋もれた資料を発掘し，モンゴル語の当て字で記録された人名や地名を綿密に考証するなど，極めて精緻な文献実証に従事していたのであった。

　清の支配に対し，江南は最後まで抵抗した。中でも3度の大規模虐殺に見舞われるほど，激しい徹底抗戦ぶりを見せたのが銭大昕の故郷嘉定であった。『二十二史考異』は歴史書の考証を主眼とするが，行間に入っている彼の史論には，その気風を受け継いだためか，モンゴル軍の圧倒的な力の前でも忠節を貫く義士たちへの称揚が垣間見えている。

（許　家晟）

章学誠

（しょうがくせい：1738〜1801）

🏵 生涯と思想

　章学誠，字は実斎，号は少巌，浙江省紹興の人。陽明学の流れを汲む**浙東学派**に属し，清朝考証学全盛の中にあって「**六経皆史**」を唱え，独自の歴史理論を構築した人物として後世に名を残している。

　章学誠は7度郷試に落ち41歳で進士となった。これは当時としては珍しいことではない。彼は14歳になっても四書すら暗誦できなかったと自ら語るが，決して暗愚であったわけではない。それは受験勉強をさぼって歴史書を読みふけり，歴史家のまねごとをするなど，いわばクラスに1人はいる歴史少年だったからであった。朱筠に文を学び実力をつけ，戴震（→252頁）・銭大昕（→256頁）・洪亮吉・王念孫など当世の名士たちと交流する中で自らの学問を深め，進士及第後も任官せず，書院の主講として生計を立てつつ執筆活動を行い，その中で『文史通義』を著し独自の歴史理論を世に示したのであった。

　章学誠の時代，文字の一字一句を厳密に考証し，経書に込められた聖人の〈道〉の解明を目指す考証学が主流であった。その方法は厳密をきわめ，現在でも有用な成果を多く残している。ただ，考証学は文字にのみ没入し，学問のための学問に陥っていた。このような時代にあって，章学誠は現実問題に対応する学問を提唱する。章学誠も経書を重視し，聖人の〈道〉の解明を学問の根底に据えていた。ただ，彼の経書および〈道〉に対する考え方が当時の一般的な考えと異なっており，彼の主張は独自なものと見なされたのである。

　当時は考証学が主流であったとはいえ，科挙は朱子学を基本としており，朱子学が学問の出発点であった。朱子学では〈道〉は〈理〉と同定されるが，〈理〉には物事がそうなる根拠である〈所以然の故〉と，そうあらねばならない〈所当然の則〉に分けられていた。章学誠は「道とは万事万物の然る所以に

Ⅳ　清・近代

して，万事万物の当に然るべきには非ず」（『文史通義』原道上）と，〈道〉は物事が自ずとそうなる原因，すなわち〈所以然〉の〈理〉であるとし，経書に記された聖人が示した秩序・規範は〈所当然〉の〈理〉とし〈道〉ではないとした。『易経』繋辞上伝には「形よりして上なる者之れを道と謂う。形よりして下なる者之れを器と謂う」とあるが，彼にとっての〈道〉はこの形而上の〈道〉であり，経書は〈道〉によって生じた形而下の〈器〉であるとされた。

　章学誠の歴史理論はこの〈道〉を根底に据えて展開される。彼によると，〈道〉は万事万物に作用を及ぼすが，その結果は個人的活動には現れず，人の集団的な活動の中に現れ，大きな集団になるにつれてよりはっきりとした形となって現れるとされた。つまり，人の集団的活動の中に自ずと生ずる秩序こそが，〈道〉の作用の結果とみたのである。しかし，この秩序を主体的に形成する民衆はそれに無自覚であり，そこに生じた問題を解決できないでいる。この秩序を認識できる者が聖人であり，聖人は民衆の中に現れた秩序を規範化して典章法度を作成したからこそ，社会の諸問題を解決できたとするのであった。〈道〉は超越的な原理であり，常に人間社会に秩序を生み出し続けている。経書は各時代の聖人がその時代に現れた〈道〉の作用に従って作成した典章法度であり，〈道〉と〈器〉が一致していた時代の政治記録とするのであった。

　ではなぜ〈経〉が〈史〉とされたのか。彼によると経書時代の政治記録は史官によってなされたとされる。史官は眼前の聖人の政治を記録する書記官であり，史官の記録こそが本来の〈史〉であり，〈経〉は本来的に〈史〉であった。しかし，時代がくだり，聖人が出現しなくなると，民衆の秩序に従った政治が行われず，結果として本来の〈史〉が記されなくなってしまった。そこで，孔子は聖人の政治記録である〈史〉を編纂し後世に示したのであり，それが後に経書とされたとするのである。章学誠は〈経〉の意義を本来の〈史〉に見出したのであり，それゆえに彼は「六経皆史」を唱えたのである。

　この章学誠の「六経皆史」説は，王陽明（→208頁）の「五経皆史」説に由来する。それは黄宗羲（→235頁）や顧炎武（→239頁）などの清初の経世致用の学者によって，史書に〈道〉の展開を見るという考え方へと発展した。彼らは経書と共に史書を読むことを重視し，統治の原理を経書で把握し，治乱の足

258

跡を史書で確認して，眼前の社会問題に対処しようとした。この意識は考証学者たちには忘れ去られてしまったが，章学誠には濃厚に受け継がれていたのである。彼にとって経書は〈道〉〈器〉が一致した聖人の政治記録として重要ではあった。しかし，追究すべき〈道〉は経書の文字にあるのではなく，眼前の民衆の中にある。彼にとってより重要なのは，六経後の〈道〉の展開であり，現在の〈道〉の現れであった。史書の中に〈道〉の展開を確認することは学者にとって重大な責務であり，さらに史家としてより重要な使命は，今現在の〈器〉を後世に伝えることであった。それはより正確な政治資料を後世に残すことであり，章学誠は歴史家としての自らの使命をそこに見出したのであった。

章学誠はこのような歴史理論を打ち立て，その実践として自ら地方誌の編纂に励んだ。彼の歴史理論は王陽明以来の経世意識に基づく歴史観を基礎に形成されたものであり，歴史を重視した清代浙東学の１つの集大成といえる。

章学誠との対話

Q 六経（儒教経典）は，どのような性質の書物なのでしょうか。

A 先王たちの道理に従った政治の記録であり，それが本来の史といえます。

六経は皆史なり。古人は書を著さず。古人は未だ嘗て事を離れて理を言わず。六経は皆先王の政典(せいてん)なり。（『文史通義』易教(えききょう)上）

【訳】六経はみな史官の記録だ。古人は書物を著さず，現実の出来事を離れて，道理を言わなかった。六経はすべて先王の道理による秩序に従った政治記録なのだ。

▶『文史通義』冒頭の言葉であり，この「六経皆史」によって章学誠の名が世間に知られることになった。しかし，それは京都大学教授の内藤湖南(ないとうこなん)によって顕彰されてからであり，その当時にあって彼の学問は世間にそれほど影響を与えることはなかった。

Q 道理はどのように表出するのでしょうか。

A 人の集団的活動の中に表出し，より大きな集団になるつれて，よりはっきりとした形となるのです。

Ⅳ　清・近代

道の大原は天より出づ。天は固より諄諄然として之に命ぜるか。曰く，天地の前，則ち吾れ得て知らざるなり。天地，人を生じ，斯こに道有るも，未だ形あらざるなり。三人室に居れば，道形あるも，猶お未だ著らかならざるなり。人，什伍よりして百千に至りて，一室に容るる能わざる所有れば，部別かれ班分かれて道著らかなるなり。仁義忠孝の名，経政礼楽の制，皆な其の已むを得ずして後に起こる者なり。(『文史通義』原道上)

【訳】道は天を根源としている。天はそもそも懇切丁寧に聖人に道を行うようにと命じたのか。答えて言う。天地以前は，私には分からない。天地が人を生み出すと，そこに道は備わったが，まだ道は形をなさない。3人が同室にいると，道が現れてくるが，それでもなお明らかではない。人が5人10人となり，100人1000人となって，1室に入れなくなって，部が分かれ班が分かれて，道が明確になるのだ。仁義忠孝の徳目や経政礼楽の制度は，いずれもやむをえない状況になって初めてできたのだ。

▶章学誠は〈道〉を超越的な原理と捉え，人の集団的活動の中に自ずと生ずる秩序を形成していると捉える。その秩序を把握し，明文化した者を聖人とするのであった。

◗ 用語解説

浙東学　浙江省北部を流れる銭塘江の東南地域において発展した，実学実践を重んじた学派。宋代には呂祖謙，王応麟，明代には王陽明，黄宗羲，清代には全祖望，万斯大，万斯同，章学誠，邵晋涵など著名な学者を輩出している。

六経皆史　王陽明は『春秋』を史とする説に対して，『春秋』は事跡の記録とすれば史であるが，道を記した観点からすると経であるとし，道理を内包した事跡を記したものが経であり，史であるとし，五経は史でもあるとした。章学誠はこれを発展させ，道理の現れの記録が本来の史であり，経は本来は史であったとして，「六経皆史」を唱えた。

◗ より深く学ぶために

〈入門・解説書〉

内藤湖南「章学誠の史学」(『内藤湖南全集』第11巻，筑摩書房，1969年)

＊章学誠の名を世に知らしめた論文であり，今は青空文庫でも読むことができる。

(松﨑哲之)

◆コラム◆ 阮 元（げんげん：1764〜1849）

　阮元は，清の乾隆29（1764）年に江蘇省儀徴県で生まれ，道光29（1849）年に86歳で生涯を閉じた。字は伯元，号は芸台。高官を歴任し，乾隆帝（高宗）・嘉慶帝（仁宗）・道光帝（宣宗）の3代に仕えた。彼は乾隆54（1789）年に進士となって以後，山東や浙江の学政，浙江・江西・河南の巡撫（地方次官）を経て，その後は，湖広・両広・雲貴の総督（地方長官）を歴任するなど，各地で活躍した。また彼は，清朝考証学の集大成者として知られる大学者である。浙江巡撫の際には，杭州に私学の詁経精舎を建て，両広総督の際には広州に学海堂を建てるなど，地方における学術振興にも尽力して，後進の官吏や学者の育成につとめた。

　阮元の学問的スタンスは「字学即経学」として知られる。すなわち，一字一句の厳密な解釈をおろそかにしては，経学（経典解釈学）は成り立たないということである。これには戴震（→252頁）の影響があった。実際，阮元は金石学（古代遺物の銘文研究）や書法論を得意としたほか，徹底的な訓詁学を実践していた。その成果には，嘉慶3（1798）年刊『経籍籑詁』全106巻がある。これは唐代以前の古典籍の本文・注釈に出現する訓詁を網羅的に収集し，平水韻の順に配列したものである。これにより阮元は，古典籍に対して恣意的な解釈を施すのではなく，古典資料に基づきながら，各文献本来の意味を客観的・実証的に解明するための基準を設けた。

　さて，経書の一字一句の厳密な解釈により聖人の意図の解明を目指すならば，そもそも経書の文字に錯誤があってはならない。そこで阮元は，校勘学（複数の異本の文字を比較して正す学問）に従事した。彼はかねてより明代の毛晋による汲古閣版『十三経注疏』に不満を抱いており，そこで，あらためて経書の脱誤や衍字を検証して，嘉慶21（1816）年に『宋刊本十三経注疏附校勘記』を発表した。なお，これは日本の山井鼎『七経孟子考文』の校勘方針を評価して踏襲するものであった。

　また阮元は，老境にあって清朝考証学を総括する叢書の編纂に着手した。彼が厳杰に命じて編纂させた『皇清経解』1400巻は，清朝の経学者たちの著作186種を収録しており，道光9（1829）年に出版された。なお阮元の没後，光緒14（1888）年には，これを踏襲した，王先謙『続皇清経解』209種1430巻が刊行された。阮元の学問は，このように乾隆帝・嘉慶帝の治下に隆盛を極めた清朝考証学の成果を集大成するものであった。

　彼の晩年，道光20（1840）年にはアヘン戦争が起こり，また死の翌々年には太平天国の乱が勃発した。ここにおいて清朝は近代西洋との対峙を余儀なくされ，国家体制や思想も変容をせざるをえなくなる。阮元はまことに最後の経学者であった。

（和久　希）

Ⅳ　清・近代

◆コラム◆　龔自珍（きょうじちん：1792〜1841）

　乾隆から道光にかかる時期は，清王朝が繁栄から衰退へと転落する時期であった。しかし，忍び寄る内憂外患の影をいち早く感じ取った人たちもいた。龔自珍もその1人であった。当時は，乾嘉学派を代表とする考証学が隆盛をきわめており，考証学の大家である段玉裁を外祖父にもつ龔自珍もその分野の素養は十分にあった。しかし，古典の文字訓詁に汲々とするだけの学問では，来たるべき危機に対応できるはずがないと感じとった彼は，「文質兼備，本末兼具」の経世致用の学に力を入れた。その学問の中心となるのが公羊学である。

　荘存興から劉逢禄を経て龔自珍・魏源（→263頁）に至った常州学派が，公羊学復興の素地を作り上げたことで，公羊学はその後全国に広まった。その流れの中で龔自珍は重要な位置を占めている。彼は『公羊伝』の「三世説」を発展させ，「治世—衰世—乱世」という歴史の規則的変遷を見出し，この「三世観」を基に『五経』を読み解き，さらにそれを彼の経世論と結びつけたのである。

　衰世は一見治世に見えなくもないが，両者の原因が異なることを龔自珍は指摘する。治世において（政治に対して）口出しをしないのは，その必要がないからである。しかし，衰世における「口をつぐむ」という現象は，一見すると治世のそれと同じだが，それは単に気力がないことによるのである。彼は今や朝廷に有能な人物がおらず，市井に有能な工匠や商人もいない，あまつさえ山沢に有能な盗賊もいないという。君子が少ないどころか，小人すら少ない（「乙丙之際箸議」）として，独自の視角から当時は無気力の衰世であると分析していた。

　そのような衰世において時弊を救うには，「更法」つまり改革が必要であるが，そのためにもち出されたのが「微言大義」であった。「微言大義」とは，直接ではなく，言葉の取捨選択や微妙な細部の描写によって著者の意図を間接的に伝える，いわゆる「春秋の筆法」である。この方法を国政に対する議論にもち込むことは，学問上の議論が政治論へと転換したことを意味する。しかし，律令条文や慣習に縛られ，知識人が才能を生かすことなく，社会が閉塞し無気力で老朽化した清国は，あまりにも多くの問題を抱えており，既に改革のしようもない段階に来ていた。そこで次に起きるのは「革命」であろうと龔自珍は予言し，メタファーに終始した独特の散文『尊隠』を著した。そこでは「山中の民」が大声を上げ，天地神明もそれを助け，清国は音を立てて崩壊する。

　時はまだ嘉慶年間，梁啓超（→275頁）の言葉をかりれば「天下はまだかりそめの太平に耽っているが，彼らたちはすでに将来の危機を見越して，天下を救うべく行動しはじめていた！」（『清代学術概論』）という状況にあった。　　　　　　　　　（許家晟）

◆コラム◆ 魏 源（ぎげん：1794〜1857）

　魏源は清代後期の官僚，経世思想家であり，文学者であった。字は黙深，湖南省邵陽県の人。道光24（1844）年に進士となった。彼は考証学を学んだものの，「経学のために経学を研究する」ことを好まず，学問と実践の結合である「経世致用」を主張した。若いころには，北京で劉逢禄（1776〜1829）に師事し，公羊学の「微言大義」に開眼した。そして，同門の龔自珍（→262頁）と並んで「龔魏」と併称された。彼は清王朝が衰退の道を辿ってゆくのを眼前にし，憂患に堪えず，常に打開の道を模索した。前後して陶澍・林則徐などの改革派官僚の幕下に参加し，実務に通じた官僚として名を馳せ，漕運・塩政・水利河工などに一家言をもち，辣腕を振るった。

　経世に関する著述が多く，『皇朝経世文編』『聖武記』『海国図志』などが特に有名である。『皇朝経世文編』は江蘇布政使賀長齢の指示の下に編纂され，清初以後の優れた政策論を集めたものである。『聖武記』『海国図志』はいずれもアヘン戦争直後の著述である。前者は主として清王朝創業以来の武功を記述し，後者は「夷の長技を師として以て夷を制す（西洋人の進んだ技術を用いて西洋人を制する）」というスローガンを提示して，西洋事情を研究し近代的軍備を取り入れることの必要性を説いている。特に『海国図志』は，洋務運動から変法思想への展開の発端となったばかりでなく，日本にも伝わり，幕末の知識人に大きなインパクトを与えた。その1人である佐久間象山は，『海国図志』だけでなく『聖武記』をも読み，魏源のことを「海外の同志」と評している。

　経学に関しては，『詩古微』『書古微』などの著述がある。『詩古微』では，『詩』の「毛伝」および「大小序」を後世の偽作と見なし，考証を加えた。詩は善を美め悪を刺るがために作られたものではないと主張し，「善を美め悪を刺るのは，もともと毛詩一家の例である。……詩を作る者は，自らその情を道べ，情を表現できればよいのである」（『詩古微』巻1）と言う。これについて，梁啓超（→275頁）は「「文芸のために文芸を作る」精神に深く合致したものであり，二千年来の文学者の束縛を打破するものである」（『清代学術概論』）と称賛した。他にも彼は，大量の詩を残しているが，特に謝霊運（→141頁）に端を発する詩境をうたう山水詩を得意としていた。それらは『清夜斎詩稿』『古微堂詩集』に収録されている。

　晩年には，仏門に帰依し，咸豊7（1857）年，杭州の僧舎にて病死した。生涯にわたり，西湖を愛したため，杭州南屏山の方家峪に葬られた。

（蒋　建偉）

Ⅳ　清・近代

◆コラム◆　洪秀全（こうしゅうぜん：1814〜1864）

　中国におけるキリスト教の歴史は長い。古くは唐の太宗（在位626〜649年）の時代に，ペルシア人司祭によって景教（ネストリウス派）が伝えられ，大秦寺と称される寺院（教会）が各地に建てられ流行したが，その後衰退した。明代後期に入ると，大航海時代の流れにのって，カトリックの宣教師たちが到来した。とりわけ有名なのが李瑪竇（マテオリッチ，1552〜1610）であり，多くの教義書，科学書を漢訳するなど，東西思想交渉史上，少なからぬ影響を与えた。しかし清代，雍正帝（在位1723〜1735年）が民間への布教を禁止し，宣教師の国外退去を命じたことにより，中国国内でのキリスト教史はいったん途絶することとなった。

　19世紀に入ると，イギリスの中国進出を背景に，澳門を拠点としたプロテスタント宣教師の伝道が開始され，また『聖書』の漢訳書や『勧世良言』といった入門書（伝道パンフレット）が刊行される。洪秀全もまた，この『勧世良言』を手にしたものの1人であった。

　洪秀全は，広東省の客家（華北から南方へ移住した漢民族の一派）の家に生まれた。一族の期待を受けて科挙合格を目指したが，4たび失敗。失意のうちに『勧世良言』を読むと，その内容がかつて見た夢と一致することから，自らが上帝（ヤハウェ）の子，キリストの弟であると確信し，道光23（1843）年に上帝教（拝上帝教）を創始，まずは広西省南東部で布教に従事した。そのさい洪秀全は，上帝を唯一神として崇め，各地の孔子像や土地神などの偶像破壊運動を行ったという。これはその土地の有力者や役人たちからの反発を受けたが，移住民の末裔である客家やその他の下層民からは，かえって好意的に受け入れられて，多くの信徒を獲得した。かくして徐々に勢力を拡大していった洪秀全は，道光30年12月（1851年1月）広西省の金田村にて武装蜂起。打倒清国を掲げて太平天国を創建し，自らを天王と称した。そして咸豊3（1853）年には南京を陥落させ，ここを天京と改名して都とした。

　南京を陥落させて間もなく，洪秀全は「天朝田畝制度」と称する法令を発布した。これは，すべての土地や農作物は上帝のものであるから，一切の私有財産を認めずに，公平平等に分配すべきだとするものである。のちに中国共産党は，洪秀全の太平天国を「偉大な農民革命運動」と位置づけ称賛するのであるが，この「天朝田畝制度」も，時に共産主義の萌芽として評価されてきた。

　このように一時は隆盛をきわめた洪秀全であったが，太平天国の内部に指導者の堕落と権力闘争が生じて，その勢いは急速に失われた。同治3（1864）年，清軍は南京を奪還したが，洪秀全はその直前に病死したと伝えられている。　　　　　　　　（中嶋　諒）

264

康有為

（こうゆうい：1858～1927）

生涯と思想

康有為は，清末民初の思想家，政治家，公羊学者。原名は祖詒，字は広廈，号は長素，更生，更甡，天游化人などと称した。広東省南海県銀塘郷に生まれ，門人からは康南海先生と呼ばれる。

康有為は清仏戦争（1884～1885年）の敗北に衝撃を受け，学問を志し『新学偽経考』『孔子改制考』などを記し，儒教経典の新解釈の道を開き，さらに西洋の学問を取り入れつつ，中国と西洋を統合した未来の理想像として「大同の世」を描いた。そのような思想形成は，彼が広東省出身であることと無縁ではない。アヘン戦争（1840～1842年）によって香港がイギリスに割譲されると，広東は欧米の文物を受け入れる最前線の接触点となった。康有為は光緒5（1879）年，香港を訪れ，西洋人によって建設された都市，建築物，インフラ，統治システムなどを目の当たりにし，従来，中華には及ばない南蛮夷狄と捉えられてきた西洋人やその学問に対する認識を大きく変えることになる。

光緒14（1888）年，康有為は郷試受験のために北京に赴き，上奏する権利がないのにも拘らず，政治改革に関する上書を作成した。これが康有為の変法案の端緒となるものであるが，小国日本が大きな政治改革を行っている一方で，清は改革が全く進んでいないとの主張が見られる。しかし上呈はかなわず，帰郷し広州で公羊学研究を進め，当時の政権を担う洋務派の政策に代わる抜本的な改革案としての変法理論を構築していった。

光緒21（1895）年，康有為は会試受験のために北京に至った。当時，日清戦争（1894～1895年）に敗北した清朝政府が領土割譲，多額の賠償といった極めて過酷な条件の下関（馬関）講話条約を受諾しようとしているところであったため，皇帝に遷都と抗戦継続，変法を要請する多くの挙人の名を連ねた上奏を

Ⅳ 清・近代

行った（公車上書）。しかし上書は却下され，講話は結ばれることになるが，同年進士となり，強学会を組織し，会報の『万国公報』（後の『中外紀聞』）を発行し，変法理論の普及を試みた。また，光緒23（1897）年にドイツが膠州湾を占領した直後には，ロシアと日本にならい，短期間で全面的な政治改革を行い，国会開設，立憲君主制を国是とするように求めた（第5上書）。この上書もまた却下されるが，翁同龢（1830～1904）のはからいにより，光緒帝の知遇を得ることになり，政体の改革，人材登用制度および教育の改革，富国強兵の推進などを上諭として発布し，変法の実施が図られた。これがいわゆる「戊戌の変法」である。しかし，当時清朝内の政治的実権は光緒帝になく，圧倒的勢力をもつ西太后や李鴻章（1823～1901），張之洞（1837～1909）等保守派官僚の反感を買い，わずか100日あまりで失敗に終わった（戊戌政変）。光緒帝は幽閉され，康有為の同志のうち，指導的立場にあった譚嗣同（→269頁）らは逮捕，処刑された。西太后の訓政が強化され，変法勢力は瓦解し，康有為は日本に亡命し，民国2（1913）年まで帰国できなかった。

　康有為の変法の要点は，清朝を立憲君主国家にするところにあり，その理論の根幹の1つが大同思想であった。康有為の大同思想は，男女の同質・平等を前提にしたもので，女性が家族制度や私有財産の管理や育児といった様々な苦しみから解放される自由な世界が未来にあるとしている。つまり，苦しみからの解放，言い換えれば快楽の追求こそが進歩だと論ずるのである。確かに康有為の「大同」は具体的な実践や方法を伴わない空想的な理論であった。しかし，中国におけるそれまでの理想社会が過去の世界であったり，「桃源郷」といった幻想や現実とはかけ離れた世界であったりするのと比較すると，「大同の世」は現実世界の連続の先にある未来に描かれた理想郷であった。そこには『春秋公羊伝』に依拠する時代が「拠乱世」から「升平世」，そして「太平世」へと展開していく大同三世説という中国的「進化」のシステムが背景として存在しており，若いころから吸収した西洋の学問におけるダーウィンの進化論等を組み込んだものと捉えることもできる。そして，このような理論は，生前すべて公表されることはなく，民国24（1935）年に刊行された『大同書』にまとめられている。

266

康有為

　康有為は，その後，アメリカやインドなど亡命生活を送る一方で，保皇会を
立ち上げ，立憲君主国家を中国に樹立すべく活動を続けた。宣統3（1911）年
の辛亥革命後，帰国が可能となったが，革命によって中華民国が成立した後に
おいて，再び皇帝を戴き立憲君主国家を建設し，その精神的支柱として**孔教**
（孔子教）を位置づけるという考えは既に時代遅れの感があり，新知識層の新
文化運動との対立などにより，急速に支持を失っていった。民国6（1917）年，
康有為は，張勲（1854〜1923）による宣統帝の復辟の理論的擁護者となるが，
この復辟事件が短期間で鎮圧された後は，反動者として糾弾され，完全に表舞
台から姿を消すことになり，民国16（1927）年青島で生涯を終えた。

● 康有為との対話

Q どのようなきっかけで，西洋の思想に関心をもったのでしょうか。

A 西洋人の建築物や街並みを実際に香港で目にし，中国語に翻訳された書籍を読
むことによって，自国とは異なる理がそこにあることに気づいたからです。

　薄か香港に游び，西人の宮室の瓌麗，道路の整潔，巡捕の厳密なるを覧て，
乃ち始めて西人の治国に法度あり，古旧の夷狄を以て之を視るを得ざるを知
れり。乃ち復た『海国図誌』『瀛環志略』等の書を閲し『地球図』を購い，漸
く西学の書を収め，西学を講ずるの基と為す。（『康南海自編年譜』光緒5年の条）

　【訳】少しの間，香港に行く機会を得て，西洋人の建築物の素晴らしさや美しさ，清
潔で整備された街並み，取り締まりの厳密さをこの目で見ることによって，初めて西
洋人の治国には理があって，昔の夷狄とこれを同じものと考えてはいけないというこ
とが分かった。そしてまた，『海国図誌』や『瀛環志略』といった書物を読み，『地球
図』を購入して，ようやく西洋の学問の書を収め，それを論ずる基礎とした。

Q 変法を行うにあたって，なぜ日本に学ぶ必要があったのでしょうか。

A 欧米の書物から直接学ぶのではなく，日本において翻訳されたものを参考にす
れば，短期間でお金もかからず，最新の成果を獲得できるからです。

　泰西諸学の書，其の精なる者，日人すでに略ぼ之を訳せり。吾れ其の成功に因

Ⅳ　清・近代

りて之を用うれば，是れ吾れ泰西を以て牛と為し，日本を農夫と為し，而して吾れ坐して之を食う。費，千万金ならずして，要書，畢く集まらん。明敏なる士人をして其の文字を習わしめなば，数月にして通ぜん。ここに於いて尽く其の書を訳さしめ，其の精なる者を訳して之を刻し，之を海内に布かば，数年の期，数万の金を以てして，泰西数百年，数万万人士の新得の学，挙げて是に在らん。(『日本書目志』自序)

【訳】泰西諸学の書の精なるものは，日本人がほぼこれを訳している。われわれはその成功したところを用いればよいのである。つまりわれわれは泰西を牛とし，日本を農夫として，自分は坐してこれを食らうのである。千万金を費やさずとも，要書はすべて集まるし，明敏な士人をして日本の文字を習わせれば，数か月で通じるだろう。そこでその書をことごとく訳さしめ，その精なるものは刊刻して海内に広める。こうすれば，数年の時間と数万の費用で，泰西が数百年の時間と数万の人士によって新たに獲得した学をすべてわがものとすることができるのである。

＊訳文は，孔祥吉・村田雄二郎『清末中国と日本──宮廷・変法・革命』による。

🌙 用語解説

孔教　清末民初に，孔子を尊崇して国家的宗教にしようとする運動の中で用いられたその宗教の呼称。康有為は，光緒帝に対し，制度として教部，教会，孔子廟を設け，すべての郷・市に孔教会を置くことなどを要請した。

🌙 より深く学ぶために

〈原典・訳〉

坂出祥伸『大同書』(明徳出版社，1976年)

村田雄二郎編『万国公法の時代──洋務・変法運動』(新編原典中国近代思想史2，岩波書店，2010年)

〈入門・解説書〉

坂出祥伸『康有為』(中国の人と思想11，集英社，1985年)

竹内弘行『康有為と近代大同思想の研究』(汲古書院，2008年)

孔祥吉・村田雄二郎『清末中国と日本──宮廷・変法・革命』(研文出版，2011年)

(松金公正)

◆コラム◆　譚嗣同（たんしどう：1865～1898）

　光緒24（1898）年9月18日，1人の男が死んだ。北京の悪名高き処刑場——菜市口で命を落とした無数の人々の中でも，この男の死は一際伝奇的な色彩を帯びていた。

　男の名は譚嗣同。彼が生まれたのは同治4（1865）年，太平天国の乱終結の翌年，日本の明治維新の3年前にあたる。欧米列強の進出に揺れるアジアで，彼は時代の空気を最も深く呼吸した1人であった。光緒21（1895）年，祖国は日清戦争に敗北。変革の必要性を痛感していた彼は，志を同じくする康有為（→265頁）・梁啓超（→275頁）らと交友を結び，その思想の集大成たる『仁学』を執筆，啓蒙・社会変革活動に邁進していく。光緒24（1898）年6月，光緒帝の信任を得た康有為は，譚嗣同を政治の中枢に呼び寄せた。戊戌の変法の始まりである。だが，急激な改革は西太后ら守旧派の反発を招いた。同年9月，光緒帝の幽閉と共に，百日維新はあっけない終幕を迎える。康有為・梁啓超らが亡命する中，譚嗣同は北京に残り，従容として死を選ぶ。時に数え年，34歳。

　『仁学』は不思議な書物である。そこには短い生涯の中で，譚嗣同が歩いた道のりのすべてが刻まれている。同郷の先人たる王夫之（→247頁）の思想，西洋思想と自然科学，康有為らの公羊学，さらには華厳・唯識の思想——孔子（→5頁）・釈迦・キリストという東西の教主の教えを軸としつつ，人間論から政治・経済論，果ては宇宙論までを網羅した壮大な思索が1冊につめこまれている。

　『仁学』の核心をなすのは〈以太〉の概念である。エーテルとはギリシア以来，西洋の自然科学において，宇宙に充満し，光などの媒介をなすと考えられてきた存在である。彼はこの〈以太〉を儒教の〈仁〉と結びつけた。この宇宙は〈仁〉で包まれている。ここにおいて，宇宙とわたしは1つであり，自己と他者の区別などはない。この発想は〈以太〉を〈気〉で置き換えれば，伝統儒教の「万物一体の仁」に類似する。だが，譚嗣同はさらに一歩進める。宇宙を包み込む〈仁〉の名の下ですべての相対的な対立は消滅すると彼は言う。万物は本質的に平等なのだ。孔子も，釈迦も，キリストもこの平等を目指した。君臣・父子・夫婦に固定的な上下関係をみる儒者たちは誤っていたのだ。すべての人間関係は畢竟平等なる朋友の関係に帰される。この立場から彼は男女平等や民主主義を説く。そして究極的には国家も教主も，果ては肉体や地球すら必要としない，限りなくアナーキーな魂のユートピアを夢想するのである。

　奇書である。ここには円熟した思索はない。だが思索にとって果たして円熟は幸福なのか。彼の「雑駁」（章炳麟［→274頁］の評）にして破天荒な思考は，今なお鮮烈な刺激を与えてくれる。そして，東洋思想と西洋思想にはもっとオルタナティブな融合の形があるのではないか——そんな問いに導いてくれる。　　　　　　　　　　　（阿部　亘）

孫 文

（そんぶん：1866〜1925）

🌑 生涯と思想

　孫文は，清末民初の思想家，政治家であり，三民主義を掲げ辛亥革命の展開
をリードした近代中国を代表する革命家である。中国国民党を創始した。号は
逸仙。清末日本亡命中に，一時中山姓を用い，中山は孫文の呼び名として定
着している。台湾では尊称「国父」が用いられている。

　孫文は，同治5（1866）年に広東省香山県（死後中山県と改称，現在の中山市）
翠亨村に貧農の3男として生まれ，光緒4（1878）年ハワイ王国に渡り成功し
た兄孫眉のもとへ行き，その後，ホノルルの教会学校イオラニ・スクールを卒
業し一時帰国，光緒10（1884）年，香港のクイーンズ・カレッジに入学し，洗
礼を受けた。光緒18（1892）年に香港西医書院（現在の香港大学医学部）を首席
で卒業した。このようにハワイ，香港において，欧米文化，特に自然科学に触
れた孫文は，清仏戦争の敗北などを契機として，科学的な思考，国際的な視野
から，清朝の置かれている状況を分析するに至るのであった。

　孫文は，卒業後マカオや広州で医者として活動していたが，日清戦争開始後
の光緒20（1894）年ハワイに渡り，欧米列強による侵略を回避するため，清朝
打倒と共和国設立を目指した最初の革命組織である秘密結社興中会を結成し
た。翌年，香港で梅屋庄吉という知己を得て革命の援助を受ける。資金を集
めた孫文は，広州で最初の武装蜂起を企図するも失敗に終わり日本に亡命した。
この後，孫文は幾度も蜂起を企図するが尽く失敗し，亡命と蜂起のための資金
調達を繰り返した。このように孫文の革命活動においては，外国人革命援助者
の獲得とそれによる資金調達は重要な要素であり，そこには国際的に通用する
革命に対する理論とそれを説得的に説明する技術があったことがうかがえる。

　光緒22（1896）年ロンドンの清国公使館で13日間監禁された後，イギリス政

孫　文

府や香港西医書院の恩師らの助力で奇跡的に難を逃れ，英文で綴られた『倫敦
遭難記（*Kidnapped in London*）』が出版されたことにより，革命家孫逸仙（Sun
Yat-sen）の名は欧米で有名になり，多くの支援を得る契機となった。

　光緒31（1905）年に東京で中国同盟会を結成した。同会は，康有為（→265
頁）ら立憲君主制を目指す清朝内の保皇派と論戦を交えてきた革命主要3派で
ある興中会，華興会，光復会を結集したものであった。孫文は初代総理となり，
その政治綱領として，民族主義，民権主義，民生主義からなる救国思想である
三民主義を提唱した。民族主義とは韃虜（満洲族）の駆除，中華の回復，つま
り，満洲族皇帝の清朝を倒し漢族の独立を果たすことを意味する。辛亥革命後
は，欧米列強による半植民地状態からの脱出，漢族とその他の4つの民族（満，
蒙，回，蔵）との融和に基づく国家建設（五族共和）へと変化した。民権主義
とは主権在民に基づく憲法を制定し共和国を建国することを意味する。国家権
力を立法，行政，司法の三権に加え，官吏登用管理の考試，官吏不正監視の監
察の二権を加え五権と設定している。民生主義とは，土地の所有の多寡に基づ
く経済的不平等の解消のため，産業化を進め地価を上昇させ，その上昇分によ
り社会福祉を充実させ，貧富の均衡を図ることである。

　宣統3（1911）年，辛亥革命が勃発した。孫文はその知らせをアメリカで知
り，列強が革命に対し好意的，中立的な態度を示すよう外交活動を展開した上
で帰国し，中華民国成立後，南京で初代臨時大総統に就任した。しかし，その
勢力は財政，軍事面で脆弱であったため，宣統帝退位や共和制導入に関し，清
朝側の実力者である**袁世凱**と大総統の地位を譲ることを条件に交渉せざるをえ
なかった。大総統就任後の袁世凱は，革命派の宋教仁（1882～1913）を暗殺す
るなど強権的支配を進めたため，民国2（1913）年，孫文は第二革命を起こす
も敗北し日本に亡命した。翌年東京で中華革命党を組織し，民国8（1919）年
に北京の中華民国中央政府（北京政府）と対抗するため，それを中国国民党に
改組した。さらに五・四運動により大衆の力を認識するようになった孫文は，
従来の革命運動において農民の支持が得られなかったことを反省し，民国13
（1924）年には，連ソ，容共，扶助農工三大政策を掲げ，第一次国共合作を成
立させた。一方，軍閥に頼っていた軍事力に関し，自前の革命軍を組織し，北

271

Ⅳ　清・近代

京政府を打倒するための準備を進めた。

　同年11月，孫文は北京に向かう途中，神戸で「大アジア主義」講演を行った。同講演で孫文は，欧米列強の侵略によって植民地化の道をたどったアジアの諸民族は，日露戦争の日本の勝利によって勇気づけられたと指摘した上で，欧米の「覇道」と東洋の「王道」を対照すると共に，東洋民族の団結による欧米帝国主義への対抗のために日本が覇道を捨てて王道に帰るよう呼びかけた。

　12月，孫文は北京に到着したが，末期の肝臓がんであり，病状が急速に悪化，民国14（1925）年３月12日に死去した。死に臨んで「総理遺嘱」を残した。同文は王精衛が起案し，孫文が承認，署名したものであるが，その後，孫文の遺志を代表するものとして，国民党によって位置づけられることとなった。

🌑 孫文との対話

Q 「三民主義」の３つの「民」とは何を指しますか？

A 三民主義とは，第１に民生主義，第２に民権主義，第３に民族主義を指します。それぞれ中華民国の基盤を形成するものの考え方です。

一，国民政府は革命的な三民主義・五権憲法に基づき，中華民国を建設する。

二，建設において最も重要なのは民生である。そこで全国人民の食・衣・住・行という四大需要に対して，政府は人民と協力し，ともに農業の発展を図って，人民の食糧を十分にし，ともに繊維産業の発展を図って，人民の衣服を豊富にし，大規模な計画により各種家屋を建設して，人民の住居を安楽にし，道路や運河を整備して，人民の交通を便利にすべきである。

三，第二は民権である。そこで人民の政治的な知識や能力に対し，これを政府は教え導いて，その選挙権を行使させ，その罷官（罷免）権を行使させ，その創制（制定）権を行使させ，その複決（改廃）権を行使させるべきである。

四，第三は民族である。そこで国内の弱小民族に対して，これを政府は支援して自決・自治ができるようにすべきである。国外の侵略的な強権に対して，これを政府は防御すると同時に，各国との条約を改訂して，わが国際的な平

孫　文

等と国家の独立を回復すべきである。（『国民政府建国大綱』）

＊深町英夫編訳『孫文革命文集』（岩波書店，2011年）による。

Q 辛亥革命が起こり，中華民国が成立したのにも拘らず「革命いまだ成功せず」とはどういうことなのでしょうか？

A 革命の目的は，中国の自由・平等の実現にあるのですが，国民会議の開設や不平等条約の撤廃など，まだ達成されてないことが多くあるためです。

　私が国民革命に尽力することおよそ40年，その目的は中国の自由と平等を求めることにあった。40年の経験を積んだ結果，この目的に到達するためには，まず民衆を喚起し，そして世界において我々（中国）を平等に扱ってくれる諸民族と協力し，一緒に奮闘しなければならないことを痛感した。

　しかし今もなお革命は未だ成功していない。我が同志はみな私が著した『建国方略』『建国大綱』『三民主義』及び『第一次全国代表大会宣言』を参照して，引き続き努力し，その貫徹をはかるべきである。近年主張してきた国民会議の開催，不平等条約の撤廃については，特に短期間でその実現を促すべきである。これらを後進に託すものである。（『総理遺嘱』）

🌑 用語解説

袁世凱（えんせいがい）（1859～1916）　清末民初の軍人，政治家，中華民国初代大総統。李鴻章（りこうしょう）の死後直隷総督兼北洋大臣となる。清朝の実権を掌握。宣統帝退位と引き換えに中華民国臨時大総統となる。強権的支配を進め皇帝即位を企図するが，民国5（1916）年病死。

🌑 より深く学ぶために

〈原典・訳〉
村田雄二郎編『民族と国家――辛亥革命』（新編原典中国近代思想史3，岩波書店，2010年）
〈入門・解説書〉
辛亥革命百周年記念論集編集委員会編『総合研究辛亥革命』（岩波書店，2012年）
深町英夫『孫文――近代化の岐路』（岩波書店，2016年）

（松金公正）

Ⅳ　清・近代

◆コラム◆　章炳麟（しょうへいりん：1869〜1936）

　狂気——章炳麟の性向を一言で説明するには，最も適切な言葉かもしれない。彼は正室を迎える前に妾を取ることや，4人の娘にほとんど誰にも読めない珍名をつけるなどの奇行を，生涯繰り返していた。

　章炳麟の思想形成は多岐にわたるものであり，顧炎武（→239頁）の民族思想（号の太炎はそこから取ったもの）や，師である考証学の大家兪樾の方法論，さらに諸子学や洋学，法相宗唯識論による影響など，多種多様であるが，その軸となるものは種族革命の思想である。光緒26（1900）年7月，改革を企てたが失敗して軟禁された光緒帝を救うために上海で開かれた会合において，彼は清国官僚の目の前で満洲族を排除する革命を唱え，その場で辮髪を切ってしまった。清国内で辮髪を切った最初の人物である。

　中華民国の名づけ親にして，民国を設立した立役者の1人である章炳麟は，若いころから既に種族革命の思想に傾倒していた。それゆえ，兪樾に破門されたが，彼はいささかも動揺せず，『明報』に「謝本師」を発表して，師と決別した。康有為（→265頁）を中心とする今文学派の公羊学が流行していた清代末期において，章炳麟は古文学派として左氏伝を根拠に論陣を張り，特に『春秋左氏伝』成公4年の「我族類に非ざれば其の心必ず異る」という一文を基に「駆除韃虜」の旗を掲げ，種族革命を称揚した。

　また彼は，日本の影響を受け，「国粋」という概念の下，中国の「国学」を成立させた。中でも『国故論衡』をはじめ，銭大昕（→256頁）が開始した古代音の音韻学研究を展開させた著作を数多く残し，小学を単なる入門ではなく「国学」を担う1つの独立した分野として成立させた。さらに，この「国粋」思想に基づき，文明そのものの復権を唱え，満洲族の服や辮髪などの習俗を止めるべきだと主張した。

　章炳麟の門下からは，魯迅（→280頁）・周作人兄弟や陳寅恪などの俊才が輩出されていた。その魯迅は，臨終の直前に執筆した「関于章太炎先生二三事」の中で，革命家としての章炳麟を「当世において二人といない」と絶賛していた。1906年，章炳麟3度目の日本亡命の際，中国同盟会（孫文［→270頁］たちが革命を興し清国を倒すために東京で結成した政治結社）は歓迎会を東京で開催した。その歓迎会において，彼は破天荒な演説を行い，一同を驚かせた。「普通でない言論は，狂気の人でなければ思い起こすことはできず，できても口にすることはない。口にしても，艱難困苦に遭うとき，狂気でなければ，不屈不撓，最後までやり通すことができない。だから古よりこのかた，大学問や大事業を成し遂げる人間は皆狂気の沙汰を有していた。わたしは，自分のことを狂人だと認める」という。その発言はまさに彼の人生そのものであった。

（許　家晟）

◆コラム◆ 梁啓超 （りょうけいちょう：1873～1929）

　梁啓超は，清末民国前期の政治家・ジャーナリスト・学者・啓蒙思想家・教育家である。字は卓如，号は任公・滄江・飲冰室主人など。広東省新会県の人。17歳で挙人となったが，翌光緒16（1890）年春の会試に落第。同年秋，康有為（→265頁）に入門。以後，康有為の変法維新運動の有力な協力者となった。光緒21（1895）年，北京で康有為の最初の政治活動たる「公車上書」に奔走。翌年，上海で『時務報』の主筆となり，訳書局や女学堂等の創設にも取り組む。光緒23（1897）年，長沙で時務学堂の総教習に就任。このように，新聞や学校等を通じて，民権思想・立憲君主制・変法の必要性を宣伝した。翌光緒24（1898）年，光緒帝の政治改革である「戊戌の変法」に参与するが，僅か100日ほどで失敗に終わった。そこで，彼は日本に亡命した。26歳のことであった。明治日本における知的蓄積を通じて西洋文化を摂取し，横浜で『清議報』『新民叢報』を創刊，「新民説」等を唱え，啓蒙・宣伝活動を続ける。1912年中華民国成立後，14年ぶりに帰国。袁世凱政府の司法総長や段祺瑞政府の財政総長等を務め，やがて滞欧生活の後，民国9（1920）年政界から引退，教育と学問に専念する。清華大学の教授，北京図書館長を務め，『清代学術概論』『墨子学案』『先秦政治思想史』等の名著はこの時期に執筆された。民国18（1929）年北京で死去，57歳であった。

　波瀾に富んだ人生にあっても，彼は終生旺盛な学問欲をもち続けていた。康有為に師事し今文学に転じたが，考証学との因縁も深く，考証学者の人格・精神・方法に敬意を払った。彼は『清代学術概論』では，学問について，「純粋な学者的立場から論ずるならば，ただ学問たりうるかどうかを問題にすればよい，有用か無用かを問題にする必要がない。でなければ，学問は独立できず，発達もできない」と述べている。一方，彼は自らと康有為を「啓蒙期」の人物に擬え，その念頭にあったのは「致用」の概念であり，経学により政論を修飾した，と総括する。そして，それは「経学のために経学を治める」という本来の精神を離れており，学問的業績としては不十分なものであったと，自らの学問・事業の性格を批判的に分析している。その上で「凡そ啓蒙時代の大学者は必ずしも深い学殖を持つ訳ではないが，併し常に研究領域を規定し，研究方法を革新し，新鋭の精神をそこに注入する。顧炎武（→239頁）は清学派では正にそういう人物であった。……最近数十年，経述により政体に影響を与えたのも，顧炎武の精神を継ぐものであった」（『清代学術概論』）と述べている。梁啓超の仕事の多くは，まさに新たな時代の研究方法・範囲等を提示するものであった。彼の晩年の名著『清代学術概論』『中国歴史研究法』『中国歴史研究法補編』も啓蒙期の学者としての自覚のもと作り上げられた，畢生の著述だったと言えよう。　　　　　　　　　　　　　　　　（蒋　建偉）

王国維

（おうこくい：1877～1927）

生涯と思想

　王国維は，字は静安，観堂と号した。浙江省海寧の人。家は代々儒家であったが，父の代で太平天国の乱によって商家に転業し，困窮しない程度の生活であったという。王国維が生きた清末民初は動乱の時代であり，例えば康有為（→265頁）による戊戌政変などはよく知られている。また，隋唐以来続けられてきた科挙制度の廃止，宣統帝溥儀の廃位など，これまでの中華世界を支える制度が根底から瓦解する時期であった。

　王国維の学問はその広範さゆえに，生涯を前後期に二分して見られている。その分水嶺は宣統3（1911）年に起きた辛亥革命である。彼は前期においては，西洋哲学や詞学に没頭し，後期になると歴史学，文字学，出土文献を主に扱った。以下，彼の生涯と共にその変遷を見ていくことにしたい。

　若き日の王国維は，一般的な知識人と同様に科挙を経て官吏を目指していた。16歳で秀才に合格するも，のち郷試に2度落第している。彼は当時，伝統的学問以外に「新学」の存在を知りつつもそれを学べずに煩悶としていた。22歳のとき，新聞社の校正の仕事をして上海に住まい，羅振玉の私塾の門を叩いた。以後，王国維は羅振玉と終生行動を共にすることになる。

　しかしその後，王国維が働く新聞社は，戊戌政変により閉鎖されてしまった。そこで，羅振玉は王国維を日本に留学させた。けれども彼は，病によりわずか半年で帰国することになった。大陸へ戻ったのち，彼は心理学・論理学・社会学等の教鞭を取りつつ，自らの学問関心としては，ショーペンハウエルに依拠して，カントの「三批判書」を学んでいた。その結果は最初の論文「哲学弁惑」としてまとめられた。

　光緒31（1905）年，科挙制度が廃止されると学部（文部省）が立てられ，羅

振玉が推挙される。王国維はそれに同行して北京へ向かった。このとき彼は哲学に疲れ，代わりに詞学を志向するようになり，とりわけ，当時評価されていなかった元曲に着目し，その成果は『宋元戯曲考』としてまとめられた。

王国維の学問が進展する一方で，王国維を取り巻く情勢は好転しなかった。宣統3（1911）年に辛亥革命が起こり，国内情勢は大いに混乱した。このとき，羅振玉は日本に亡命し，内藤湖南(ないとうこなん)と狩野直喜(かのなおき)に招かれて5年間京都に住まい，王国維もそれに随行した。ここで再び，王国維の学問観は転換した。詞学に終止符を打ち，その情熱は経学・史学・小学に注がれていったのであった。帰国後には，甲骨文を用いて殷代を対象とした歴史学の研究を行った。彼は「二重証拠法(にじゅうしょうこほう)」という手法により『史記』に記されている殷王朝の系譜がほぼ正確であることを証明した。また，日本に亡命していた際，羅振玉と王国維は，当時最新の史料であった西域から発見された木簡に着目し，『流沙墜簡(りゅうさついかん)』を出版した。

民国14（1925）年，王国維は清華大学の教授に就任し，これまでの学問に加えて，『水経注(すいけいちゅう)』の研究にも着手した。けれども国内の情勢はさらに悪化し，民国15（1926）年に国民革命軍が広東で挙兵し，翌年には北京に迫らんとしていた。

そして，その日はやってくる。民国16（1927）年6月27日早朝。王国維は北京の頤和園(いわえん)において入水自殺する。「五十の年，只だ一死を欠く。此の世変を経るも，義の再び辱めらるるなし」という遺書のみが残された。彼が自殺した理由についてはいまだに解明されていない。

王国維との対話

 なぜ多岐にわたる学問を行ったのですか？

 そもそも学問とは非常に広範なものであるからです。

学の義，天下に明らかならざること久し。今の学を言う者，新旧の争い有り。中西(ちゅうせい)の争い有り。有用の学と無用の学の争い有り。余(われ)正に天下に告げて曰う，

Ⅳ　清・近代

学に新旧は無きなり。凡そ此の名を立つる者は均しく不学の徒，即ち学びて未だ嘗て学を知らざる者なり。(『国学叢刊』序)

【訳】学問の意味が天下に明らかでなくなって久しい。現在，学問については，新旧の論争があり，**国学**（中国学）か洋学かの論争があり，実学か虚学かの論争がある。（しかし）わたしは天下に宣言する，学問に新しいだの古いだのはない。すべてこうした名を挙げる者は不学の徒であり，学んでもいまだ学問を知らない者である。

▶王国維は学問には新旧・中西・有用無用の対立は成立しえず，そうした問題を取り上げる者は，学んでもこれまでに学問を知らないものであるとし，かかる議論をすること自体を厳しく批判する。

学の義は広し。古人の所謂学とは知行を兼ねて之を言う。今専ら知を以て言えば，則ち学に三大類あり。曰く科学なり。史学なり。文学なり。凡そ事物を記述してその原因を求め，その理法を定むる者は，之を科学と謂う。事物の変遷の跡を求めてその因果を明らかにする者は，之を史学と謂う。二者の間に出入して兼ねて玩物適情の効ある者に至りては，之を文学と謂う。然れども各科学に各科学の沿革有り。而して史学には又た史学の科学有り（劉知幾の『史通』の類のごとし）。夫の文学のごときは則ち文学の学あり（『文心雕龍』の類のごとし）。文学の史あり（各史の文苑伝のごとし）。而して科学・史学の傑作も亦た即ち文学の傑作なり。故に三者は劃然として疆界有るに非ず。而して学術の蕃変，書籍の浩瀚は此の三者を以て之を括するを得たり。(『国学叢刊』序)

【訳】学問の意味は広い。古人のいう〈学〉は知と行とを兼ねて言った。知の面から言えば，学問には大別して科学・史学・文学の３種がある。事物を記述してその原因を求め，法則性を定めるのが科学。事物の変遷の跡を求め，その因果を明らかにするのが史学。両者の間にあって，それを兼ねて物に楽しみ情にかなう効果があるものが文学である。だが各科学には各科学の沿革がある。史学には史学の科学（例えば劉知幾の『史通』），文学には文学の学（例えば『文心雕龍』），文学の史（例えば各史書の文苑伝）がある。しかも科学や史学の傑作は，同時に文学の傑作でもある。３者（文学・史学・科学）には明確な境界はない。したがって学術の隆盛，書物の広範さはこの３者によって総括することができる。

▶王国維は学問の領域を科学・史学・文学に分節しているが，それらは各々の特徴と来歴を有していながらも，それらは明確に析別できるものではなく，学問とはこの 3 者に総括することができると見ている。

用語解説

二重証拠法　紙の上の伝世文献と出土史料を相互に対照することによって伝世文献と出土資料の両者が本物であることを証明する方法論。王国維はこれを「明堂廟寝通考」(1913年) において提出し，『古史新證』(1925年) でそれを明確に述べている。これは伝世文献の史料性を客観的に検証するという近代人文学の基礎とも言うべき方法論である。

国学　王国維の学問はその広範さから「国学」の一言で総括されることがある。そもそも国学とは，西洋の学問に対する既存の中国学 (Sinology) を指す。当時の情勢からすると国学は国粋的な思想をはらみかねない。だが，王国維の国学とは「学に中西なし」と述べるように，エスノセントリズム (ethnocentrism：自民族中心主義) 的な思想ではなく，諸学の 1 つという位置づけである。

より深く学ぶために

〈原典・訳〉
『王観堂先生全集』(文華出版公司，1968年，中国書)
＊王国維の文集を集めた王国維研究の基本資料。
〈入門・解説書〉
井波陵一「王国維——過去に希望の火花をかきたてる」(井波陵一・古勝隆一・池田巧『清華の三巨頭』京大人文研漢籍セミナー 3，研文出版，2014年)
＊王国維の学問についてウォルター・ベンヤミンを通してアプローチしている。

(関　俊史)

魯　迅

（ろじん：1881〜1936）

🌑 生涯と思想

　魯迅は，近代を代表する知識人。文人であり思想家であり文学者である。

　清末の光緒7（1881）年に生まれ，辛亥革命・中華民国成立を経て，国共内紛，マルクス主義思潮の高揚期を背景とした時代を生きた。中国の前近代から近代へという未曾有の価値変動期を，身を以て体現した文人である。その間，一貫して著述や小説作品を世の中に発信し続けたという意味では文学者であり，表現行為の背後に常に確固とした信念を据えていたという意味では思想家であり，士大夫的教養と感覚に基づいて世の中と関わりつつ著述を続けたという意味では文人と呼んで良いであろう。

　魯迅は，本名周樹人，字は豫才，筆名は多数にわたる。浙江省紹興の旧家に生まれる。周家は，進士出身の祖父が科挙に関わる不正によって下獄して以降一気に没落するが，清末の動乱の中，魯迅は士大夫家の長男として相応の教育を受けた。初めは科挙受験のための伝統的教育を受けるが，清末の洋務運動・変法運動による教育制度の転換に沿って，南京の江南水師・陸師学堂に入学する。陸師の鉱務鉄路学堂で厳復の『天演論』をはじめとする翻訳作品を通じて西欧の近代思想に触れたことは，魯迅の初期思想形成に大きな影響を与えた。

　光緒28（1902）年，鉱務鉄路学堂を卒業後，派遣留学生として日本に留学。光緒30（1904）年，仙台医学専門学校（後の東北大学医学部）に入学。医学こそ西欧科学の最先端として近代化の肝要であるとの認識は，いわゆる幻燈事件を機に転換し，魯迅は中国の近代化のためには科学よりも精神の治療が先であるとの認識に至り，医学を捨てて文学の道を志す。

　この間，光緒32（1906）年に母親の命に従って一時帰国し，許嫁の朱安と

結婚する。伝統的な家同士の取り決めによるこの結婚は，魯迅にとって1つの大きな苦悩の種となる。

　東京での文芸活動では，若々しい愛国の情熱を披露した『文化偏至論』『摩羅詩力説』等にこの時期の主張が示される。同時に，ロシアや東欧の短編小説に興味を深め，弟の周作人と共にそれらを翻訳出版する（『域外小説集』）。

　宣統元（1909）年帰国。革命前夜の中国において，郷里で教員として化学・生物学を教える。民国1（1912）年の中華民国成立に伴い，南京臨時政府の教育総長・蔡元培の要請を承け教育部部員となり，臨時政府の北京移転に従って同年5月に北京に移る。

　この後およそ14年間，北京で教育部部員であると同時に，民国9（1920）年からは北京大学・北京高等師範大学へ出講して中国の古典学，就中小説史を講じる（後に『中国小説史略』として出版）。一方で文学革命の潮流の中核であった『新青年』に，新しい白話小説を執筆し，文学革命の事実上の中心作家となる。民国7（1918）年『新青年』に発表された「狂人日記」は，食人の恐怖を通じて，儒教を攻撃するのみならず，不安定な自我と人間の本源的な恐怖の由来を，小説という文体を通して描いた，中国初めての近代小説である。

　作家として世に大きな影響力をもった魯迅は，また一方で多くの時事批評を展開する。王朝は倒れたものの，いまだ近代国家としては成熟に至らない新中国の社会に起きる様々な問題を，冷静に分析し問題点を剔出し，世に厳しく問うこれらの評論は，文人としての魯迅の一大面目だと言える。三・一八事件の犠牲者となった学生を傷む「花なき薔薇」はその白眉である。

　国民党政権と軍閥の対立，さらに急速に近代化した日本の干渉という体制の混乱がもたらす上からの強引な統制策と，民主化へ向かおうとする青年たちによる下からの要求との激しい対立の中で，魯迅は一貫して学生の側に立ち，厳しい体制批判を展開した。妥協を許さぬ容赦ない魯迅の体制批判は，三・一八事件において頂点に達し，身の危険を感じた魯迅は民国15（1926）年，北京を去り，3月に廈門大学，翌年には広東の中山大学に移る。

　広東で国民党の反共クーデターが起こり，国民党と共産党の対立が激しさを増す中で，魯迅は政治的，あるいは階級的対立，また世代的対立の構図を客

Ⅳ 清・近代

観化していく。片方の立場に立って反対側を批判するのではなく，双方の立場に潜む問題を見据えながら，しかし安易な攻撃を潜めるのである。結果，書かれた文章は，小説にしても評論にしてもその真意は難解となっていく。例えば民国16（1927）年広東市教育部主催の夏季講座での講演の記録である「魏晋の気風および文章と薬および酒の関係」は，中国古典への深い造詣に基づく革新的な文学論であると同時に，古典を語りながら現実を絡み取っていく魯迅作品の優れた韜晦を示している。漢代の儒教的価値観を打ち破ろうとした曹操の新しさと，すぐにそれに取って代わった司馬氏の名教復活，そしてそれに抗った阮籍（→122頁）・嵇康（→123頁）の生きた魏晋という時代は，まさしく魯迅の生きた民国初期の時代，すなわち王朝の滅亡と民国の成立，短期にして復活した王政とその後の混乱という時代と酷似している。魯迅はこの論考の中で，魏晋という時代を語りながら，時代の転換期における文人の生き方を示唆する。特に言論統制の中で，柔軟に韜晦した阮籍と，激しく抗った嵇康の生き様は，魯迅にとって切実な興味の対象であった。魯迅の残した古典学の業績の中で，特に優れたものの1つとして『嵇康集』の校勘があることは，命がけで時代に抗った嵇康の生き様こそ，魯迅の深い共感の対象であったことを物語る。

　上海では新聞・雑誌への寄稿を中心に文筆活動に専念する。この時期は，北伐を終えた国民党と成長過程にあった共産党との対立，それを外から脅かす日本軍（関東軍）の侵入等，国内・国際紛争が，世の中に不穏な空気を醸していた。共産党の内部においても，路線の違いにより，抗争・対立が続いていた。魯迅はあるいは旧文人として批判の対象となり，またあるいは青年層の精神的な指導者となり，不即不離ながらも共産党の文芸集団と密接に関わっていた。「革命文学論争」「国防文学論争」と，文学と革命との関係が性急な議論の対象となる中で，現実や革命と文学を直接的に結びつけたい青年たちの主張に対して，魯迅は同調しなかった。共産主義的立場の論者による魯迅評は，この時期の魯迅とマルクス主義との関係に大きな親和を示す傾向があるが，1930年代の魯迅の主張と，共産主義・マルクス主義およびそれと文学がいかに関わるのかという問題は，簡単には結論づけられないであろう。

　民国25（1936）年10月，肺結核による肺気腫により，上海の寓居で死去。万

魯　迅

国公募に葬られ，国民葬が執り行われた。民国29（1940）年，毛沢東（→289頁）の評価を受けて魯迅の神格化が始まる。全集の刊行や資料整理などの面においてプラスの効果をもたらしたと同時に，固定化された標語による魯迅像の画一化という負の側面も生んだ。

　魯迅の思想の特徴は，魯迅が生きた時代が中国における前近代と近代の狭間であったことと密接に関係する。2000年続いた王朝支配とそれを支えた儒教の価値が大きく揺らぎ，西欧から圧倒的な軍事力に始まる異質の価値が流入する衝撃に向き合わざるをえない状況の中で，中国自体が体制・制度・文化の質を転換させる必要に迫られた時代であった。このような未曾有の価値の変革期の中で，魯迅は時代情勢と密接に関係しながら成長した。政治潮流で言えば，洋務運動・変法運動・革命運動という変化の流れにおいて，洋務運動の結果生まれた水師・陸師学堂で西欧の科学を学び，西欧の社会制度に範を求める変法運動を押し上げた厳復の主張に大きな影響を受け，清末には浙江省を中心とする革命団体である光復会に参加する。また，派遣留学生として日本に渡り，最先端の医学を身につけようとしたこともまた，魯迅がその受けた教育において，時代と即応していたことを示している。一方で，進士を輩出した士大夫の旧家の出身であること，幼年期から伝統的な学問を身につけていたことも，魯迅と次の世代との大きな相違である。魯迅の学歴・経歴は，文化と教養を集中的に身につけた伝統中国士大夫のそれであると言って良い。その意味で，魯迅の思想を，例えば進化論や終末論，そしてマルクス主義といった外来の思想との関連のみで理解することはできないであろう。魯迅のもった古典学の教養は，その著述活動において，思想精神の基盤になっているからだ。しかし同時に，前近代的，伝統的教養と志向とは，時に近代的価値との間に大きな齟齬を生む。魯迅の思想の最大の特徴は，伝統と近代の狭間に在って，その双方を自らの身に引き受けて直視した点にあろう。それは，例えば陳独秀や胡適（→288頁）の文学革命論のように，新しい価値の立場から旧来の価値を否定するのとも異なり，また梁啓超（→275頁）のように雑誌を通じて新思潮を啓蒙的に宣揚するのとも異なる。伝統を身の中に具現した者としての透徹した自己否定が魯迅にはあるのだ。魯迅の主張，あるいはその小説が，時にどうしようもない暗さ

Ⅳ　清・近代

に満ちているのは，その苦渋の表われとも言える。

　小説は，その苦渋を掬い取る1つの手段であった。「阿Q正伝」の序文の中で魯迅は，自身のこの小説が「速朽の文章」であるよう希望する。それは，前近代と近代の矛盾を抱え込んだ自己の存在の，速やかなる滅亡を歌うことを，小説執筆の意義として掲げるものである。

　魯迅の思想はまた，小説という文体を選びとったことそのものに表われている。中国の伝統文化においては，大いなる道である「大道」に対する「小説」，つまり詰らない噂話として，「文」の正道とは見なされていなかった小説という文体に，魯迅は「文学」としての価値を付与する。天下国家の思想や男児たる者の理想とは正反対の，社会から疎外された者の，いじましい日常の些事を，小説という文体で描くのである。疎外者の日常生活を描くといっても，それは市民の生活の喜怒哀楽を温かく描くのではない。反対に小市民の1人ひとりの心に宿る卑屈や尊大，あるいは無責任というマイナスの精神性を執拗に抉り出すのだ。「阿Q正伝」が，作者の速朽の願いとは反対に，世界的評価を獲得するのは，それが人間のもつ衆愚的俗悪性と本源的な恐怖を鮮明に対峙させることで，近代小説としての普遍的価値を獲得していたからに他ならない。

　魯迅の思想を，その小説作品に語られる自伝的回想から解読すべきではない。小説作品は，たとえそれが自伝的回想であっても自伝そのものではないし，仮に自伝として公にされたものであっても必ずしも事実とは限らないからだ。小説という文体のもつ独自の世界を知り尽くした魯迅が小説という文体で語る自己を，魯迅の内面そのものだと捉えては魯迅の思想を見誤るであろう。魯迅の思想は，小説・雑文・古典研究など多分野にわたるその表現活動を支えた精神性の中にこそ求めるべきである。雑文にみえる容赦ない現実批判，小説に示される人間性への透徹した視点と苦味の強い諷刺，また古典研究に表われる知的で軽妙な分析，それらは中国の伝統的教養を養分としながらも，西欧の新しい視点と価値を受容しつつ，しかし本質的な部分で人間存在の実存的にもつ暗黒と虚無を直視し続けた強靭な精神から生まれたものである。表現するという行為を通じて現実と正面から対峙し続けた魯迅の一生は，文学のもつ思想性の1つの極致を示すものである。

魯迅

魯迅との対話

 儒教が「吃人（人を喰う）」とは，どういう意味なのですか。

 中国の伝統思想である儒教に潜む人間性の侵害を象徴した表現です。知らないうちに自分が人間の肉を食べているかもしれない，という恐怖を「狂人日記」で描きました。

わたしは歴史書を広げてみた。そこにある歴史には年代は無く，どのページにもグネグネと「仁義道徳」という文字が書かれている。わたしはどうしても眠れずに，一晩中じっくりと読んでみると，なんとその文字の隙間から出てきたのは，書物いっぱいに書き記された「食人」の2文字だったのだ。(『吶喊(とっかん)』「狂人日記」)

▶中国における前近代的思想の中心であった儒教は，長年にわたって知識階層の理念や政策を支えたと同時に，強力な集権体制維持のために，強い思想統制と結びついた。その中で専制的統治や思想統制によって人間性が損なわれていった弊害は，近代になって「封建的」というレッテルで批判の対象となる。「人を喰う」という暗喩でそれを強烈に印象づけたのは，清末の思想家呉虞であったが，魯迅は「狂人日記」において，小説という形で，さらにそれを鮮明に描いた。

 「絶望の虚妄なること希望と相等しい」とは，どういう意味なのですか。

 ポーランドの詩人ペティーフィの言葉です。散文詩集『野草』所収の「希望」に引用しました。わたしにとって，小説執筆の1つの動機です。

空虚の中の暗夜に，私は自分で肉薄するしかない。たとえ自身のものではない青春を見つけられないとしても，自身の中にある老境を自分の手で拋(ほう)りださなければならない。しかし暗夜もまた何処にあるのだ。いま，星も無く月光も無く，微笑みの柔らかさも愛の乱舞さえ無い。若者たちは平安であり，そして私の目の前には真の暗夜さえも無い。

絶望が虚妄であることは，まさに希望と同じなのだ。(『野草』「希望」)

Ⅳ　清・近代

▶安易な希望をもつことは，過酷な現実を前にしたときに何の役にも立たないばかりか有害ですらあることを魯迅は知っていた。希望などというものは，所詮虚妄に過ぎない。しかしだからと言って絶望してしまうことは，それにも増して安易であり且つ無意味であろう。絶望も希望も虚妄である。在るのは目の前の現実のみ。目前の現実から目をそらすことなく冷徹に向き合い，この世の中と，そこに生きる人々の深層に潜む善意と悪意を描くこと，それを魯迅は自分の今なすべき仕事なのだと考えていた。

「狂人日記」を書くに至った経緯について魯迅は『吶喊』の「自序」の中で鉄の部屋の譬えを使いながら物語的に語るが，そこにも同様の認識が示される。すなわち，窓の無い鉄の部屋で眠っている人々がいたとして，その中の数人を覚醒させることは，かえって死の恐怖を味わわせるだけではないか，という魯迅に対して，友人の金心異は，数人が目覚めれば鉄の部屋を壊す希望が無いとは言えない，という。無いという自分の確信で，有るかもしれない未来の希望を否定できない，という理由で魯迅は筆を執る。

小説という文体に，どのような思いをもっているのでしょう。

人間存在の根底に潜む実存的な暗部を描くのに最も適した文体だと考えます。

もう1，2年以上も，私は阿Qの為に正伝を書かなければと思っている。しかし書かなければと思いつつも，一方で思い止まる。私は『立言』するような人間ではないのだ。なぜなら従来不朽の筆は不朽の人を伝えるべきものであり，それによって人は文によって伝わり，文は人によって伝わるものだからである。――結局のところ誰を誰によって伝えるのかということが，段々とはっきりしなくなってきたのだが，しかし最終的に阿Qを伝えようということに帰着したのは，あたかも思想の中に「鬼」がいるかのような感覚があるからだ。（『吶喊』「阿Q正伝」）

▶魯迅はここで，小説執筆の動機を，心の中に潜む「鬼」の昇華のためだという。だからこそそれは「速朽」の文章でなければならない，ともいう。もともと「不朽」とは，魯迅が時代的共感を寄せた後漢末・建安年間の曹丕による『典論』「論文」に見える言葉である。魯迅はそれを文学史の中で重要なエポックだと見ていた。ものを書くという行為が，他の価値から独立して普遍的不朽の価値をもつことの宣揚だと理解

したからである。しかし魯迅自身にとって「文」に携わる行為は，「速朽」という大きな逆説を以てしか表わしえない自己矛盾に満ちた表現行為であった。小説は，「不朽の文」とは異なる次元の表現行為である。人間性の矮小さを露悪的に描く強烈なアイロニーの手法を，魯迅は「阿Q正伝」において試みている。

● 用語解説

『**中国小説史略**』　北京大学での小説史の講義をまとめたもの。小説という文体に文学としての価値を見出した点，またそれを歴史的に概観した点に，近代学術としての新しさがある。

『**嵇康集**』**校勘**　魏晋期の文人である嵇康の文集を校定したもの。

『**吶喊**』　魯迅の最初の短編小説集。「狂人日記」「阿Q正伝」「孔乙己」など代表作14篇を収める。その「自序」には小説を書くに至った経緯が物語的に語られている。

● より深く学ぶために

〈原典・訳〉

魯迅先生紀念委員会編『魯迅全集』（全20巻，魯迅全集出版社，1938年，中国書）

＊全訳『魯迅全集』（全20巻，学習研究社，1985年）がある。

『魯迅選集』（全12巻，増田渉・松枝茂夫・竹内好訳，岩波書店，1956年）

〈入門・解説書〉

竹内好『魯迅』（未来社，1961年）

＊文学者としての魯迅を，文学の無用の用から論じる先鋭的な文学論。「竹内魯迅」の名があるほど，著者と魯迅との一体化が，魯迅論の1つの極点を示している。

丸山昇『魯迅──その文学と革命』（東洋文庫47，平凡社，1965年）

＊文学と政治の関係が日本的理解の内にある竹内魯迅の超克を目指し，中国における文学の社会性への志向に基づく魯迅文学への新しい視点を提示する。

（牧角悦子）

IV 清・近代

◆コラム◆ 胡 適（こてき：1891～1962）

　胡適は母の実家である安徽省徽州県で育ち，光緒30（1904）年に中国初の新式教育小学校である上海の梅溪小学堂に入学，辛亥革命によって清朝が滅ぶ前年の宣統2（1910）年にアメリカのコーネル大学へ留学した（農学を専攻）。その後，民国4（1915）年にコロンビア大学に入学し，プラグマティズムの代表的人物であるデューイに師事して哲学を学ぶ（1917年に帰国して北京大学教授に就任）。ちなみに胡適の在籍中である民国5（1916）年に，デューイは『民主主義と教育』を刊行し，民主主義と自由を基盤にして新しい文化を創造していく能力を子供に育成することを提唱している。

　民国元（1912）年にはアジア初の共和制国家である中華民国が成立したが，民国4（1915）年には袁世凱の対華21カ条要求受諾と帝制復活を機に国内で大規模なデモが発生した。そのような流れの中で，民国4（1915）年9月に雑誌『青年雑誌』が刊行された（1916年に『新青年』へ改題）。民国6（1917）年，胡適は陳独秀の依頼を承け，『新青年』に「文学改良芻議」をアメリカから寄稿し，旧文化を代表する文語文からの解放を訴え，白話文学の推進を提唱した。この文学革命の理念は多くの知識人の支持を受け，民国7（1918）年に『新青年』で発表された魯迅（→280頁）「狂人日記」などに結実していく。また，同年に『新青年』第4巻6号ではノルウェーの劇作家であるイプセンの特集が組まれ，その中で胡適は「易卜生主義」を発表し，その後もイプセンの作品を翻訳するなどして自由・個人主義・女性解放を訴え，新文化運動を代表する論者となっていった。

　しかし，彼らの旧文化打倒（欧化推進）後の構想は，各々異なっていた。特に民国6（1917）年のロシア革命後は，李大釗や陳独秀が『新青年』上でマルクス思想を鼓吹するようになり，後の中国共産党誕生の下地を作った。これに反発した胡適は『新青年』を離れ，様々な場所でマルクス主義への批判を展開する。1949年，国共内戦で共産党が勝利すると胡適はアメリカに亡命し，1957年に台湾へ移った。

　現在の中華人民共和国において，胡適に対する評価はおおむね高いものの，複雑な感情ももたれている。特に胡適は自由と民主をスローガンに掲げてマルクス主義に全面的に反対し，蔣介石に重用された。このような背景もあってか，中共内戦後も大陸に残っていた胡適の末子の胡思杜は，1957年の反右派闘争で批判を受け自殺している。また文化大革命終結後の大陸中国は反動から国学復興へ舵を切るようになるが，そこでは胡適らの新文化運動を極端な伝統文化の破壊とする評価もしばしば見られる。胡適が基本的理念とした自由や民主が今後の中国にどのように評価され，どのように根付いていくのかは注意深く見守る必要がある。

（西山尚志）

毛沢東

(もうたくとう：1893〜1976)

● 生涯と思想

　毛沢東は，20世紀に活躍した中国の政治家，戦略家であり，また哲学者，思想家という側面もあわせもっている。中国共産党の最高指導者として，抗日戦争，国共内戦を戦い抜き，中華人民共和国を建国に導いた革命指導者である。

　光緒19（1893）年湖南省湘潭県の農家に生まれた。字は潤之。幼いころから私塾や書院で『論語』や『孟子』などの古典に親しみ，さらに鄭観応（1842〜1922）の『盛世危言』のほか，康有為（→265頁），梁啓超（→275頁）らの書物に触れ，立憲制度や変法自強の必要性などについての理解を深めた。民国3（1914）年，長沙にある師範学校に入学，西洋倫理学などを学んだ。

　卒業後，李大釗（1889〜1927）の読書会などで徐々にマルクス主義への理解を深め，五・四運動期に本格的に『共産党宣言』等を読み，民国10（1921）年の中国共産党創立大会に湖南代表として参加し，民国12（1923）年には中国共産党第3回全国代表大会（党3全大会）で中央委員等に選出された。翌民国13（1924）年の国共合作以降は，中国国民党中央委員候補となった。農民運動については，大衆運動の一環として，特に五・三〇事件（1925年）以降積極的に取り組んだ。これは民国15（1926）年，広州の農民運動講習会の所長として農民運動に直接接したことと関係していると考えられる。

　国共合作は民国16（1927）年に解消され，湖南における秋収蜂起を指導したが，失敗すると井岡山を革命根拠地とし，翌年朱徳（1886〜1976）と合流して工農革命紅軍第4軍を編成した。民国20（1931）年，江西省瑞金に樹立された中華ソビエト共和国臨時政府の主席に選出された。その後，国民政府との戦いが激化する中，民国23（1934）年長征を開始。翌年貴州省遵義での党拡大中央政治局会議において指導権を確立した。他方，国民党に対しては，内戦の

289

Ⅳ　清・近代

停止と一致して抗日することを呼びかけ，民国25（1936）年の西安事件を経て翌年に第二次国共合作を成立させた。この間，教条主義と経験主義双方に誤りがあることを『実践論』，『矛盾論』（1937年）で批判し，民国27（1938）年には，抗日戦勝利の理論的根拠を論じた『持久戦論』，さらに民国29（1940）年には『新民主主義論』をまとめ，中国革命の歴史的進展のあり方を示した。その後，日本軍の大規模な侵攻と，国民党の反共活動の高まりによる共産党内の思想上，組織上の切り崩しから共産党組織の統一をはかるために民国31（1942）年から整風運動という反対派粛清運動を指導し，党全体の指導権を掌握し，最終的に民国34（1945）年の党7全大会で党中央委員会主席に選出された。

　この党大会で，毛沢東思想という言葉が党規約の中に盛り込まれることになった。これにより毛沢東思想はマルクス・レーニン主義と併記され，共産党が常に依拠すべき基本原則，政治指導方針となった。しかし，ここでいう毛沢東思想とは，単に毛沢東の個人的な思想のみを意味するのではない。規約には「中国共産党がマルクス・レーニン主義の理論と中国革命の実践を通して統一した思想」と規定されており，共産党が分析方法や革命理論については基本的にマルクス・レーニン主義を堅持する一方で，中国における革命運動の中で現れた様々な独自性をもつ内容について毛沢東思想という言葉で表わそうとしたことが分かる。つまり毛沢東思想とは，革命を実践してきた中国人民の土着的思想がマルクス・レーニン主義をはじめとする欧米の近代的概念に触発されて展開した集団的英知として位置づけることが可能なものである。

　日本との戦闘終結後は，国共内戦を指揮した。土地改革などを通じて農民をはじめとした大衆の支持を得ることに成功し，当初アメリカの援助を受けて優位に展開していた国民政府軍を破り，1949年の中華人民共和国の成立と同時に中央人民政府主席に選出され，名実ともに最高指導者となった。このころからソ連に接近し，1950年には中ソ友好同盟相互援助条約に調印，朝鮮戦争（1950〜53年）では対米対決を選択し，1954年の第1回全国人民代表大会ではソ連にならった憲法が制定されるも徐々にソ連と距離を取り，農村における生産協同組合を主軸に置く中国独自の社会主義建設へと歩を進めた。当初，順調に見えた方針転換であったが，1958年に断行された全農民の**人民公社**への編入，

毛沢東

大躍進が停滞することにより挫折が決定的となった。翌年には国家主席の地位を劉 少 奇（1898〜1969）に譲った。しかし，生産請負制を認めるなどした劉少奇の経済調整政策により生産力の回復が進むと，それによって生み出された新たな指導者層を資本主義への転換をはかる実権派と批判し，それらを打倒する権力闘争として，表向きには思想的転換という意義をもつプロレタリア文化大革命を1965年に発動した。実権派の批判，摘発に紅衛兵や人民解放軍が動員され，中国社会，経済は大きく混乱することとなった。

その後，毛沢東は秩序の回復を目指すが，完全に混乱を払拭することはできなかった。他方，1972年にはR・ニクソン米大統領，田中角栄首相らと会見し，対米接近，日中国交正常化を試みるなど，中国の国際的地位の向上と秩序の回復には一定の役割を果たした。1976年第一次天安門事件を受け，鄧 小 平（1904〜1997）を失脚させ，華国鋒（1921〜2008）の総理就任を提案した後，83歳で死去した。

● 毛沢東との対話

革命の歴史の進行において「新民主主義」とはどのように位置づけられるのでしょうか？

中国革命の歴史の進行は2段階に分ける必要があり，社会主義革命に至る前段階として新民主主義が存在します。

中国革命の歴史の進行の過程は，必ず二歩に分けなければならない。その第一歩は民主主義革命であり，その第二歩は社会主義革命であって，これは性質の異なる二つの革命の過程である。そして，ここでいう民主主義は，現在すでに旧い範疇の民主主義ではなく，すでに旧民主主義ではなく，新しい範疇の民主主義であり，新民主主義である。

ここから，次のように断言することができる。中華民族の新政治というのは，新民主主義の政治であり，中華民族の新経済というのは，新民主主義の経済であり，中華民族の新文化というのは，新民主主義の文化である。

これこそ，現時点の中国革命の歴史の特徴である。（「新民主主義論」）

Ⅳ 清・近代

 「大衆路線」を実践する上で重要な指導とは何ですか？

 「大衆のなかから，大衆のなかへ」，意見を無限に循環させることです。

　わが党のすべての実際活動のなかで，およそ正確な指導とするものは，必ず「大衆のなかから，大衆のなかへ」でなければならない。これはつまり，大衆の意見（分散した系統的でない意見）を集中して（研究をして，集中した系統的な意見にして），またこれを大衆のなかへ持って行って宣伝し説明して，これを大衆の意見に変え，かつ大衆に堅持させ，行動に移させ，かつ大衆の行動のなかでこの意見が正確であるかどうかを検証させる。その後，また大衆のなかから意見を集中し，また大衆のなかへ持って行って，堅持させる。このように無限に循環させて，後の一回を前の一回よりもいっそう正確な，いっそう生き生きとした，いっそう豊富なものにする。これこそマルクス＝レーニン主義の認識論であり，あるいは方法論である。（「指導方法の若干の問題について」）
＊以上訳文は，野村浩一ほか編『救国と民主——抗日戦争から第二次世界大戦へ』による。

用語解説

人民公社　1958年以降，農業生産合作社と地方行政機関を一体化することにより結成された農村の基礎単位組織。集団所有制の下に農業，工業，商業その他の産業部門，教育，文化等の機能をあわせもつ。1982年の憲法改正でほとんどが解体された。

より深く学ぶために

〈原典・訳〉
毛沢東，竹内実訳『毛沢東語録』（平凡社，1995年）
野村浩一・近藤邦康・砂山幸雄編『救国と民主——抗日戦争から第二次世界大戦へ』（新編原典中国近代思想史6，岩波書店，2011年）
〈入門・解説書〉
近藤邦康『毛沢東——実践と思想』（岩波書店，2003年）
宇野重昭『毛沢東（新装版）』（清水書院，2016年）

（松金公正）

◆コラム◆　顧頡剛（こけつごう：1893〜1980）

　顧頡剛は民国2（1913）年に北京大学予科に入学し，民国5（1916）年に本科に移っ
て哲学を専攻した。民国6（1917）年に北京大学は既に『新青年』で「文学改良芻議」
を発表して名声を得ていた胡適（→288頁）を招聘し，傅斯年や顧頡剛など多くの学生
はその授業を受けて大きな衝撃を受けた。従来の中国哲学の授業は三皇五帝から説き始
めるのが常識であったが，胡適は文献成立時代が比較的確定できる『詩経』を用いて西
周時代を出発点としたためである。つまり，胡適は『史記』などに書かれている伝説を
安易に信用せず，史料批判に根ざした方法で中国哲学を論じたのである。この学問的方
法・態度は，旧思想の打破を企図していた知識人に大きな影響を与えた。

　顧頡剛は胡適や銭玄同との交流を通してこの史料批判の姿勢・方法を固めていく。そ
して古代の歴史的人物や事件の真相は分からないが，後の各時代がそれに対して描く伝
説（像）を明らかにするという研究態度を確立していく。例えて言うと，三皇五帝の実
像は分からなくても，戦国・秦・漢と各時代が時流に応じて変化させていった「三皇五
帝像」を研究対象としたということである。

　この考えを基礎に，顧頡剛は古史層累説（時代が新しくなればなるほど古い歴史が作
られていくという考え）などの分析理論を確立し，また歌謡の蒐集と分析という中国
最初期の民俗学的手法を用いるなどして，古代の伝説を次々と剥いでいった。

　そして民国15（1926）年4月，顧頡剛が主編となって学術雑誌『古史辨』第1冊を出
版した（1941年の第7冊まで出版された）。『古史辨』は古代の歴史や文献に批判的検討
を加えた論文を多く収録し，ここから銭穆・唐蘭・李鏡池・童書業など次世代の学者
を多く輩出した。この他，顧頡剛は民国23（1934）年国内初の歴史地理研究専門誌『禹
貢』を創刊した。このように，顧頡剛は歴史学を旧来の儒教的歴史観から開放し，同時
に当時世界最先端の歴史研究方法を用い，近代歴史学の礎を作った。

　新中国成立後，顧頡剛はマルクス主義者から批判を受け，思想改造などを受けて辛酸
を嘗めるが，1960年から二十四史（歴代王朝の正史）を校勘・整理・標点するプロジ
ェクトのリーダーとして活躍する。顧頡剛は文化大革命で1960年代半ばに批判を受けて
プロジェクトが頓挫するも，1977年にこれを完成させた。中華書局から出版されたこの
二十四史は現在も多くの研究者が底本として用いており，高い評価を受けている。

　文革が終結し，特に1990年代に入ると多くの古代の出土資料が発見され，顧頡剛が批
判した多くの歴史が実は疑い過ぎていたことが次々と明らかになった。しかし，顧頡剛
が歴史学を旧文化から開放し，歴史学の近代化を促したことは疑いようのない功績であ
る。これをいかに補正・改良していくかが今後の課題となるだろう。　　　　（西山尚志）

人名索引

あ 行

王安石　*167,169-177*
王引之　*252,255*
王畿　*211,218,224*
王国維　*276-279*
王艮　*217,218,227*
王充　*88,96-100,110*
王粛　*12,16,109,114,121*
王重陽　*183-186*
王廷相　*216*
王念孫　*252,255,257*
王弼　*13,33,127-135*
王夫之　*116,225,233-235,238,239,*
　246-251,269
王莽　*16,71,83,84,92-95,106,109,112,*
　163
欧陽脩　*156,160,167,174*
王陽明　*164,190,202,206-215,217,218,*
　224,227,235,242,251,258-260

か 行

何晏　*9,12,127,128,134,135,196*
郭象　*39,45,135-138*
河上公　*33*
葛洪　*37,88,139,143*
顔回（顔淵）　*9-11,196*
顔元　*251*
顔師古　*48,147-150*
韓非子　*4,65-68*
韓愈　*25,155-160*
魏源　*262,263*
龔自珍　*262,263*
許慎　*101,106*

屈原　*83,88,160*
孔穎達　*15,16*
嵆康　*122-126,139,282,287*
阮元　*261*
阮籍　*122,123,282*
孔安国　*7,14*
孔子　*3-15,17,18,20,22-25,27-30,47,*
　50,60,61,63,68,75-77,87,88,95,98,
　105,109,121,123,141,146,157,173,
　180,196-199,203,210,224,226-228,
　240,244,245,253,254,258,269
洪秀全　*264*
黄宗羲　*206,207,218,225,229,234-239,*
　246,247,251,258,260
公孫龍　*46*
康有為　*265-269,271,274-276,289*
顧炎武　*225,234,235,238-247,251,258,*
　274,275
顧頡剛　*293*
顧憲成　*228,238*
胡適　*234,283,288,293*

さ 行

蔡邕　*110-113,127*
子貢　*11,12,180,243,244*
司馬光　*165,167,169,170,173,177,199,*
　251
司馬遷　*5-7,12,15,17,30,38,47,56,73,*
　75,81,88,150
謝霊運　*141,142,263*
周敦頤　*158,165,166,177,187,199-201*
朱熹　*9,12,15,16,92,115,117,121,141,*
　156,163,165,166,174,177,187-201,
　205,207-209,212,214-217,220,251,

295

252,254

荀子　3,4,38,56-65,88,157,171

章学誠　237,257-260

鄭玄　12,15,16,101-109,111,114,121,
127,148

章炳麟　269,274

邵雍　165,177,187

諸葛亮　114-121,147

子路　6,7,11

沈約　142

鄒衍　47,56

銭大昕　252,256,257,274

曾子　11,22,29,120,198,244

荘子　3,38-45,57,58,63,72

蘇軾　156,160,167

孫子　48-55

孫文　234,270-274

た　行

戴震　243,252-255,257,261

段玉裁　252,253,255,262

譚嗣同　266,269

張居正　219-223

張載　165,168,177,187,216

陳献章　206

陳寿　116,140,148,150

陳亮　205

程頤　13,16,164-167,173,174,177-182,
187,199,251

程顥　16,164-167,173,177-182,187,199

陶淵明　141

陶弘景　143-146

董仲舒　4,13,71,73-81,88,97,150,160,
164,190

杜預　148,121

は　行

裴頠　138

馬融　12,16,101,103,106,109

班固　39,73,75,76,81,82,84,96,149,
150

范曄　140

ヘーゲル　191,221,223

墨子　18-21,24,50,56,63

ま　行

孟子　3,4,18,22-29,47,50,56,60,61,63,
88,98,156,157,170,171,173,197,203,
205,213,228,253,254

毛沢東　234,251,283,289-292

や　行

揚雄　83-91,99,150,157

ら　行

ライプニッツ　191,221,223

羅欽順　207

陸象山　166,187,190,200-204,251

陸徳明　7,33,39

李翺　159

李卓吾　217,218,224-227,234,239

劉禹錫　160

劉向　39,57,59,82,84,88,92,95,150

劉勰　142

劉歆　82,83,88,92,95,99,103,106,150

柳宗元　157,160

劉宗周　229,235

劉知幾　151-154,278

梁啓超　262,263,269,275,283,289

老子　3,30-38,72,73,224

魯迅　126,234,274,280-288

事項索引

あ 行

緯書　*92,102,103,105,107,108,114*

以太　*269*

易（『周易』『易経』）　*ii,6,7,13,78,
84-86,89,91,101,114,122,128-130,
134,159,165,179,187,196,201,258*

王道　*4,23,25,27,50,272*

か 行

卦　*13,84,85,89,91,101,129,130*

華夷　*71,72,247,248,250*

卦気説　*13,86,91*

科挙　*72,117,151,156,164,173,174,177,
183,187,190,199,205,206,208,209,
217,224,251,252,256,257,264,276,
280*

郭店楚簡　*31*

格物　*188,189,191-193,198,208,209,
214,217,218*

『漢書』　*16,38,46,48,73-78,80-84,88,
94,95,147-150,153,154,256*

感生帝説　*71*

『韓非子』　*33,65,67,68*

気　*37,78,89,97,168,171,178-180,190,
194,201,207,209,216,222,249,252,
269*

鬼　*97-99*

義　*4,23*

貴無　*135,136,138*

九品中正制度　*117*

旧法　*173*

窮理　*192,193*

義理易　*13,130*

今文学　*95,99,106,274,275*

今文尚書　*14*

訓詁　*115,148,149,188,214,241,245,
261,262*

経学　*85,235,261,263,275,277*

荊州学　*114-117,121*

経書　*6,93,96,101,105-107,124,129,
173,174,188,198,209-212,219,220,
226,238,240-243,245,246,252,253,
256-259,261*

『経典釈文』　*7,33,39*

形名参同　*66*

権　*78,79*

兼愛　*3,18,21,24,63*

玄学　*127-129,131,134,135*

玄言詩　*141,142*

原中国　*3*

孝　*8,80,87,90,110,111,193,212,213*

『孝経』　*29,217*

考証学　*190,234,236,237,239,242,243,
245,246,251,252,256,257,261-263,
274,275*

孝廉　*74,80*

黄老　*73,74,76,81,88*

五経　*ii,13-17,74,76,82,99,102,166,
196,210,260*

五行　*47,49,71,166,189,200*

古典中国　*3,71,72,92,93,117,150,157,
163,164,233,234*

五徳終始説　*47,71*

五斗米道　*37*

古文学　*92,95,99,101,106,107,274*

古文尚書　*14*

古文復興運動　*156,157*

さ 行

三玄　122,129

三綱領　188,198,208

三才思想　4

三分損益法　86,91

三民主義　270-273

詩（『詩経』『毛詩』）　ii,6,15,26,109,124,196,251,263,293

四科十哲　11

『史記』　5-7,12,15,17,18,25,30,38,47-49,53,56,57,73,75,76,81,153,154,225,256,277,293

『資治通鑑』　251,167

四書　ii,25,166,188,190,191,196-199,217,220,222,223,257

自然　33,36,43,97,124,126,136,141,164,190,206,218

四端　26,197

『七略』　82

『史通』　151,153,154,278

四分暦　86

十翼　13,84

儒家　3,4,6,7,17-19,22,28,36,57,65,67,68,71,159,188,197,236,276

儒教　13-15,19,36,71-77,79-82,85,87,92,93,95,101,110-112,114,116,117,123,127,129,134,148,152,155-157,159,163,164,166,176,190,191,196,197,199,201,214,217,220,223,224,233,234,237,240,243,246,251,259,265,269,281,283,285

儒教国家　93,118

朱子学　12,13,25,81,163,164,190,191,195-198,206,208,211,213,215,218,224-229,239,249,251-254,257

『荀子』　38,58,59,61-64

『春秋』　ii,7,17,24,25,77-80,106,121,152,196,245,260

『春秋公羊伝』　6,17,25,71,73,75,78,79,95,103,115,119,121,248,262,266

『春秋穀梁伝』　6,17,25,82

『春秋左氏伝』　6,17,25,49,92,95,103,114-116,119,121,147,148,151,154,249,274

春秋三伝　17,25,248

『春秋繁露』　78-80

書（『尚書』『書経』）　ii,6,14,28,90,96,109,118,196,242,251,254

正一教　37

小学　101,252,274,277

尚賢　19,63

象数易　13,129

上清派　37

逍遥遊　39,40,136,138

諸子百家　3,21,24,46,56,57,68,81

真　122,132,141,146

仁　3,4,8,9,18,23,26-28,120,170,180,196,197,203,212,243-245,269

讖緯　78,92,99,117

『仁学』　269

『真誥』　139,143,144

新儒家　234

心即理　200,202,209,211,212,214,226,228

新法　167,169,170,173,174,177

崇有　135,138

性　23,25,157,159,164,170-172,185,189,190,194,197-199,209,213,216,228,243,244

性悪説　4,57,60,61,65,170,171

静坐　206

性善説　4,22-26,61,164,170,171,197,199,228

性即理　25,164,189,197,214

清談　122,123,135,141

事項索引

正名　　7,57
浙東学　　212,235,236,257,260
『説文解字』　　101,134
全真教　　37,183,184
先天易　　165
先天図　　165
宋学　　160
『荘子』　　4,38-45,122,129,133,136-138,
　　159
宋明理学　　239-241
『孫子』　　48-55

た　行

大一統　　73,71,74,76,77,94,115,116,
　　119-121,164
『大学』　　ii,29,188,191,192,196-199,
　　208,209,214,215,217,220
大学　　16,196
大九州説　　47
太虚　　168
太極　　165,166,200,201,216,228
『太極図説』　　166,200,201
『太玄』　　84-86,88,89,91
太初暦　　86,103
『大同書』　　266
太平道　　37,109
竹林七賢　　122,123,126
知行合一　　209,211-215
致知　　188,189,191,198,208,209,214,
　　215,217
『中国小説史略』　　287
『中庸』　　ii,25,159,188,189,191,194,
　　196,197,199,220
中庸　　16,194,196
致良知　　211,214,215
天　　4,6,8,11,28,40,57,62,63,71,74,75,
　　78,81,85,90,92,93,97,108,110,139,
　　160,163,164,177,178,181,189,190,

　　193,194,197-199,201,214,226,227,
　　234,248,260
天子　　71,74,75,93,108,110,163
天師道　　37
『伝習録』　　212-215,218
天人三策　　73-78
天人相関　　4,13,71,73-76,81,160,163,
　　164
天理　　164,177,178,196,197,199,211,
　　212,214,228
道家　　3,4,30,31,36,38,49,57,81,84,
　　129,130,134,136
道学　　166,205
道教　　30,33,36,37,72,155,164,166,176,
　　183,184,186,188,199,224,234
童心　　225-227
道統　　155-157,197,205
東林党　　228,235,236,238,239
徳　　30,32

な　行

内丹　　183,184,186

は　行

八十一分暦　　86
八条目　　188,189,198,208
覇道　　4,27,50
万物斉同　　4,40,45
微言大義　　17,262,263
非攻　　18,20,50,63
白虎観会議　　71,93,101,106
復性書　　159
符命　　92,93
「文学改良芻義」　　288,293
文化大革命　　234,293
『文心雕龍』　　142,278
『別録』　　82
法　　4,57,61,63,65,66,153

299

法家　　3, 4, 65, 68, 73, 74, 76
『法言』　　84, 87-91
茅山派　　37, 72
『抱朴子』　　37, 139
墨家　　3, 18, 19, 21, 57, 74
『墨子』　　19-21, 25, 99
戊戌の変法　　266, 269, 275

ま 行

馬王堆帛書　　31
道　　4, 30, 32-37, 40, 79, 128, 130, 132, 134,
　　136, 145, 157, 167, 174, 178, 179, 181,
　　185, 189, 190, 199, 201, 203, 205,
　　210-212, 216, 240, 241, 243, 257, 258,
　　260
無　　4, 13, 33, 42, 129, 130, 134-137, 166,
　　168, 201, 218
無為　　33, 97, 125, 136, 138
名家　　3, 46
『孟子』　　ii, 5, 7, 17, 22-24, 26-28, 71, 79,
　　94, 157, 164, 173, 188, 196, 197, 199, 200,
　　203, 210, 214, 215, 220, 222, 225, 226,
　　236, 254, 289
目録学　　82
『文選』　　142

や 行

陽明学　　164, 190, 195, 202, 206, 208,
　　210-212, 219, 224-229, 233-236, 239,
　　251, 257

ら 行

理　　25, 114, 121, 125, 127, 164, 166, 168,
　　172, 174, 177-179, 181, 187, 189-194,
　　196-198, 200-203, 206-212, 214-216,
　　220, 222, 226, 233, 234, 252-255, 257,
　　258
理一分殊　　179
理気二元論　　178
六芸　　76, 77, 106, 107, 150
六経皆史　　257-260
理性　　191, 222
律暦思想　　86, 89
良知　　210, 211, 213, 214, 217, 218, 225,
　　227, 239
礼（『礼記』『儀礼』『周礼』）　　ii, 3-9, 16,
　　26, 56, 57, 61-63, 65, 72, 75, 79, 93-95,
　　103, 105, 107-111, 113, 114, 147, 153,
　　173, 174, 188, 190, 196-199, 225, 248,
　　251
霊宝派　　37
『老子』　　4, 30-38, 72, 122, 127-131, 134,
　　138, 159, 166, 185
『論語』　　ii, 5-12, 15, 50, 84, 87, 96, 108,
　　109, 120, 129, 134, 141, 171-173, 180,
　　188, 196, 197, 199, 203, 217, 220,
　　225-227, 229, 244, 245, 289
『論衡』　　88, 97, 98, 100, 110
『論語集解』　　9, 12, 196
『論語集注』　　9, 12, 196

執筆者紹介 (＊は編者)

＊渡 邉 義 浩（わたなべ・よしひろ）
1962年生
筑波大学大学院歴史・人類学研究科博士課
程修了，文学博士
現　在　早稲田大学文学学術院教授
担　当　時代概説（先秦），孔子，時代概
　　　　説（秦漢～隋唐），王莽，諸葛亮，
　　　　顔師古，時代概説（宋・元・明），
　　　　時代概説（清・近代）

＊井 川 義 次（いがわ・よしつぐ）
1961年生
筑波大学大学院哲学・思想研究科博士課程
修了，博士（文学）
現　在　筑波大学人文社会系教授
担　当　張載，王安石，程顥・程頤，朱熹，
　　　　陸象山，王廷相，張居正，顧憲成

＊和 久　　希（わく・のぞみ）
1982年生
筑波大学大学院人文社会科学研究科博士課
程修了，博士（文学）
現　在　日本学術振興会特別研究員（PD），
　　　　青山学院大学非常勤講師
担　当　［五経］詩（『詩経』『毛詩』），老
　　　　子，荘子，公孫龍，阮籍，嵇康，
　　　　王弼，郭象，［四書］『論語』，［四
　　　　書］『孟子』，阮元

辛　　　賢（しん・ひょん）
1967年生
筑波大学大学院人文社会科学研究科博士課
程修了，博士（文学）
現　在　大阪大学大学院文学研究科専任
　　　　講師
担　当　［五経］易（『周易』『易経』），鄒
　　　　衍，揚雄，王充，邵雍

池 田 雅 典（いけだ・まさのり）
1977年生
大東文化大学大学院文学研究科博士課程修
了，博士（中国学）
現　在　大東文化大学非常勤講師
担　当　［五経］書（『尚書』『書経』），蔡
　　　　邕

黒 﨑 恵 輔（くろさき・けいすけ）
1989年生
早稲田大学大学院文学研究科修士課程修了
現　在　早稲田大学大学院文学研究科博士
　　　　課程在学
担　当　［五経］礼（『礼記』『儀礼』『周
　　　　礼』），鄭玄

髙 橋 康 浩（たかはし・やすひろ）
1975年生
大東文化大学大学院文学研究科博士課程修
了，博士（中国学）
現　在　早稲田大学非常勤講師
担　当　［五経］春秋，墨子，韓非子

三津間　弘彦（みつま・ひろひこ）
1985年生
大東文化大学大学院文学研究科博士前期課程修了
現　在　大東文化大学非常勤講師
担　当　孟子

西 山 尚 志（にしやま・ひさし）
1978年生
山東大学文史哲研究院博士課程修了，博士（文学）
現　在　山東大学儒学高等研究院副教授
担　当　孫子，胡適，顧頡剛

菅 本 大 二（すがもと・ひろつぐ）
1962年生
筑波大学大学院哲学・思想研究科博士課程単位取得退学
現　在　梅花女子大学食文化学部教授
担　当　荀子

袴 田 郁 一（はかまだ・ゆういち）
1987年生
早稲田大学大学院文学研究科修士課程修了
現　在　早稲田大学大学院文学研究科博士課程在学
担　当　董仲舒，司馬遷・班固，陳寿・范曄，劉知幾，王夫之

関 　 俊 史（せき・としふみ）
1991年生
早稲田大学大学院文学研究科修士課程修了
現　在　早稲田大学大学院文学研究科博士課程在学，淑徳大学書学文化研究センター客員研究員
担　当　劉向，許慎，韓愈，王国維

冨 田 絵 美（とみた・えみ）
1984年生
青山学院大学大学院文学研究科博士前期課程修了
現　在　早稲田大学大学院文学研究科博士課程在学，湖州師範学院教師
担　当　葛洪，陶弘景，王重陽

稀代　麻也子（きしろ・まやこ）
1969年生
青山学院大学大学院文学研究科博士課程修了，博士（文学）
現　在　筑波大学人文社会系准教授
担　当　陶淵明・謝霊運，沈約・劉勰

加 藤 文 彬（かとう・ふみあき）
1987年生
筑波大学大学院人文社会科学研究科博士課程修了，博士（文学）
現　在　茨城工業高等専門学校助教
担　当　李翺，柳宗元・劉禹錫

中 嶋 　 諒（なかじま・りょう）
1981年生
早稲田大学大学院文学研究科博士課程単位取得退学，博士（文学）
現　在　学習院大学史料館研究員，明治大学兼任講師，実践女子大学非常勤講師
担　当　周敦頤，陳亮，顔元，洪秀全

田村　有見恵（たむら・ゆみえ）
1982年生
早稲田大学大学院文学研究科博士課程単位取得退学
現　在　公立学校臨時的任用教員
担　当　司馬光，戴震

松﨑 哲之（まつざき・てつゆき）
1971年生
筑波大学大学院哲学・思想研究科博士課程
単位取得退学
現　在　常磐大学人間科学部准教授
担　当　［四書］『大学』，［四書］『中庸』，
　　　　王陽明，黄宗羲，顧炎武，章学誠

阿部　亘（あべ・わたる）
1982年生
早稲田大学大学院文学研究科博士課程修了，
博士（文学）
現　在　中山大学外国語学院特聘研究員
担　当　陳献章，王艮，譚嗣同

三澤　三知夫（みさわ・みちお）
早稲田大学大学院文学研究科博士課程中退，
博士（文学）
現　在　明治大学兼任講師，専修大学非常
　　　　勤講師
担　当　羅欽順，王畿

仙石 知子（せんごく・ともこ）
1971年生
大東文化大学大学院文学研究科博士課程修
了，博士（中国学）。博士（文学）（早稲田
大学）
現　在　早稲田大学非常勤講師
担　当　李卓吾

原信太郎アレシャンドレ
（はら・しんたろう・あれしゃんどれ）
1983年生
早稲田大学大学院文学研究科博士課程単位
取得退学
現　在　早稲田大学非常勤講師
担　当　劉宗周

許　　家晟（きょ・かせい）
1981年生
早稲田大学大学院文学研究科博士課程修了，
博士（文学）
現　在　学習院大学 PD 共同研究員，早稲
　　　　田大学非常勤講師
担　当　銭大昕，龔自珍，章炳麟

蔣　　建偉（しょう・けんい）
1984年生
早稲田大学大学院文学研究科博士課程修了，
博士（文学）
担　当　魏源，梁啓超

松金 公正（まつかね・きみまさ）
筑波大学大学院歴史・人類学研究科博士課
程単位取得退学
現　在　宇都宮大学国際学部教授
担　当　康有為，孫文，毛沢東

牧角 悦子（まきずみ・えつこ）
1958年生
九州大学大学院文学研究科博士課程中退，
文学博士
現　在　二松学舎大学文学部教授
担　当　魯迅

（所属は2018年2月1日現在）

はじめて学ぶ中国思想
──思想家たちとの対話──

2018年4月20日　初版第1刷発行　　　　　　　　　〈検印省略〉

定価はカバーに
表示しています

編 著 者	渡井和	邉川久	義義	浩次希
発 行 者	杉	田	啓	三
印 刷 者	田	中	雅	博

発行所　株式会社　ミネルヴァ書房
607-8494　京都市山科区日ノ岡堤谷町1
電話代表　(075)581-5191番
振替口座　01020-0-8076番

ⓒ渡邉・井川・和久ほか，2018　　創栄図書印刷・清水製本

ISBN978-4-623-08106-6
Printed in Japan

湯浅邦弘 編著	A 5 ・396頁
名言で読み解く中国の思想家	本体 3000円

湯浅邦弘 編著	A 5 ・426頁
概説 中国思想史	本体 3000円

垣内景子 著	四六・232頁
朱子学入門	本体 2500円

武田雅哉・加部勇一郎・田村容子 編著	A 5 ・298頁
中国文化 55のキーワード	本体 2500円

湯浅邦弘 編著	A 5 ・440頁
テーマで読み解く中国の文化	本体 3500円

J.K. フェアバンク 著／大谷敏夫・太田秀夫 訳	四六・692頁
中国の歴史	本体 5800円
——古代から現代まで	

村松茂美・小泉尚樹・長友敬一・嵯峨一郎 編	A 5 ・288頁
はじめて学ぶ西洋思想	本体 2800円
——思想家たちとの対話	

峰島旭雄 編著	A 5 ・400頁
概説 西洋哲学史	本体 3000円

佐藤弘夫 編集委員代表	A 5 ・376頁
概説 日本思想史	本体 3200円

———— ミネルヴァ書房 ————

http://www.minervashobo.co.jp/